浦田一郎
Urata Ichiro
［著］

自衛隊加憲論の展開と構造

——その憲法学的分析

日本評論社

まえがき

1 自衛隊加憲論と本書の趣旨

　2017年5月3日、安倍晋三自由民主党総裁によって自衛隊加憲論が提起された。そのビデオ・メッセージによれば、自衛隊加憲とは「9条1項、2項を残しつつ、自衛隊を明文で書き込む」ことである。その特徴を一言で言えば、実現可能性を重視した9条改憲論である。2018年3月22日自民党改憲推進本部全体会合で条文案が最終審議され、そこにおける本部執行部の本命案＝「『自衛隊』明記案」に対して代替案が出された。その「代替案2」が、同25日自民党大会を経て緊急事態条項、合区解消、教育関係の改憲案とともに自民党の一応の改憲案＝「条文イメージ（たたき台素案）」とされた。

　自衛隊加憲論について、多様な発言、研究が行われてきた。そのなかで自衛隊加憲論に賛否の立場から実践的・解釈論的な発言・研究が行われることが多いが、それに対して本書は自衛隊加憲論の分析を目指している。私は自衛隊加憲論に対して批判的な立場に立っているが、そのうえで『自衛隊加憲論の展開と構造』を分析することに努めた。私の専門から、『憲法学的分析』を中心に置いている。

2 本書の構成と結論

　本書ではまず自衛隊加憲論の展開過程をフォローした。そこでは、加憲される自衛隊の任務を基礎に、その活動と組織のありかたが論じられている。任務とそのもとの活動のありかたが多く論じられているので、「第1章　自衛隊加憲論の展開と自衛隊の任務・活動」を検討している。任務のもとの組織のありかたは論じられることが多くないが重要であり、「第2章　自衛隊加憲論の展開と自衛隊の指揮監督」を論じている。そのうえで自衛隊加憲論の構造を検討するには政府解釈との関係を明らかにすることが必要であると考え、任務・活動のありかたに焦点を当てつつ、「第3章

自衛隊加憲論の構造——政府解釈を基礎に」を分析している。

　以上の考察から、自衛隊加憲論は任務・活動のありかたとしては政府見解の自衛力＝「自衛のための必要最小限度の実力」論の憲法化である可能性が大きいと考えた。しかし、9条のもとで形成された自衛力論は、9条に9条の2が加憲された場合には変形していく。自衛力論に含まれている軍事力拡大的要素の展開可能性が、プッシュされるからである。しかしながら、自衛隊加憲論の内容が自衛戦力論になり、武力行使の全面的解放が行われる可能性は小さいと思われる。自衛戦力論は実現可能性を重視した9条改憲論としての自衛隊加憲論の性格に反し、自衛戦力論を内容とする加憲論なら実際にも実現可能性が小さくなるであろう。

　組織のありかたとして、「指揮監督」規定が自衛隊加憲案において9条の2、1項として置かれている。行政的指揮監督と軍事的指揮を合わせて、閣議決定が必要な行政的形式が採られている可能性が大きい。しかし、その「指揮監督」について閣議決定が必要な憲法72条の「行政各部」関係と、閣議決定が不要な9条の2の「自衛隊」関係が、別コースとして分化していく論理的可能性がある。

　自衛隊加憲は自衛隊の合憲化のためとされているので、自衛隊加憲論が前提にする複数段階改憲構想に基づき、自衛隊・軍事力のより完全な合憲化のために9条2項削除改憲に導かれる可能性が大きいことを結論として指摘している。自衛戦力論は9条2項削除改憲段階の問題であろう。基本的な整理としては、①従来の9条のもとの自衛力論、②加憲による9条と9条の2のもとの変形自衛力論、③9条2項削除改憲のもとの自衛戦力論の区別と関係が問題になる。

3　初出と本書の性格

　本書が基本的に元にしたのは、①「自衛隊加憲論と政府解釈」法律論叢（明治大学）90巻6号（2018）45-99頁、②「自由民主党2018年3月自衛隊加憲案の形成(1)——自衛隊の任務を中心に」法律論叢91巻6号（2019）43-98頁、③「自由民主党2018年3月自衛隊加憲案の形成(2)——自衛隊の『指揮監督』を中心に」法律論叢92巻1号（2019）43-98頁である。これら

に基づく本書は憲法学の専門書であり、一般書ではない。しかし、平和主義を研究テーマとしていない憲法研究者や、さらにできれば憲法研究者でない方々にも関心を持っていただけるように、相当の加筆・訂正を行った。本書が読者の自衛隊加憲論に対する関心に応え、議論を整理するうえで参考になれば幸いである。

　2019年9月

浦田一郎

目　次

まえがき　i
凡例　xiv

序章　自衛隊加憲論と自衛力論　1

1　自衛隊加憲論　2
　(1)　問題の所在　2
　　i　自衛隊加憲論の提起　2
　　ii　自衛隊加憲案　4
　　　(i)　「『自衛隊』明記案」（本案）（2018年3月15日）　4
　　　(ii)　「代替案2」=「条文イメージ（たたき台素案）」（2018年3月22-25日）　4
　　iii　「自衛隊加憲論」と「自衛隊明記論」　5
　(2)　問題意識　6
　　i　分析と実践・解釈　6
　　ii　政府の憲法解釈の変更　7
　　iii　自衛隊加憲論　9
2　自衛力論　10
　(1)　自衛力論の形成と構造　10
　(2)　自衛力論の解釈変更　13

第1章　自衛隊加憲論の展開と自衛隊の任務・活動　17

はじめに　18
1　自衛隊加憲論の提起　19
　(1)　加憲論の系譜　19
　　i　自主憲法期成議員同盟「第一次憲法改正草案〈試案〉」（1981年10月21日）　19
　　ii　自主憲法期成議員同盟・自主憲法制定国民会議「日本国憲法改正草案」（1993年4月24日）　21

- iii 小沢一郎「日本国憲法改正試案」（1999年9月）　21
- iv 公明党内の案　22
  - （i）「公明党憲法調査会による『論点整理』」（2004年6月16日）　22
  - （ii）「公明党第6回全国党大会運動方針」（2006年9月30日）　23
- v 枝野幸男「改憲私案」（2013年10月）　24
- vi 伊藤哲夫・日本政策研究センター代表ほか案（2016-17年）　25
  - （i）案の内容——複数段階改憲構想　25
  - （ii）案の意味——自衛戦力論の模索　26
- vii 小括　27

（2）安倍晋三による自衛隊加憲論の提起　29
- i 提起の前提——2012年改憲案と複数段階改憲構想　29
- ii 提起の準備　29
  - （i）政治的準備——安倍と公明党など　29
  - （ii）法的準備——予備的条文案の可能性　34

2 自衛隊加憲論具体化の動き　36

（1）2017年12月20日の自由民主党改憲推進本部全体会合まで　36
- i 2017年6月12日の全体会合まで　36
  - （i）自民党の動き　36
  - （ii）公明党との関係　37
- ii 6月21日の全体会合　39
  - （i）全体会合における論争　39
  - （ii）（2017年6月案）　39
- iii 2017年9月12日の全体会合まで　40
- iv 2017年12月20日の全体会合まで　43

（2）公募による条文化　44
- i 国会審議　44
- ii 公募の経緯　46
  - （i）公募の開始　46
  - （ii）応募案の集約　47

3 2018年3月15日の全体会合における条文案　49

（1）案の整理　49
- i 条文案　49
  - （i）「9条2項を削除する案」　50

(ⅱ)　「9条2項を維持する案」　50

　ⅱ　資料のタイトルと検討項目　51

(2)　「『自衛隊』明記案」　53

　ⅰ　「『自衛隊』明記案」の「趣旨」　53

　　　(ⅰ)　「趣旨」説明　53
　　　(ⅱ)　「現行の解釈」と自衛力論　53
　　　(ⅲ)　「自衛隊」明記の法的・政治的問題　53

　ⅱ　「案3　『自衛隊』明記案」（本案）　55

　　　(ⅰ)　目的――「我が国の平和と独立を守り、国及び国民の安全を保つ」　55
　　　(ⅱ)　手段――「必要最小限度の実力組織」　58

　ⅲ　「別案1」、「別案2」　59

　　　(ⅰ)　別案の趣旨――趣旨の一致　59
　　　(ⅱ)　「別案1」――「前条の範囲内」　59
　　　(ⅲ)　「別案2」――「妨げない」　61
　　　(ⅳ)　別案に共通する問題――「必要最小限度」規定の欠如　63

　ⅳ　「案3　『自衛隊』明記案」全体の問題　63

(3)　他の案　64

　ⅰ　「案4　『自衛権』明記案」　65

　　　(ⅰ)　案の趣旨　65
　　　(ⅱ)　「自衛権」の意味――抽象的自衛論　65
　　　(ⅲ)　規定の欠如　67
　　　(ⅳ)　「別案」――「実力組織」　69
　　　(ⅴ)　「妨げない」　69

　ⅱ　「9条2項を削除する案」　70

　　　(ⅰ)　「案1　平成24年憲法改正草案」（2012年改憲案）　70
　　　(ⅱ)　「案2　『陸海空自衛隊』の保持案」　73
　　　(ⅲ)　「9条2項を削除する案」全体の問題――自衛戦力論　75

　ⅲ　「第五章（内閣）への自衛隊明記案」　75

(4)　2018年3月15日の全体会合とまとめ　76

4　自民党自衛隊加憲案の成立　77

(1)　2018年3月22日の全体会合における本部執行部の問題整理　77

(2)　「代替案1」　78

　ⅰ　案とその趣旨説明　78

　ⅱ　「我が国の平和と独立を守り、国及び国民の安全を保つため」　79

　　　　iii　「必要な措置」 80
　　　　iv　自衛力論の前提 81
　　(3)　「代替案2」 82
　　　　i　案とその趣旨説明 82
　　　　ii　「自衛の措置」 83
　　　　iii　「前条の規定は……妨げず」 84
　　(4)　2018年3月22日の全体会合と25日の党大会 85
　　　　i　3月22日の全体会合──「代替案2」の採用 85
　　　　ii　25日の党大会──「条文イメージ・たたき台素案」 86
　5　自民党自衛隊加憲案の可能性 87
　　(1)　加憲論と改憲方式をめぐる法的可能性 87
　　　　i　増補方式論 88
　　　　　(i)　増補方式の憲法的可能性 88
　　　　　(ii)　公明党の加憲論と増補方式 89
　　　　ii　溶け込み方式論 90
　　　　　(i)　法令改正の方式 91
　　　　　(ii)　自民党の自衛隊加憲論 94
　　(2)　実現方法をめぐる政治的可能性 96
　　　　i　必要最小限度規定の復活 96
　　　　ii　第3の複数段階改憲構想と9条改憲先送り論 97
　おわりに 98

第2章　自衛隊加憲論の展開と自衛隊の指揮監督 101

　はじめに 102
　1　自衛隊の指揮監督規定＝自衛隊法7条の形成と解釈 103
　　(1)　統帥権独立の否定──自衛隊の指揮監督規定の前提 103
　　　　i　統帥権の独立 103
　　　　ii　政府の説明 103
　　　　iii　統帥権の独立と日本国憲法 104
　　(2)　自衛隊法7条の形成 105
　　　　i　自衛隊の指揮監督規定の前史

　　　　──警察予備隊、保安隊、改進党　105
　　　(i)　警察予備隊、保安隊の指揮監督規定　106
　　　(ii)　改進党の動き──内閣の「統帥権」　107
　　ii　自衛隊の指揮監督規定論の本格化
　　　　──1953年9月27日吉田・重光会談以降　108
　　　(i)　吉田・重光会談と3党　108
　　　(ii)　保安庁内の検討──時期尚早論　110
　　　(iii)　3党の改正要点──内閣総理大臣の指揮監督　112
　　　(iv)　保安庁「保安庁法改正要綱案」　113
　　iii　自衛隊の指揮監督規規定案の成立
　　　　──1953年12月30日衆議院法制局「要綱」　114
　　　(i)　「保安庁法改正案要綱」・「自衛隊部隊組織法案要綱」　114
　　　(ii)　『佐藤達夫関係文書』　116
　　iv　自衛隊法7条の成立──1954年1月-6月　122
　　　(i)　改進党の動きと論点の提示　122
　　　(ii)　3党、保安庁、衆議院法制局　123
(3)　「最高の指揮監督権」の軍事的性格と行政的形式　125
　　i　「最高の指揮監督権」の軍事的性格　125
　　　(i)　統帥権との対応　125
　　　(ii)　「最高の指揮監督権」と日本国憲法　127
　　ii　「最高の指揮監督権」の行政的形式の矛盾　129
　　　(i)　「最高」と行政組織　129
　　　(ii)　内閣の首長と総理府・内閣府の長　130
　　　(iii)　防衛省への移行　131
　　iii　小括　132
(4)　自衛隊法7条の解釈　133
　　i　確認規定説──憲法72条、内閣法6条　133
　　ii　統帥権創設規定説　135
　　　(i)　内容──自衛隊法7条による統帥権　135
　　　(ii)　検討──行動と管理の分化　136
2　自衛隊加憲論における指揮監督規定　138
(1)　指揮監督規定論の展開──自由民主党自衛隊加憲案の形成　138
　　i　安倍晋三による自衛隊加憲論の提起まで　138
　　　(i)　安倍の提起のまえ──組織論の例外性　138

     (ⅱ) 安倍の提起――組織論の未確定性 140
   ⅱ 自由民主党憲法改正推進本部を中心とする論議の展開 140
     (ⅰ) 2017年6月12日の全体会合まで 140
     (ⅱ) 2017年6月21日の全体会合と（2017年6月案） 142
     (ⅲ) 2017年9月12日の全体会合まで 142
     (ⅳ) 2017年12月20日の全体会合まで 143
     (ⅴ) 2018年2月7日の全体会合まで 144
   ⅲ 条文案の公募――執行部の検討 145
 (2) 指揮監督規定論の構造 147
   ⅰ 資料「『自衛隊の明記』について（イメージ素案）」における組織規定 147
   ⅱ 任務と「自衛隊」規定 148
     (ⅰ) 「『自衛隊』明記案」全体の問題――「自衛隊」と憲法上の機関 148
     (ⅱ) 「『自衛隊』明記案」（本案）――自衛隊と防衛省 149
   ⅲ 「内閣の首長たる内閣総理大臣」
      ――内閣の代表と首長の関係 150
     (ⅰ) 自衛隊法7条の制定過程――「内閣の代表」規定の構想 151
     (ⅱ) 自衛隊法7条の解釈――統帥権創設規定説の可能性 152
     (ⅲ) 従来の自民党の改憲案――内閣総理大臣の「専権事項」論 155
     (ⅳ) 自衛隊加憲論――「内閣の代表」から「内閣の首長」へ 158
     (ⅴ) 「『自衛隊』明記案」（本案）――行動と管理の分化の可能性 159
   ⅳ 「最高の指揮監督者」 164
     (ⅰ) 従来の経緯――「最高の指揮監督」と「最高指揮」 164
     (ⅱ) 「『自衛隊』明記案」（本案）
        ――「最高の指揮監督」と「内閣の首長」 166
   ⅴ 「責任」（憲法66条3項）体制
      ――内閣・内閣総理大臣・国会 166
     (ⅰ) 現在の責任体制――内閣の責任 166
     (ⅱ) 従来の自民党の改憲案――内閣総理大臣の責任？ 171
     (ⅲ) 「『自衛隊』明記案」（本案）――内閣の責任と内閣総理大臣 172
 おわりに 175

第3章　自衛隊加憲論の構造――政府解釈を基礎に 177

 はじめに 178

1　自衛力論に含まれる問題　179
　(1)　自衛力論の軍事力拡大的要素と抑制的要素　179
　(2)　2014-15年の解釈変更前の政府解釈　180
　　ⅰ　自衛力論の成立、基本的構造と理念　180
　　　(ⅰ)　自衛力論の成立と基本的構造　180
　　　(ⅱ)　自衛力論の理念――専守防衛　182
　　ⅱ　自衛力論の内容　183
　　　(ⅰ)　「自衛のため」　184
　　　(ⅱ)　「必要最小限度」　184
　　　(ⅲ)　「実力」　188
　(3)　2014-15年の解釈変更後の政府解釈　189
　　ⅰ　解釈変更の論理　189
　　ⅱ　変更後の自衛力論の内容　191
　　　(ⅰ)　「自衛のため」　191
　　　(ⅱ)　「必要最小限度」　191
　　　(ⅲ)　「実力」　195
　(4)　小括　196
2　自衛隊加憲の効果　198
　(1)　9条複数段階改憲構想　198
　　ⅰ　改憲の経験　198
　　ⅱ　9条複数段階改憲構想の提示　199
　　ⅲ　9条複数段階改憲構想の論理と実際　201
　(2)　自衛隊違憲論の排除　202
　　ⅰ　自衛隊違憲論排除の提起と前提　202
　　　(ⅰ)　自衛隊違憲論排除の提起　202
　　　(ⅱ)　軍事力の正当化　203
　　　(ⅲ)　組織の存在と任務　203
　　ⅱ　自衛隊の9条（・9条の2）適合性　204
　　　(ⅰ)　自衛隊合憲論の基礎――合憲性と限定性　204
　　　(ⅱ)　自衛隊合憲論の影響――政府解釈変更の可能性　205
　　　(ⅲ)　自衛隊違憲論の可能性　207
　　ⅲ　自衛隊の憲法上の根拠　208
　(3)　自衛力論の枠・「当てはめ」内における憲法解釈の展開　209
　　ⅰ　自衛力論の基本的問題　209

- ii 「自衛」 210
  - (i) 安保条約5条と個別的自衛権・集団的自衛権 210
  - (ii) 安保条約5条と6条のアンバランス論 211
  - (iii) 安保条約と日米防衛協力ガイドラインの関係 214
- iii 「必要最小限度」 214
  - (i) 交戦権の否認 214
  - (ii) 海外派兵の禁止 215
  - (iii) 攻撃的兵器保有の禁止 216
- iv 「実力」 217
- (4) 事実上の軍事力拡大の可能性 217
  - i 前提的考察
    ——自衛隊合憲論・憲法的正当化の段階的展開 217
  - ii 直接に軍事的な問題 218
  - iii 社会的、文化的問題 219
- 3 政府解釈変更の論理的可能性と実際 220
  - (1) 政府解釈変更の論理的可能性
    ——「当てはめ」・「基本的な論理」の変更 220
    - i 「当てはめ」の変更——「武力行使の3要件」など 220
    - ii 「基本的な論理」の変更——自衛力論の自衛戦力論化 221
  - (2) 政府解釈変更の実際 223
    - i 加憲論議の期間と内容——論議の限定 223
    - ii 加憲後の論議の可能性——2項削除改憲論への移行 223
- 4 現在における自衛隊加憲論 225
  - (1) 必要最小限度規定復活の可能性 225
    - i 必要最小限度規定の復活と公明党の役割 225
    - ii 自民党案と安倍案の不一致 226
    - iii 自衛隊加憲論に対する公明党の慎重姿勢の強化 227
  - (2) 第3の複数段階改憲構想と自衛隊加憲先送り論の可能性 229
    - i 第3の複数段階改憲構想の可能性と自衛隊加憲の困難性 229
    - ii 改憲案の内容 230
      - (i) 改憲4項目の変更可能性 230
      - (ii) 具体的な改憲項目 235
    - iii 改憲推進主体としての改憲勢力 237

（i）2019年参議院選挙前——いわゆる「改憲勢力」から　237
　　（ii）参議院選挙後——「3分の2の形成に向けて」　240
　　iv　改憲内容・改憲勢力関係と第3の複数段階改憲構想　241
　（3）自衛隊加憲論と日米関係　242
おわりに　243

終章　結論　245

　1　本論の要約　246
　（1）「第1章　自衛隊加憲論の展開と自衛隊の任務・活動」　246
　（2）「第2章　自衛隊加憲論の展開と自衛隊の指揮監督」　247
　（3）「第3章　自衛隊加憲論の構造——政府解釈を基礎に」　249
　2　自衛隊加憲論の可能性　250
　（1）自衛隊加憲論と政治状況　250
　（2）自衛隊加憲論とその理解　251

参考文献　253
あとがき　261

凡例

1　国会の議事録

「安倍晋三内閣総理大臣193回2017（平成29）年5月9日参・予算18号24頁」

最初に発言者が記され、次にその身分が書かれている。「193回」によって第193回の会期であることが示されている。年月日については西暦を原則としているが、議事録には元号しか書かれていないので、元号が括弧内に示されている。その次に衆議院か参議院かが書かれ、「参」は参議院の略である。「予算」は予算委員会である。本会議は「本」と表示されている。

2　質問に対する答弁書

「森清議員提出憲法第九条の解釈に関する質問に対する答弁書（102回47番）（1985（昭和60）年9月27日衆議院提出）」

まず質問主意書を提出した議員の名前が書かれている。次に質問の表題が記されている。「102回」は質問主意書が提出された会期、「47番」は同じ会期のなかで質問主意書が提出された番号である。年月日は衆議院または参議院が答弁書を受理した日付である。その表示のしかたは国会の議事録と同じである。最後に答弁書の提出先が衆議院か参議院かが記されている。

3　判例

「砂川事件最大判1959（昭和34）年12月16日刑集13巻13号3225頁」

「砂川事件」は通常言われている事件名である。「最大判」は最高裁判所大法廷判決の略である。年月日は判決などの言渡しの日付である。その表示のしかたは国会の議事録と同じである。「刑集」は最高裁判所刑事判例集の略である。

4　参考文献

参考にした文献のうち、本書で引用したもののみ掲げられている。

「宮崎（1977b: 93-94）」

本文で引用する場合、まず執筆者名、刊行年が記されている。「b」は同じ年で2番目に刊行されたことを示している。「93-94」は引用頁数である。

序章
自衛隊加憲論と自衛力論

本書で前提としてあるいは共通して論じられることについて、本章で整理しておきたい。そのようなものとして、自衛隊加憲論をめぐる問題と基礎概念としての自衛力論を取り上げることにする。

1　自衛隊加憲論

　自衛隊加憲論に関する問題の所在と私の問題意識を紹介しておきたい。

(1)　問題の所在
　自衛隊加憲論の政治的背景として、日本の軍事大国化の要求がある。アメリカは日本に集団的自衛権の行使と後方支援の拡大を求め、日本にも軍事力行使の自由による大国化の追求の動きがある。安倍晋三はこれらの要求に応えようとする特別のこだわりを示し、集団的自衛権限定容認を中心的な目標として2014-15年の政府解釈変更を行った。当然のことながら、自衛隊加憲論は安倍の個人的な趣味の問題ではない。
　そこで自衛隊加憲論を構成する基本的な論議を確認し、そのとらえかたを見ておく。
　　ⅰ　自衛隊加憲論の提起
　2017年5月3日に安倍は、新憲法制定を目指す運動団体「日本会議」が主導する「美しい日本の憲法をつくる国民の会」などの集会に、ビデオ・メッセージ[1]を寄せた。そのなかで最も中心的に言われていることは、「9条1項、2項を残しつつ、自衛隊を明文で書き込む」ことである。本書ではこの主張を「自衛隊加憲論」と呼んでいる。
　このビデオ・メッセージのなかで、自衛隊加憲論の前提としてまず憲法論議のありかたを論じている。
　「憲法は、国の未来、理想の姿を語るものです。私たち国会議員は、この国の未来像について、憲法改正の発議案を国民に提示するための、『具

　1）安倍（2017）。同趣旨のインタビュー記事が讀賣新聞2017年5月3日に見られる。なおそこには、ビデオ・メッセージと異なり、「緊急事態条項」への言及がある。

体的な議論』を始めなければならない、その時期に来ていると思います。

　我が党、自由民主党は、未来に、国民に責任を持つ政党として、憲法審査会における、『具体的な議論』をリードし、その歴史的使命を果たしてまいりたい、と思います。」

　憲法＝国の理想論に立って、「具体的な議論」開始の「歴史的使命」が強調されている。そのうえで、次のように自衛隊加憲論が展開されている。

「例えば、憲法９条です。今日、災害救助を含め、命懸けで、24時間、365日、領土、領海、領空、日本人の命を守り抜く、その任務を果たしている自衛隊の姿に対して、国民の信頼は９割を超えています。しかし、多くの憲法学者や政党の中には、自衛隊を違憲とする議論が、今なお存在しています。『自衛隊は、違憲かもしれないけれども、何かあれば、命を張って守ってくれ』というのは、あまりにも無責任です。
　私は、少なくとも、私たちの世代の内に、自衛隊の存在を憲法上にしっかりと位置づけ、『自衛隊が違憲かもしれない』などの議論が生まれる余地をなくすべきである、と考えます。
　もちろん、９条の平和主義の理念については、未来に向けて、しっかりと、堅持していかなければなりません。そこで、『９条１項、２項を残しつつ、自衛隊を明文で書き込む』という考え方、これは、国民的な議論に値するのだろう、と思います。」

　以上の自衛隊加憲論のうえで、「教育の問題」として「普通教育の無償化」の意義を述べ、「高等教育についても、全ての国民に真に開かれたものとしなければならない」とされている。さらに、「これらの議論の他」にも課題があり得ると指摘されている。そして、「夏季のオリンピック、パラリンピックが開催される」「2020年を、新しい憲法が施行される年にしたい」と、改憲時期の目標が示されている。
　この自衛隊加憲論の中心部分は、①目的として自衛隊違憲論の解消、その手段として②９条１項、２項の存続、③憲法への自衛隊の明記である。

ⅱ　自衛隊加憲案

(ⅰ)「『自衛隊』明記案」(本案)(2018年3月15日)

2017年5月の安倍による自衛隊加憲論提起の翌月6月から、自由民主党憲法改正推進本部における審議が開始された。自民党所属国会議員に対する公募に基づく9条改憲案が、翌年2018年3月15日の全体会合で整理され[2]、そのうち「『自衛隊』明記案」(本案)[3]が事実上本部執行部の本命案とされた。それは以下のものである。

「9条の2　我が国の平和と独立を守り、国及び国民の安全を保つための必要最小限度の実力組織として、法律の定めるところにより、内閣の首長たる内閣総理大臣を最高の指揮監督者とする自衛隊を保持する。

②　自衛隊の行動は、法律の定めるところにより、国会の承認その他の統制に服する。」

そのうち任務・活動規定は、9条の2、1項の「我が国の平和と独立を守り、国及び国民の安全を保つための必要最小限度の実力組織として、法律の定めるところにより」「自衛隊を保持する」である。組織規定は、9条の2、1項の「法律の定めるところにより、内閣の首長たる内閣総理大臣を最高の指揮監督者とする自衛隊を保持する」と、2項の「自衛隊の行動は、法律の定めるところにより、国会の承認その他の統制に服する」である。この「『自衛隊』明記案」(本案)が自民党改憲推進本部執行部・安倍・自民党主流派が目指し、今後の改憲原案の基礎になる案と考えられる。

(ⅱ)「代替案2」=「条文イメージ(たたき台素案)」(2018年3月22-25日)

1週間後の同月22日の本部全体会合において、「『自衛隊』明記案」に対する二つの代替案が示され[4]、会合後そのうち「代替案2」が事実上本部執行部案とされた。3日後の同月25日の党大会を経て[5]、本部執行部によって緊急事態対応、合区解消・地方公共団体、教育充実とともに上記「代替案2」が改憲4項目の「条文イメージ(たたき台素案)」とされた[6]。こ

---

2) 自由民主党憲法改正推進本部(2018a)。
3) 二つの別案があるので、本案と呼んでいる。
4) 自由民主党憲法改正推進本部(2018b)。
5) 自由民主党(2018)。

れが一応自民党の自衛隊加憲案とされている。それは以下のものである。

「第9条の2　前条の規定は、我が国の平和と独立を守り、国及び国民の安全を保つために必要な自衛の措置をとることを妨げず、そのための実力組織として、法律の定めるところにより、内閣の首長たる内閣総理大臣を最高の指揮監督者とする自衛隊を保持する。

②　自衛隊の行動は、法律の定めるところにより、国会の承認その他の統制に服する。」

そのうち任務・活動規定は、元の「『自衛隊』明記案」(本案)では「必要最小限度の実力組織」とされていた部分が、「代替案2」＝自民党自衛隊加憲案では「必要な自衛の措置をとることを妨げず、そのための実力組織」に変えられている。組織規定は変わらない。この「代替案2」＝「条文イメージ（たたき台素案）」は9条2項削除案と対抗するために、「『自衛権』明記案」と妥協した暫定案と思われる。

ⅲ　「自衛隊加憲論」と「自衛隊明記論」

「9条1項、2項を残しつつ、自衛隊を明文で書き込む」という提起は、「自衛隊加憲論」あるいは「自衛隊明記論」と言われている。この両者には以下のような違いが見られる。

①「自衛隊加憲論」は論理的には「9条1項、2項を残しつつ、自衛隊を明文で書き込む」に関してその全体に、「自衛隊明記論」はその後半のみに対応している。

②「加憲」は公明党の年来の「加憲論」を意識させ、「明記」にはそのような政治的ニュアンスがない。一般的には特定の政治的ニュアンスのない用語のほうがよいが、後述するように安倍・自民党の「自衛隊加憲論」は公明党の「加憲論」を意識して出されたと思われる。

③条文化に当たって、文字通り「自衛隊」という文言が規定される場合と、「自衛のための必要最小限度の実力組織」のように一般的な規定がなされる場合がある。「自衛隊明記論」では後者が含まれない可能性があるが、両者を含めて論ずる必要があり、そのためには「自衛隊加憲論」がよ

6）自由民主党憲法改正推進本部（2018c）。

い。

　④前述の2018年3月15日の自民党改憲推進本部全体会合において応募案を整理した本部執行部の資料では、そのタイトルが「『自衛隊』の明記について」とされている。すなわち後述するように、「自衛隊加憲論」などを含む「9条1項、2項を残」す案も、2012年改憲案[7]を含む「9条」「2項を残」さない案も、ともに「『自衛隊』の明記」のもとで論じられている。「自衛隊」やそれを超える「国防軍」[8]、すなわち少なくとも「自衛隊」を憲法に「明記」しているととらえられているようである。やや強引なこの議論では、「自衛隊明記論」は「9条1項、2項を残」すかどうかの違いを相対化させる政治的効果を生じさせている。これは、①で指摘したように、「自衛隊明記論」が「9条1項、2項を残しつつ、自衛隊を明文で書き込む」に関してその後半のみに対応していることを利用したものである。

　以上の①②③④を合わせて、本書では「自衛隊加憲論」という用語を使うことにした。

(2)　問題意識
　　i　分析と実践・解釈
　学問の分業のなかで、私には平和主義研究の実証性を高めたいという問題意識があり、その一つとして1990年代末から政府の平和主義解釈の分析に取り組んできた[9]。政府の平和主義解釈について賛否の評価をするより、事実を知りたいと考えてきた。理解しなければ、評価できない。政府の平和主義解釈の基本的な枠組は、自衛隊発足後は自衛力＝「自衛のための必要最小限度の実力」論である。自衛力論に関する実践的・解釈論的・抽象的検討ではなく、その内在的・論理的・具体的分析を心掛けてきた[10]。

7）自由民主党（2012）。渡辺（2015：下730-742）。
8）2012年改憲案9条の2、1項（自由民主党（2012：4）、渡辺（2015：下732））。
9）そのために政府見解が何を言っているのかを明らかにし、そのうえで何を考えているのか、何をしようとしているのかを考えていく必要がある。
10）浦田（2017c）において平和主義研究に関する私の問題意識を簡単に整理した。

分析は具体的でなければならず、したがって対象の多面性を描くことになる。自衛力論について言えば、軍事力正当化の要素と軍事力制約の要素が含まれている。自衛力の範囲内の軍事力を正当化し、自衛力を超える軍事力を制約しているからである。実践的・解釈論的には軍事力拡大の立場から正当化の要素が、縮小・廃絶の立場から制約の要素が強調されてきた。私は後者の立場に立ってきた。正当化の背景には安保・自衛隊強化の日米の政治的力、制約の背景には「戦争の放棄」（2章）の9条、非軍事平和主義解釈、平和と憲法を結びつけた市民運動がある[11]。軍事力縮小の立場では、新たな軍事力拡大に取り組む立法などに対して、成立前は権力拡大の最大限の危険性を指摘し、成立後は権力拡大の危険性を最小限にするための解釈論を提示すべきものとされる。軍事力拡大の立場から、丁度正反対の態度が採られる。たとえば1999年の周辺事態法案立法の動きに対して、軍事力縮小の立場では成立前は「周辺事態」概念の不明確性などを強調し、成立後は「周辺事態」概念の明確化を進める解釈論などに取り組むことになる。ただし具体的、構造的な分析がなければ、成立前と成立後の取組みはつながらない。

　ⅱ　政府の憲法解釈の変更

　以上の問題は、集団的自衛権限定容認などの政府の憲法解釈の変更をめぐって鋭く出された。2014年7月1日の閣議決定によって政府解釈の変更が示され、それに基づいて2015年9月19日安保法制が成立した。変更前の政府解釈では武力行使は限定された個別的自衛権の場合にのみ認められ、限定を超えた個別的自衛権、限定の有無にかかわらず集団的自衛権・集団安全保障の場合には認められなかった[12]。解釈変更後の政府解釈では武力行使は限定された個別的自衛権・集団的自衛権・集団安全保障の場合には認められ、限定を超えた個別的自衛権・集団的自衛権・集団安全保障の場合には認められないこととされた[13]。

---

11) 自衛力論の背景と意義について、浦田（2012: 35-44）など、繰り返し指摘してきた。
12) 浦田（2012）。資料として浦田（2013b）。
13) 浦田（2016a）。資料として浦田（2017a）。

この政府解釈の変更は憲法解釈として集団的自衛権などの容認を目指すものであったが、同時に憲法解釈上の限定があるとされた。私はこの両面性に着目し、それを分析した著書のタイトルも『集団的自衛権限定容認とは何か』とした[14]。私は容認の要素が憲法論・政治論として基本的に重要であるが、限定の要素にも注意を払わなければならないと考えていた。政府解釈変更の意味を多面的に理解する[15]ことは、その批判の運動にとっても不可欠である。安保法制成立後は集団的自衛権などの容認の限定性を指摘する論調が一般的に増え、限定のための実践論、解釈論的取組みが課題となっている。しかし、そのためには限定の根拠、範囲、要件、具体的答弁例などの分析[16]が前提になろう。結論として限定は相当のものになっており、たとえば、憲法解釈によって導かれた武力行使の「三要件」から、「湾岸戦争やイラク戦争」、「アフガンでの戦い等々」を挙げ、集団安全保障であれ集団的自衛権であれ、「部隊を送って、基地を攻撃するとか、戦闘行為をそのまますると化いうことはない」と、安倍は答弁した[17]。

　なお限定性の背景に目をやれば、集団的自衛権限定容認論は政府・与党近辺で古くから第2次安倍政権発足以前にあった。その限定を法律以下の法令・政策ではなく憲法解釈によるものとする判断は、遅くとも2013年秋には生まれていた[18]。すなわち、政府解釈における軍事力制約の要素の背景の一つとして平和と憲法を結びつけた市民運動の存在を指摘したが、この政府解釈の変更の場合は基本的には2013年以前の運動による。2014-15年の運動は政府解釈の変更や安保法制の成立を阻止しなかったが、

---

14) この著書の刊行時期は2015年の安保法制のあとの2016年である。しかし、その元になった論文は、基本的に安保法制成立前に書かれている。
15) 浦田（2016b: 4-7）において、解釈変更に関する法的論理の具体的分析の必要性と問題の背景について簡単な指摘を行った。
16) 浦田（2016a: 50-72、102-134）などにおいて限られた分析を行ってきたが、広く深い分析が憲法学にとって重要な課題になっていると思われる。
17) 安倍晋三内閣総理大臣186回2014（平成26）年7月14日衆・予算18号（閉）19頁。浦田（2016a: 113-120、とくに119）。
18) 浦田（2016a: 36-37、124-125）。

その制約の具体化に影響を与えたと考えられる。

ⅲ　自衛隊加憲論

自衛隊加憲論は「自衛隊を明文で書き込む」ことによって、2014-15年の政府解釈の変更によってなされた武力行使拡大の容認を確保しつつ、その限定を突破することを目標として目指していると考えられる。政府解釈の変更によって武力行使が限定なしに可能になっていれば、論理的には自衛隊加憲論は出されなかったはずである。

したがって、「自衛隊を明文で書き込む」ことで、①従来の政府解釈すなわち2014-15年に変更された政府解釈と②自衛隊加憲論のあいだは、どのような関係になるのかを検討する必要がある。自衛隊加憲論は2項削除改憲を目標としつつ、他方で「9条1項、2項を残」すことによって、実現可能性を重視している。すなわち②自衛隊加憲論と③2項削除改憲論のあいだは、どのような関係になるのかも解明されなければならない。

2014-15年の政府解釈変更について、代表的には集団的自衛権の容認と限定の両面を分析しなければならなかった。同様に自衛隊加憲論についても、「自衛隊を明文で書き込む」ことと「9条1項、2項を残」すことの両面を分析する必要がある。変化する部分、すなわち集団的自衛権の容認や「自衛隊を明文で書き込む」ことに注意が行くのは当然である。しかし同時に、変化しないことが強調されている部分、すなわち集団的自衛権の限定や「9条1項、2項を残」すことにも注意を払わなければならない。

したがって、①従来の政府解釈、②自衛隊加憲論、③2項削除改憲論の3者の相互関係を検討することが課題になる[19]。

当然のことながら、政府解釈の変更と自衛隊加憲論は軍事力の正当化と制約という点で同様の問題を提出している。ただし、政府解釈の変更より明文改憲の自衛隊加憲論は全体としてはるかに重大な問題を持っている。

なお、後述のように自衛隊加憲論は古くから出されているが、2017年の安倍による自衛隊加憲論提起は2項削除改憲を明確に意図しつつ先送りに

---

19) 法的に整理すれば本文のようになるが、同時に①②③の軍事力の実態・実際について考察しなければならない。

しており、2014-15年の政府解釈変更に対する批判運動に相当に規定されているであろう。

2 自衛力論

「まえがき」でふれたように、自衛隊加憲論による加憲の内容は結論として基本的に自衛力＝「自衛のための必要最小限度の実力」論になる可能性が大きいと私は考えている。政府の憲法解釈によれば、憲法9条2項の戦力不保持にもかかわらず、自衛力の保持・行使は違憲ではないとされている。この自衛力論は自衛力を合憲とし、自衛力を超えるものを違憲とする。軍事力の正当化と制約の両面的な役割を果たしてきた。これについて私は度々論じてきた[20]ので、ここで自衛隊加憲論との関係で簡単に整理しておきたい。自衛力論と自衛隊加憲論の関係について整理することを通して、改めて自衛力論について考えさせられたこともある。そのような点もここで補足しておきたい。

(1) 自衛力論の形成と構造

政府の平和主義解釈は、憲法制定議会における吉田茂首相の自衛戦争放棄答弁（1946年6月26日）[21]から始まった。実質的な日本の再軍備の過程において、法的建前としては1950年発足の警察予備隊も1952年発足の保安隊も対内的実力・警察力とされていた[22]。1954年自衛隊発足後、政府解釈変更の準備を経て[23]、同年1954年12月22日に自衛力論の原型が政府統一見解として示された[24]。これによって対外的実力・防衛力が正式に合憲化された[25]。「自衛戦力」論[26]は、一時的な混乱した答弁を除ければ、政

---

20) 浦田（2012）、浦田（2016a）など。
21) 「戦争抛棄ニ關スル本案ノ規定ハ、直接ニハ自衛權ヲ否定ハシテ居リマセヌガ、第九條第二項ニ於テ一切ノ軍備ト國ノ交戦權ヲ認メナイ結果、自衛權ノ發動トシテノ戦争モ、又交戦權モ抛棄シタモノデアリマス」（吉田茂内閣総理大臣・帝國90回1946（昭和21）年6月26日衆・本6號3頁）。制憲期において武力行使が憲法上可能だとした政府見解の表明は見当たらない。したがってまた、そこで言われていた「自衛權」は武力行使の違法性阻却事由としての自衛権を意味していない。

府によって一貫して排除されてきた。

　自衛力論全体の趣旨は政府によって何度も説明されてきたが、自衛力論の定式＝「自衛のための必要最小限度の実力」における「自衛」概念それ自体が政府によって明示的に定義されたことはないように思われる。この「自衛」の背景に国家主権の軍事的実現という観念が存在し、それを私は「抽象的自衛」と呼んできた[27]。抽象的自衛論のもとで、「自衛」は具体的、歴史的には個別的自衛権と考えられていた。そこで論理的な整理を行えば、「自衛のため」によって武力行使は個別的自衛権に限定され、集団安全保障や集団的自衛権のための武力行使は禁止されていた。さらに、その個別的自衛権に基づく武力行使も「必要最小限度」のものに限定され[28]、交戦権や海外派兵などは認められないとされてきた[29]。以上のこ

---

[22] 発足後の保安隊は近代戦争遂行能力論によって正当化された。これは当初は警察力論であり、対内的実力・警察力でも近代戦争遂行能力を備えるようになれば違憲とするものであった（対内的実力に関する近代戦争遂行能力論）。1953年夏頃から、対外的実力・防衛力でも近代戦争遂行能力を備えなければ合憲だとするように事実上変わっていった（対外的実力に関する近代戦争遂行能力論）。このように事実上近代戦争遂行能力論によって対外的実力・防衛力が合憲とされ、1954年7月に自衛隊が発足した。

[23] 同年1954年12月20日に行われた政府・与党打合せ会議において、高辻正己法制局次長が用意した草稿に基づき、近代戦争遂行能力論から自衛力論への転換が図られた。

[24] 大村清一防衛庁長官21回1954（昭和29）年12月22日衆・予算2号1頁。ただし、この22日の統一見解では自衛力論は自衛のための必要「相当」の実力と定式化され、自衛のための必要「最小限度」の実力として自衛力論の定式が確立したのは翌年1955年6月であった。

[25] 以上の歴史について、浦田（2012: 219-332）。

[26] ここで言う「自衛戦力」論は、国際法上合法な武力行使には憲法上の制約はないとする理論の意味で使っている。「必要最小限度」性が自衛力論にはあり、自衛戦力論にはない。自衛力論では9条1項と2項の両者に規範性が認められ、「自衛」のためでも「戦力」保持は許されないとされている。自衛戦力論では9条1項に規範性が認められるが、2項は1項に規定され、独自の規範性は認められない。2項は1項の言わば従属変数であり、「自衛」のためであれば「戦力」保持は許されると考えられている。実際の歴史においては自衛戦力論によって「自衛」と「侵略」が対置されることが多く、自衛戦力論に関する政府見解、芦田均・清瀬一郎・佐々木惣一などの自衛戦力論に微妙な問題が含まれている。以上の点について、浦田（2012: 312-316）。

とを具体化して、自衛権発動の3要件[30]が定式化されていた[31]。9条の規律は「実力」・武力に関するものとされ、そうでないとされる基地提供や経済援助などは憲法による規律のそとに置かれてきた。

自衛力論に基づき、組織面で防衛＝行政論として防衛は行政の枠内に収

---

27) 浦田（2012: 66-73）、浦田（2016a: 56-59）。有権解釈において、9条の戦争放棄に対して国家固有の自衛権・国民の平和的生存権・幸福追求権が対置され、そこから限定された武力として自衛力が導かれる。その場合、とくにその国家固有の自衛権などの基礎に抽象的自衛の観念がある。国家固有の自衛権は具体的、歴史的には個別的自衛権を想定していたであろうが、抽象的、論理的には抽象的自衛と結合して理解される可能性はあるように思われる（浦田（2016a: 73-83））。なお、抽象的自衛論によれば、国家固有の自衛権などが対置される前の9条は、論理的には国家主権や人権を考慮せずに、規定されていることになる。だからこそ、国家固有の自衛権などの対置の必要性が生ずる。国家主権や人権のために9条が規定されているとは考えられていない。すなわち、そのような9条がなぜ憲法に規定されているのか、解釈論として説明されていない（浦田（2012: 35-36, 41））。

また、9条の戦争放棄に国家固有の自衛権などが対置されるのは、両者が異なるからである。国家固有の自衛権などの名のもとに、抽象的自衛論が9条の外から持ち込まれている。そのうえで、持ち込まれた抽象的自衛論から、武力行使の正当化が引き出されている。9条援用の形式のもとで、9条を通過して抽象的自衛論が機能している。抽象的自衛論は憲法論として以上のような構造になっている。

しかし抽象的自衛論は根本的には論理であるより、発想や感情である。国家主権は軍事によらなければ実現できず、軍事によれば実現できると思われている。実質的には軍事力・抑止力・日米安保体制信仰に基づいている。朝鮮の核・ミサイル問題に関して軍事的対応をすれば、敵基地攻撃もミサイル防衛も日本、韓国、朝鮮それぞれにおいて少なくとも数百万人の死者を発生させると想定されている。このような被害を生まない軍事技術は存在しないことが、具体的に明らかになっている。米朝交渉前の平和と軍事の状況に関する私の簡単な整理として、浦田（2017d: 15-17）。

28) 浦田（2012: 56-58）。

29)「個別的自衛権への限定」と「個別的自衛権にたいする限定」として整理したことがある（浦田（2012: 38-41））。

30) 自衛権発動の3要件は以下のものである。「①我が国に対する急迫不正の侵害があること、②これを排除するために他の適当な手段がないこと、③必要最小限度の実力行使にとどまるべきこと」（森清議員提出憲法第九条の解釈に関する質問に対する答弁書（102回47号）（1985（昭和60）年9月27日衆議院提出））。

31)「必要最小限度」という言葉は政府見解において多様なレベルで使われてきた。①防衛に対する限定、②個別的自衛権に対する限定、③自衛権発動の第3要件がある。①は自衛力論の「自衛」を抽象的自衛論と直結させて理解し、日本の防衛が限定的であることを示している。②は本論の説明に対応している。

められ、自衛隊に対する指揮権は行政的な「指揮監督権」によってとらえられてきた。

(2) 自衛力論の解釈変更

2014年5月15日の「『安全保障の法的基盤の再構築に関する懇談会』報告書」[32]に対して、即日政府は「政府の『基本的方向性』」を表明し、「いわゆる芦田修正論は、政府として採用できない」と述べた[33]。このように自衛戦力論を排除したうえで、同年2014年7月1日に政府解釈変更の閣議決定[34]が出された。すなわち、1972年10月14日の政府資料[35]の「基本的な論理」を維持したうえで、「当てはめ」を変更したと説明された。この「基本的な論理」・「当てはめ」論の基礎に、武力行使に関する根拠・範囲・要件の3層構造論があるように思われる[36]。1972年と同じ「基本的な論理」＝武力行使の根拠・範囲論のもとで、2014年には「安全保障環境」の厳しさから、「当てはめ」＝武力行使の要件論として「武力行使の三要件」[37]が導かれるとされた。自衛権発動の3要件が「武力行使の三要

---

32) 「国際法上合法な活動への憲法上の制約はない」と結論づけており（安保法制懇（第2次）（2014: 36）、渡辺（2015：下917））、自衛戦力論の立場を示した。
33) 「政府の『基本的方向性』」(2014)、渡辺（2015：下928）。ここで言われている「芦田修正論」は自衛戦力論のことである。
34) 政府解釈変更閣議決定（2014）、渡辺（2015：下934-938）。その武力行使関係部分のコンメンタールとして、浦田（2016a: 102-123）。
35) 集団的自衛権政府資料（1972: 245-246）、渡辺（2015：上226-227）。
36) 「基本的な論理」の前半で武力行使の根拠、後半で武力行使の範囲、「当てはめ」で武力行使の要件が示される。武力行使の根拠・範囲・要件の3層構造は、政府解釈や判例などによる有権解釈に基本的にあると見ることができる。ただし、3層構造に基づいて作られた「基本的な論理」・「当てはめ」論には問題がある。
　3層構造は、2014年閣議決定によるとらえかたを参考にすれば、1972年資料では以下のようになる。①武力行使の根拠。一方に憲法9条による武力行使の禁止と他方に平和的生存権や幸福追求権があるので、「わが国」の「存立」のために「必要な自衛の措置」が認められる。②武力行使の範囲。そこから一定の「急迫、不正の事態」に対処するために、「やむを得ない措置」として「必要最小限度」の武力行使は許される。③武力行使の要件。そうだとすれば、武力行使は「わが国に対する急迫、不正の侵害に対処する場合に限られ」、「集団的自衛権の行使は、憲法上許されない」。

件」に変えられた。

　論理の帰結として、自国の存立のために限定された個別的自衛権・集団的自衛権・集団安全保障に基づく武力行使は、「自国防衛」と呼ばれ合憲とされる。それに対して、専ら他国の存立のための武力行使は、「他国防衛」と呼ばれ違憲とされる[38]。同じ自国の存立のために、1972年に限定された個別的自衛権が認められたが、2014年には限定された個別的自衛権・集団的自衛権・集団安全保障が認められるとされている。それに伴い、法文や解釈における「自衛」や「防衛」は解釈変更前は個別的自衛権と理解されていたが、解釈変更後は自国防衛の意味に読み替えられている。このようにして、自衛力＝「自衛のための必要最小限度の実力」論の形式は維持されている。

　この解釈変更論に対して、個別的自衛権と集団的自衛権・集団安全保障の異質性、安全保障環境変容に関する立法事実論の恣意性、「自国防衛」・「他国防衛」概念の不明確性などの問題点が一般的に指摘されている[39]。

　自衛力論は一言で言えば「黒地から白抜き」（内閣法制局幹部）[40]の形式論であって、その意味ではシンプルな議論である。しかし、言い換えれば実質的に９条と矛盾しているので、①何層にもわたる原則と例外の階層か

---

[37] 「①我が国に対する武力攻撃が発生した場合のみならず、我が国と密接な関係にある他国に対する武力攻撃が発生し、これにより我が国の存立が脅かされ、国民の生命、自由及び幸福追求の権利が根底から覆される明白な危険がある場合において、②これを排除し、我が国の存立を全うし、国民を守るために他に適当な手段がないときに、③必要最小限度の実力を行使すること」。（①、②、③は浦田）（政府解釈変更閣議決定（2014）、渡辺（2015：下938））。

[38] 自国防衛論の意味について、浦田（2016a: 105-106）、その論理について浦田（2016a: 83-89）。

[39] 浦田（2016a: 121）。これらの問題の最も根本にある問題は、解釈変更前から自衛力論の基礎にある抽象的自衛論にあると私には思われる。抽象的自衛＝国家主権の軍事的実現を肯定する発想は、９条の制約を軽視する可能性を含んでいるからである。その抽象的自衛論の問題性が政府解釈変更に表れた中心的問題は、「自国防衛」・「他国防衛」概念の不明確性というより、その基礎にある「国の存立」論の確定不可能性（浦田（2016a: 73-93））であろう。①「国の存立」のために、②限定された武力行使が認められるとする（浦田（2016a: 83））。しかし①の目的も②の手段の限定も性質上ほぼ確定不可能である。

[40] 中村（2009: 75）。違憲のものから、合憲にしたいものを削っている。

らなり、②しかも不確定部分があり、③政治と相互規定的で、④したがって変化しつつあり、⑤歴史的に形成されてきた複雑な論理形式になっている[41]。以上の自衛力論の問題について自衛隊加憲論との関係で本論において具体的に検討していきたい。

---

41) 実質的に内閣法制局が大きな役割を果たしてきた政府の憲法解釈は、公式説明ではその論理性が強調されてきたが、実際には一定の政治性を帯びている（浦田 (2016a: 198-200)）。同時に法解釈の論理形式は一定の立憲主義的、法治主義的機能も果たしている。

第 1 章

自衛隊加憲論の展開と自衛隊の任務・活動

はじめに

　9条改憲は改憲論において全体として実質的な中心にあり[1]、自民党にとって最も優先度の高い「一丁目一番地」(下村博文自由民主党憲法改正推進本部長——肩書きは当時のものであり、以下同じ)とされる[2]。そこでは2項削除に焦点が当てられてきた。しかし、その実現は困難なので、実現容易と思われる他の項目から改憲を行おうとする複数段階改憲構想[3]が出されてきた。自民党によるその構想のなかに、個人情報保護、環境保全、緊急事態、改憲手続[4]など9条以外の改憲項目から9条改憲に向かおうとするものが見られるが、これはオーソドックスな複数段階改憲構想と言うことができる。このような複数段階改憲構想の存在は具体的な論証をするまでもなく、全体として明らかだと思われる。

　それに対して2017年5月3日に安倍晋三が提起した自衛隊加憲論は、「9条1項、2項を残しつつ、自衛隊を明文で書き込む」[5]としている。自由民主党の正式の改憲案では9条2項削除改憲が規定されている[6]ので、加憲による9条改憲から2項削除の9条改憲に向かおうとしていると思われる。複数段階改憲構想のうち、9条改憲のなかで複数段階を考える新しい構想である。9条改憲に取り組む積極性と、2項削除改憲を先送りにする慎重さを備えている[7]。この複数段階改憲構想の存在は、本論で具体的

---

1) 1950年代において天皇制、90年代以降において統治機構など9条外の項目も重要な改憲論の内容になっているが、9条改憲が下ろされることはなかった。
2) 東京新聞2019年7月9日。
3) 「2段階」という表現もあるが、2項削除改憲まで多様な可能性があるので、私は「複数段階」と表現してきた(浦田(2018a: 81))。
4) これらのうち、個人情報保護、環境保全などはより純粋な複数段階改憲構想に基づくと見られるが、緊急事態、改憲手続などはそれ自体の実現もより多く追求されているように思われる。なお自民党や政治の世界とは別に学界などから、憲法裁判所のように、とくに9条との関係を意識せずに改憲論が提起される場合もある。
5) 安倍晋三(2017)。
6) 自由民主党(2012)。安倍は、「党の目指すべき改正はあの通り(2012年改憲案——浦田)」と語っている(讀賣新聞2017年5月3日)。

に論証したい。

本章タイトルの「自衛隊加憲論の展開」の中心に置かれるのは、実質的には「『自衛隊』明記案」(本案) (2018年3月15日)、形式的には「代替案2」=「条文イメージ(たたき台素案)」(2018年3月22-25日)である。その形成過程における複数の案とともに、文言を分析しながら、コンメンタール的に検討していきたい。自衛隊加憲論について自衛隊の任務とそのもとにおける活動と組織が問題になる。そのうち、党内外で争点になってきた「自衛隊の任務・活動」に本章では焦点を当てたい。組織については第2章で扱う。

1 自衛隊加憲論の提起

安倍による自衛隊加憲論提起のまえに一定の加憲論があり、後述のように安倍が知っていたものもある。加憲論には自衛隊加憲論とそうでないものがあるが、前提として加憲論全体についてその系譜を見ておきたい。

(1) 加憲論の系譜

9条改憲論の多くは2項削除改憲論であり、1項、2項を残した加憲論は数少ない。自衛隊明記に限らない多様な内容の加憲論をここで取り上げる。

ⅰ 自主憲法期成議員同盟「第一次憲法改正草案〈試案〉」(1981年10月21日)

加憲論として古くはまず、自主憲法期成議員同盟が竹花光範に依頼して作成した「第一次憲法改正草案〈試案〉」がある。そこでは、実現可能性を考えて、「当面」部分改正を企図するとされる。そのために複数段階改憲構想を提起する[8]。そこで9条について自衛隊違憲論の解消を主張する。「現状では、自衛隊違憲論も成り立ちうることは、周知のごとくである。

---

7) このように国民に判断させないようにする改憲論に対する立憲主義的批判について、阪口(2018)、青井(2018b: 73)。

8) 渡辺(2015:上328)。

そこで、そのような余地をなくし自衛隊を明らかに合憲的な存在とするよう改めることが必要である。ただし、現憲法の『平和主義』の原理そのものには、手をふれないことが望ましいように思う。」

そこから、加憲案と2項削除案の両者を提起する。加憲案は以下のものである。

「案一……解釈規定を第三項に置く

第九条第三項『前二項は、日本国の独立と安全を防衛し、国民の基本的人権を守護することを目的とし、必要な実力（または武力）を保持し、これを行使することを妨げるものではない。』」（……は原文）

これに「コメント」が付けられており、2項削除案が望ましく、加憲案は二次的なものとされている。「すっきりさせるためには、現在の規定を削除」することが望ましいが、「九条改正に反対の声が高まる」場合には、「第二項もそのままにしておき、別に第三項を設けて」、「自衛戦争および自衛のための武力の保持」に関する「いわば、解釈規定を置くことも、一つの考えかたではないかと思う。」[9]

この案における「日本国の独立と安全を防衛」するために「保持」・「行使」される「必要な実力（または武力）」について、本案作成の1981年段階では個別的自衛権が念頭に置かれていたと思われる。「自衛隊を明らかに合憲的な存在とする」ことが目的とされているのであれば、政府の「自衛力」論が意識されていたであろう。本案を前提にしたと思われる次のⅱ案は、「自衛力」という文言を使って説明している。本案における「必要な実力（または武力）」には「最小限度」規定が欠けているが、意図的に落としたかは不明である。「最小限度」規定を意図的に落とした場合には、この条文案は国際法上合法な武力行使には憲法上の制約はないとする「自衛戦力」論を意味する可能性がある。その場合には、後述する9条1項、2項維持で自衛戦力論の「『自衛権』明記案」につながる可能性がある。しかし全体の趣旨から具体的にはその可能性は小さいであろう。

9）渡辺（2015：上329）。

ⅱ　自主憲法期成議員同盟・自主憲法制定国民会議「日本国憲法改正草案」（1993年4月24日）[10]

この案では、「自衛力が保持できることを明確にする」として、9条3項の形で以下のような規定が置かれている。

「前二項の規定は、国際法上許されない侵略戦争ならびに武力による威嚇または武力の行使を禁じたものであって、自衛のために必要な限度の軍事力を持ち、これを行使することまで禁じたものではない。」

この構想で言及されている「自衛力」は、政府の「自衛力」論を指しているのであろう。ただし、この案でも「最小限度」規定が欠けている。この案における「自衛」は、「国際法上許され」る「自衛」であれば、個別的自衛権と集団的自衛権を意味し得る。しかし、政府の「自衛力」論を指しているのであれば、個別的自衛権を意味していたことになる。そうだとすれば、「禁じたもの」である「国際法上許されない侵略戦争ならびに武力による威嚇または武力の行使」と、「禁じたものではない」「自衛のために必要な限度の軍事力」とのあいだには、隙間がある。それは集団安全保障や集団的自衛権、少なくとも集団安全保障の問題であるが、その扱いは不明である[11]。「禁じたもの」でない軍事力を解禁するのであれば、「『自衛権』明記案」につながる可能性があるが、ⅰ自主憲法期成議員同盟案と同様にその可能性は小さいであろう。

ⅲ　小沢一郎「日本国憲法改正試案」（1999年9月）

「自衛権」は「正当防衛権」だとして、9条に次のような3項を置くことが提案されている。

「前二項の規定は、第三国の武力攻撃に対する日本国の自衛権の行使とそのための戦力の保持を妨げるものではない。」

さらに9条に続いて、「国際協調主義の理念」の明確化のために次の規定を創設すべきだとされる。

---

10) 渡辺（2015：上387）。清水雅彦（2019: 77）参照。
11) 古くから「自衛」と「侵略」の二項対立で論じる傾向が一般的にあり、その場合には集団安全保障や集団的自衛権の扱いは論理的には明らかではない。集団安全保障や集団的自衛権の問題を実際にどこまで意識していたかも明らかではない。

「日本国民は、平和に対する脅威、破壊及び侵略行為から、国際の平和と安全の維持、回復のため国際社会の平和活動に率先して参加し、兵力の提供をふくむあらゆる手段を通じ、世界平和のため積極的に貢献しなければならない。」[12]

これらの条文案とともに、「『国連常備軍』を創設する」ことも主張されている[13]。

この構想では「個別的自衛権や集団的自衛権」への言及があり、この案における「自衛権」は個別的自衛権だけではなく集団的自衛権も含むと思われる。9条（1項、2項）の意義については、「自衛権の発動は個別的、集団的を問わず抑制的に考えるべきである」[14]ところに求められている。ただし、抑制の意味は、「直接の攻撃を受けなければ武力による反撃はしない」ことと説明され、国際法上当然のことであり、特別に「抑制的」なことは言われていない。また、3項で自衛権の行使とそのための「戦力」の保持が言われている。「戦力」は「自衛力」を超える実力とし、「戦力」否認の形式を採る政府見解と異なる。9条の次に置かれる規定は、集団安全保障を意味している。「『自衛権』明記案」と明確につながっている。

iv 公明党内の案

(i)「公明党憲法調査会による『論点整理』」（2004年6月16日）

最初に「加憲」の立場について次のように説明されている。「わが党の現憲法に対する姿勢は、二〇〇二年一一月二日の第四回党大会で示した通り、国民主権主義、恒久平和主義、基本的人権の保障の憲法三原則は、不変のものとしてこれを堅持し、さらに憲法第九条を堅持した上で、時代の大きな変貌のなかで新しく提起された環境権や、プライバシー権等の新しい人権を加えるという『加憲』という立場を検討することを党大会で示している。」[15]「堅持」されるものは、「憲法三原則」と「憲法第九条」であ

---

12) 小沢一郎（1999: 98）、渡辺（2015：上499）。
13) 小沢一郎（1999: 99）、渡辺（2015：上500）。小沢案について、木下（2017: 25-26）参照。
14) 小沢一郎（1999: 98）、渡辺（2015：上499）。
15) 公明党憲法調査会（2004: 19）、渡辺（2015：下41）。

る。それ以外のものは、変更可能性があるのであろう。「憲法九条の果たしてきた役割は極めて大きいものがある」とされ、「現行規定を堅持」すべきだとされる。個別的自衛権は現行憲法でも認められるとの解釈が主流であり、集団的自衛権は認めるべきではないとの意見が大勢であると整理されている[16]。

そのうえで、具体的な加憲論が紹介されている。「専守防衛、個別的自衛権の行使主体としての自衛隊の存在を認める記述を置くべきではないか、との意見がある。第一項の戦争放棄、第二項の戦力不保持は、上記の目的をも否定したものではないとの観点からである。ただ、すでに実態として合憲の自衛隊は定着しており、違憲とみる向きは少数派であるゆえ、あえて書き込む必要はないとの考えもある。」[17]さらに、「集団安全保障」や「国際貢献」に関する意見の分岐が記述されている[18]。

この論点整理では、憲法論全体として加憲の立場が示され、「加憲」という言葉が使用されている。9条論については、「専守防衛、個別的自衛権」と結びつけて、「自衛隊の存在」の加憲論が紹介されている。そのような「自衛隊の存在」を「否定したものではない」とする9条1項、2項解釈が、「観点」として示されている。「自衛隊」という文言が使われていることも、安倍・自民党主流派が実現を目指していると思われる自民党改憲推進本部の本命案である「『自衛隊』明記案」(本案)との関係で注目される。

(ⅱ) 「公明党第6回全国党大会運動方針」(2006年9月30日)

以上の(ⅰ)は抽象論であるが、(ⅱ)でより具体化された。加憲論に立ったうえで、加憲論議の対象となる主なテーマとして「平和主義・国際貢献」について以下の記述がある。

「・自衛隊の法的認知

現行憲法第9条の規定は、わが国の平和と独立並びに国及び国民の安全を確保するため、自衛のための必要最小限度の実力組織として自衛隊を保

---

16) 公明党憲法調査会 (2004: 20)、渡辺 (2015: 下42)。
17) 公明党憲法調査会 (2004: 20-21)、渡辺 (2015: 下42-43)。
18) 公明党憲法調査会 (2004: 21)、渡辺 (2015: 下43)。

持することを妨げるものではないことを明確にするべきかどうか。」続いて、国際貢献論が取り上げられている[19]。

この「自衛のための必要最小限度の実力」は自衛力論の定式である。加憲論議の対象として「明確にするべきかどうか」を論じているのであり、条文化を目指したものではないが、条文化し得る書きかたになっている。(i)案と同様にここでも「自衛隊」の文言が使われているが、条文化の場合に「自衛隊」の文言を使うかどうかをめぐって具体的に検討したかは明らかではない。

この案を「2006年公明党検討項目」と呼ぶことにする。

ⅴ　枝野幸男「改憲私案」（2013年10月）

安倍政権によって集団的自衛権限定容認解釈が追求されていた時期に、枝野幸男から9条に以下のような条項を追加する加憲論が出された。

「9条の2　我が国に対して急迫不正の武力攻撃がなされ、これを排除するために他に適当な手段がない場合においては、必要最小限の範囲において、我が国単独で、あるいは国際法規に基づき我が国の平和と独立並びに国及び国民の安全を守るために行動する他国と共同して、自衛権を行使することができる。

2　国際法規に基づき我が国の安全を守るために行動している他国の部隊に対して、急迫不正の武力攻撃がなされ、これを排除するために他に適当な手段がなく、かつ、我が国の平和と独立並びに国及び国民の安全に影響を及ぼすおそれがある場合においては、必要最小限の範囲で、当該他国と共同して、自衛権を行使することができる。

3　内閣総理大臣は、前二項の自衛権に基づく実力行使のための組織の最高指揮官として、これを統括する。

4　前項の組織の活動については、事前に、又は特に緊急を要する場合には事後直ちに、国会の承認を得なければならない。

9条の3　我が国が加盟する普遍的国際機関（注・現状では国連のこと）によって実施され又は要請される国際的な平和及び安全の維持に必要な活動

19）公明党（2006: 17）。

については、その正当かつ明確な意思決定に従い、かつ、国際法規に基づいて行われる場合に限り、これに参加し又は協力することができる。

2　前項により、我が国が加盟する普遍的国際機関の要請を受けて国際的な平和及び安全の維持に必要な活動に協力する場合（注・多国籍軍やPKO等、国連軍創設以外の場合）においては、その活動に対して急迫不正の武力攻撃がなされたときに限り、前条第一項及び第二項の規定の例により、その武力攻撃を排除するため必要最小限の自衛措置をとることができる。

3　第一項の活動への参加及び協力を実施するための組織については、前条第三項及び第四項の例による。」[20]（注は枝野による）

　この加憲案の趣旨について、9条が「軍拡に対して強い『歯止め』の役割を果たしてきた」が、それは「内閣法制局による解釈に依存」しているとされる。そこでその解釈を「明文化」し、「九条には手を加えず、これに続けて新たに規定を追加する」と説明されている[21]。

　9条の2、1項は個別的自衛権、2項は集団的自衛権、9条の3、1項は集団安全保障、2項は国際貢献とされている。それらについて、一定の要件のもとで武力行使が認められている。9条の2、3項、4項、9条の3、3項に統制規定が置かれている。2013年の枝野案と2014-15年の政府解釈変更は、具体的に異なる部分もあるが、限定された個別的自衛権・集団的自衛権・集団安全保障を基本的な内容とする点で共通している。枝野案は明文改憲論、政府は解釈変更論である。結論として、この枝野案はこの時期の「内閣法制局による解釈」の「明文化」を超えている。

ⅵ　伊藤哲夫・日本政策研究センター代表ほか案（2016-17年）

（ⅰ）案の内容──複数段階改憲構想

　伊藤哲夫は、安倍が前述のメッセージを寄せた集会を主導した日本会議の常任理事とされている。伊藤によれば、従来型の改憲では3分の2の発議要件はクリアできていない[22]。そこで改憲を具体化するためには、「まず改憲は加憲から」と考えなければならない[23]。そこでたとえばとして

---

20) 枝野（2013: 129）。
21) 枝野（2013: 130）。
22) 伊藤哲夫（2016: 19）。

憲法前文に、「国家の存立を全力をもって確保し」というような言葉を補い、以下のような規定を9条3項として置くべきだと提案されている。

「但し前項の規定は確立された国際法に基づく自衛のための実力の保持を否定するものではない。」

そのうえで、「緊急事態条項」などの規定も言及されている。最後に、加憲案は、「あくまでも現在の国民世論の現実を踏まえた苦肉の提案」であることが確認されている。「まずはかかる道で『普通の国家』になることをめざし、その上でいつの日か、真の『日本』にもなっていく」ことが述べられている[24]。加憲自体の趣旨については、「まず議論の出発点として、自衛隊を憲法上、明確に位置づけることが必要だ」という発言がある[25]。この案における加憲論は複数段階改憲構想に基づくことが明確に言われている。

(ii) 案の意味──自衛戦力論の模索

「国際法に基づく自衛」は国際法上の自衛権を指しているとすれば[26]、個別的自衛権と集団的自衛権を意味し、それらに対する憲法上の限定が排除されていることになる[27]。集団安全保障については言及がない。そのことが集団安全保障のための武力行使の禁止を意味するとすれば、2014-15年の政府解釈の変更によって集団安全保障のための武力行使も限定容認されるようになった[28]のに、それを否定していることになる。そうではないであろう。

---

23) 伊藤哲夫（2016: 21）。

24) 伊藤哲夫（2016: 22）。

25) 伊藤哲夫ほか（2017: 131）（伊藤哲夫発言）。ただし伊藤哲夫（2016）では、加憲の趣旨が自衛隊の合憲化にあることは明言されていない。

26) 伊藤哲夫の加憲案は、日本会議国会議員懇談会（2019: 3）に取り入れられている。「憲法上に明文の根拠を持たない『自衛隊』の存在を、国際法に基づく自衛権を行使する組織として、憲法に位置づける。」

27) 伊藤哲夫ほか（2017: 131）（小坂発言）において、個別的自衛権に「様々な不合理な制約」があるので、「せめて世界水準の個別的自衛権が行使できるよう」、自衛隊加憲が提案されている。

28) 浦田（2017a: 219-231、421-422、429-430）、浦田（2016a: 114）。なお集団安全保障と集団的自衛権のあいだの記述の違いについて、浦田（2017c: 48-50）。

ところで、2012年自民党改憲案[29]では現行9条2項は削除・全面改正され、「前項の規定は、自衛権の発動を妨げるものではない」とされている。その『Q&A』によれば[30]、結論としてこの「自衛権」に個別的自衛権・集団的自衛権・集団安全保障が含まれることになる。詳しくは2012年改憲案のところで後述したい。結論から見ると、「主権国家の自然権」としての「自衛権」とされているものは、本書序章で述べた国家主権の軍事的実現としての抽象的自衛論を基礎に置いていることになる。この改憲案では自衛戦力論が帰結されている。

伊藤案における「確立された国際法に基づく自衛のための実力」は、この2012年改憲案9条2項を念頭に置いている可能性が大きいように思われる。そうであれば、国際法上合法とされる全ての武力を憲法上認める自衛戦力論に帰着し、9条1項、2項維持で自衛戦力論の「『自衛権』明記案」につながることになる。すなわち、自衛隊加憲論の形式を採りつつ、実質的に自衛戦力論を目指していることになる。伊藤と同じ日本政策研究センターのメンバーである小坂実は、戦力不保持は障害物だとし、そこで次のように言う。「速やか九条二項を削除するか、あるいは自衛隊を明記した第三項を加えて二項を空文化させるべきである。」[31] 自衛隊加憲論に2項削除改憲論と同様の役割を果たさせ、自衛戦力論を導こうとしている。

なお、伊藤らが参加する日本政策研究センターの内部で、意見が統一していない可能性がある。また論理的整理が行われていない可能性もあろうか。

vii 小括

これまでの加憲論には、9条2項削除改憲などを目指す複数段階改憲構想の一部であることを明言するものと、そうでないものがある。複数段階改憲構想として、ⅰ自主憲法期成議員同盟案とⅵ伊藤哲夫ほか案がある。ⅱ自主憲法期成議員同盟ほか案には複数段階改憲構想は示されていない。しかし、これは解説のほとんどない短いものであり、ⅰ案を前提にしてい

---

29) 自由民主党（2012）。
30) 自由民主党（2013: 10）。
31) 小坂（2016: 40）。

ると考えられるので、複数段階改憲構想のうちに入れてよいであろう。これらに対して、複数段階改憲構想かどうかにふれていないものは、ⅲ小沢一郎案、ⅳ公明党内の案、ⅴ枝野幸男案である。

　加憲論の基本的な趣旨として、自衛隊加憲論とするものと、そうでないものがある。ⅰ自主憲法期成議員同盟案、ⅱ自主憲法期成議員同盟ほか案、ⅳ公明党内の案、ⅴ枝野幸男案、ⅵ伊藤哲夫ほか案は、自衛隊加憲論を述べているが、ⅲ小沢一郎案のみそうではない。ⅲ小沢一郎案は加憲論であるが、自衛隊加憲論ではない。

　自衛隊加憲論を述べている前者について、さらにその具体的内容を見ていくと、分岐がある。①ⅰ自主憲法期成議員同盟案とⅱ自主憲法期成議員同盟ほか案の具体的内容も自衛隊加憲論である可能性が大きい。ⅳ公明党内の案は自衛隊加憲論を明示し、とくに(ⅱ)「公明党第6回全国党大会運動方針」は自衛力論の定式を使っている。②それに対して、ⅴ枝野幸男案は発表当時の自衛隊・自衛力論を超えたが、2014-15年の政府解釈の変更後の自衛隊・自衛力論と基本的に一致している。③ⅵ伊藤哲夫ほか案の実際の具体的内容は明確ではないが、2014-15年の政府解釈の変更後の自衛隊・自衛力論の憲法化を超えている可能性がある。その場合には、国際法上合法な武力行使には憲法上の制約はないとする「自衛戦力」論になり、9条1項、2項維持で自衛戦力論の「『自衛権』明記案」につながる可能性がある。

　さらに「自衛隊」という文言を使うかどうかも、論点になる。全ての加憲案のなかで、「自衛隊」という文言を使うのはⅳ公明党内の案のみである。公明党内の案のみが①自衛隊加憲論を基本的な趣旨とし、②その具体的内容としても自衛隊加憲論を明示し、③そのうえで「自衛隊」という文言を使っている。自民党改憲推進本部の本命案である「『自衛隊』明記案」（本案）につながっている。

　以上のように自衛隊加憲論に多様なものがあり、安倍、自民党による自衛隊加憲論はどのような自衛隊加憲論かを検討する必要がある。

(2) 安倍晋三による自衛隊加憲論の提起
ⅰ　提起の前提──2012年改憲案と複数段階改憲構想

　日本国憲法全体に関する自民党の正式の改憲案は、2012年4月27日の「日本国憲法改正草案」[32]である。本書で取り上げる自民党自衛隊加憲案は改憲4項目の一つであり、また「条文イメージ（たたき台素案）」とされている。この正式の2012年改憲案では日本国憲法9条2項は削除され、国際法上合法な武力行使には憲法上の制約はないとする「自衛戦力」論が出されている。この2012年改憲案は自民党の野党時代のものであり、自民党にとって今のところ理想と考えられるものが表現されていると一般的に言われている[33]。その分、実現可能性など与党としての考慮に欠けており、事実上棚上げにされてきた。

　その後2013年2月に、安倍は96条の改憲手続における国会の発議要件の緩和を提案した[34]が、批判を受けて、この案は一旦立ち消えになっている。その後自衛隊加憲論が提起される直前には、緊急事態における衆議院議員の任期の延長、高等教育無償化、参議院選挙区合区解消の3項目が改憲案の焦点になっていた。9条改憲を中心的な最終目標としつつ、それ以外の項目の改憲によって9条改憲への道筋を付けようとされてきたように思われる。9条以外の改憲と9条改憲のオーソドックスな複数段階改憲構想である。

ⅱ　提起の準備
（ⅰ）政治的準備──安倍と公明党など
　a　安倍における自衛隊加憲論の前史
　ほとんど注目されていないが、安倍は第1次安倍政権時に2005年自民党

---

32) 自由民主党（2012）。
33) これも最終目標とは考えられないが、それについては後述することとし、ここでは2012年改憲案を自民党の一応の目標として議論を進める。
34) 浦田（2012: 211-218）において、発議要件の緩和を国民主権論から正当化する議論に対して、発議によって改憲しようと提案しているのか（改憲の発議論）、投票しようと提案しているなのか（投票の発議論）という観点から分析を加えた。改憲原案のある改憲発議は前者、原案のない住民投票発議は後者である。改憲の発議であれば、発議要件が厳格になるのは当然である。

改憲案を念頭に置きつつ、自衛隊加憲論を想起させる発言をしていた。2006年11月8日の民主党の小沢一郎との党首討論において、小沢から憲法9条に関する考えを問われ、安倍は次のように発言した。

「自由民主党は、既に昨年、自由民主党の憲法改正草案を提出しています。」「戦後六十年経過をし、そして自衛隊も五兆円近い予算を使っている、この実力部隊であります。その中で、やはりこの存在を明記するべきであると、こう考えました。」「この憲法の九条の中において、いわゆる自衛隊の存在について、この存在が、もちろん私は自衛隊は合憲であるという立場でありますし、政府でももちろんそうであります。しかし、この条文の中に明示的に書かれていないということで、その存在について分かりにくいではないかという議論もあるのも事実だろうと、このように思います。」「また憲法の中に明示的に書くことがやはり活躍する自衛隊の人たちにとってもそれは大切なことではないかと、こう考えています。」[35]

自衛隊の存在の明記、その合憲性の明確化、自衛隊の活躍の強調は、「9条1項、2項を残しつつ、自衛隊を明文で書き込む」自衛隊加憲論の後半に対応している。2005年改憲案を念頭に置いているので、自衛隊加憲論の前半はない。この発言は自衛隊明記論ではあるが[36]、自衛隊加憲論ではない。しかし、2005年改憲案の9条関係は2項削除と9条の2、1項の「自衛軍」の保持が核であるのに、それが全く言われていない。意図的に落とした可能性が大きい。自衛隊加憲論的問題意識が示され、それに合わせて2005年改憲案が再構成されて提示されているようにも思われる[37]。

　b　公明党と安倍の自衛隊加憲論

安倍の自衛隊加憲論は突然出されたように受け止められる傾向があるが、安倍にとってはそうではない。前述のように公明党内に自衛隊加憲論があり、とくに2006年9月30日の「公明党第6回全国党大会運動方針」＝「2006年公明党検討項目」は自衛力論の定式を使っていた。

---

35) 安倍晋三内閣総理大臣165回2006（平成18）年11月8日国家基本政策・合同2号2頁。
36) 沖縄タイムス2019年7月18日は、「9条への自衛隊明記は首相の持論だ」として、この発言を紹介している。

当時党代表であった太田昭宏は、2012年12月発足の第2次安倍政権に国土交通相として入閣した。2015年10月に退いてからも、安倍と面会を繰り返してきた。そのなかで、太田による公明党の自衛隊加憲論の説明に対して、安倍は「それもいいね」と応じた[38]。安倍はこの案を選択肢の一つとして温めていたと、安倍に近い自民党の改憲派は解説した[39]。なお公明党は自衛隊加憲論を維持してきた[40]。

　前述のように、過去の自衛隊加憲論のうち「2006年公明党検討項目」のみが①自衛隊加憲論の趣旨、②自衛隊加憲論の内容、③「自衛隊」の文言を明示している。渡辺治によれば、安倍が最も注目したのは、「2006年公明党検討項目」であるふしがある。これなら公明党や内閣法制局も抱き込み可能ではないか[41]。さらに実際にも、「2006年公明党検討項目」と自民党改憲推進本部本命案の「『自衛隊』明記案」(本案)の任務・活動規定は、ほぼ同文である[42]。この「『自衛隊』明記案」(本案)が安倍・自民党主流

---

37) このあと直ぐに紹介する公明党の自衛隊加憲論は、2006年9月30日の党大会の方針にある。この安倍の自衛隊加憲論的発言はそこから約1か月後の同年2006年11月8日であり、公明党の自衛隊加憲論から問題意識を得ているであろうか。なお後述するように、2018年3月15日の自民党改憲推進本部全体会合に本部執行部が提出した資料（自由民主党憲法改正推進本部：2018）では、「自衛隊（自衛権）の明記」の項目において「9条2項を削除する案」についても整理されている。項目の整理のしかたの問題とはいえ、2項削除案も自衛隊明記の観点からとらえる発想が存在している。
38) 朝日新聞2017年6月4日。
39) 朝日新聞2017年5月25日。
40) 選挙公約を見ると、2014年の衆議院選挙に当たって、公明党（2014: 22-23）において「自衛のための必要最小限度の実力組織としての自衛隊の存在の明記」を「『加憲』の論議の対象として慎重に検討」するとされている。参議院選挙に関する公明党（2016）には憲法論の記述はない。しかし、後述のように2017年の衆議院選挙向けの公明党（2017: 22）では、自衛隊加憲論について「その意図は理解できないわけではありません」が、今大事なことは平和安全法制に対する国民の理解を得ていくことだとされた。2019年参議院選挙については、公明党（2019）。公明党は2014-15年の政府解釈の変更後は9条改憲に慎重な姿勢を採っている。政府解釈の変更によって9条改憲を避けられるとして、政府解釈の変更を受け入れるように、9条護憲の姿勢の強い支持母体の創価学会会員を説得していたからである。
41)「この案だけが、内閣法制局が堅持してきた『自衛のための必要最小限度の実力』としての自衛隊を合憲とすることを明記しており、9条2項の政府解釈とも『矛盾なく両立』しうると考えられる」（渡辺（2018: 206））。

派が目指している案と思われる。

　2016年7月の参議院選挙後間もなく[43]、安倍は首相官邸を訪れた知人に、「9条3項に自衛隊を明記したい」と語った[44]。安倍と親しいとされる西岡力が同年2016年8月16日の産經新聞「正論」欄に自衛隊加憲論を提起した[45]。2016年秋には側近議員らと以下のようなやりとりを交わした。「2項は変えるべきだが、各党がテーブルにつかない。新たに自衛隊の規定を加えることもあり得る」。この発言自体は論理的には2項削除改憲の断念を意味する可能性はあるが、実際には複数段階改憲構想であろう。2017年1月下旬頃、安倍は以下のような考えを周辺に漏らしていた。「9条1項と2項は残し、自衛隊の存在を明記したい。」[46]。2017年5月3日に自衛隊加憲論を提示する直前に、安倍は限られたメンバーに相談しつつ、準備を進めたようである[47]。自民党幹部の証言によれば、2017年4月に安倍が二階俊博自民党幹事長に自衛隊加憲論を打ち明け、二階が公明党と

---

42)「2006年公明党検討項目」「わが国の平和と独立並びに国及び国民の安全を確保するため、自衛のための必要最小限度の実力組織として自衛隊を保持する」。
　「『自衛隊』明記案」（本案）9条の2、1項「我が国の平和と独立を守り、国及び国民の安全を保つための必要最小限度の実力組織として、……自衛隊を保持する。」

43) 渡辺（2018: 203-204）は、安倍が実際に自衛隊加憲論を検討し始めたのは、2016年7月の参議院選挙で改憲勢力が3分の2の議席を確保してからであるとする。そのうえで、古屋ほか（2017: 157）、櫻井（2017: 35）など、自衛隊加憲論の検討と公明党との各種の接触を指摘している。

44) 毎日新聞2017年5月4日。

45) 産經新聞2016年8月16日。渡辺（2018: 203）。この西岡の自衛隊加憲論は注目される。世論調査で改憲反対は41.7％だが、その改憲反対回答者に「9条を残す条件での改憲」について聞くと、ほぼ3分の2の64.5％が賛成と答えると言う。この国民に自衛隊加憲論を問うとする。9条3項案として、「前項の規定にかかわらず自衛のための自衛隊を持つ」を出している。最後に、「最初の憲法改正発議において、自衛隊を憲法に明記することを避けながら、今後も命をかけて国のために働けと命令するのであれば、政治家はあまりに自衛隊員に失礼である」と述べる。この議論は2017年5月3日の安倍ビデオ・メッセージとほぼ同旨である。

46) 朝日新聞2017年6月4日。

47) 八木秀次は2017年4月半ばに自衛隊加憲論について「官邸のある筋」から聞いたと述べている（八木（2018: 30））。官邸内の一定の範囲で共有されていたことになる。

極秘接触し、公明党の加憲案ならまとまると安倍に伝えた[48]。

　c　伊藤哲夫らと安倍の自衛隊加憲論

　また、前述の伊藤哲夫ほか案も安倍の自衛隊加憲論に影響を与えたものとしてしばしば言及されている。伊藤は日本会議の常任理事であり、安倍がメッセージを寄せた集会は日本会議が主導したものである。これは自衛隊加憲論の形式を採りつつ、実質的に自衛戦力論を目指している可能性が大きい。したがって9条1項、2項維持で自衛戦力論の「『自衛権』明記案」につながる可能性があるが、安倍・自民党改憲推進本部執行部の「『自衛隊』明記案」(本案)とは異なる。

　安倍は古くから公明党の自衛隊加憲論を意識しており、遅くとも2016年7月頃自衛隊加憲論を漏らしていた。それに対して、伊藤らが自衛隊加憲論を提起したのは、それよりあとの同年2016年9月である。自衛隊加憲論に関して安倍と伊藤らのあいだに関係があったとしても、伊藤らから安倍へか安倍から伊藤らへか明らかではない。伊藤らが2016年9月よりまえに自衛隊加憲論をもち、それが安倍に伝わった可能性があるであろうか。逆に自衛隊加憲論が安倍から伊藤らに流れた可能性も考えられるであろうか。どちらにしても、自衛隊加憲論のなかで複数段階改憲構想を示しているのは、1980年代や90年代の古い時期の自主憲法期成議員同盟らのものと2016年9月以降の伊藤らものである。伊藤らが古い複数段階改憲構想と公明党・安倍の自衛隊加憲論を結合し、2016年以降の時期に強く複数段階改憲構想をアピールした可能性がある。

　結局、安倍の自衛隊加憲論との関係が指摘される「2006年公明党検討項目」と伊藤らの案のうち、内容面で安倍に影響を与えたのは基本的に「2006年公明党検討項目」であり、伊藤らの案は複数段階改憲構想を明確化する点で役割を果たした可能性がある。

　d　日本維新の会と安倍の自衛隊加憲論

　なお、2017年5月3日の安倍のビデオ・メッセージで「高等教育」への言及があるが、これは高等教育無償化改憲論を主張する日本維新の会の協

---

48) 鈴木（2017: 145）。

力を得るためと評価されている[49]。よく言われるように、高等教育論が改憲によらなければならない理由は基本的にはない。安倍にとって、高等教育論は9条改憲を実現するための複数段階改憲構想に基づくことが明確である。すなわち複数段階改憲構想のなかで、自衛隊加憲論は9条改憲のなかで複数段階を考える新しい構想であるのに対して、高等教育論は9条以外の改憲項目から9条改憲に向かおうとするオーソドックスな構想である。改憲論が新旧の複数段階改憲構想を組み合わせて提起されたことになる。9条2項削除改憲を目指して、そのために実現可能と考えられた改憲論が提起されている。

(ⅱ) 法的準備——予備的条文案の可能性

見てきたように加憲論あるいは自衛隊加憲論には多様なものがあり、そのなかで安倍は「2006年公明党検討項目」を念頭に置いた自衛隊加憲論を提起したと思われる。2017年5月3日の自衛隊加憲論提起において、①目的として自衛隊違憲論の解消、その手段として②9条1項、2項の存続、③憲法への自衛隊の明記を主張した。提起のまえに①②③の相互関係について一定の法的検討がなされていたと思われる。そうでなければ、自衛隊加憲論から思わぬ帰結が生まれる可能性もある。法的検討には条文案が必要であり、条文案なしには法的検討は極めて限定的なものになる。結果的に見ると、「2006年公明党検討項目」における「憲法第9条の規定は、わが国の平和と独立並びに国及び国民の安全を確保するため、自衛のための必要最小限度の実力組織として自衛隊を保持することを妨げるものではない」が、法的検討の基礎に置かれたように思われる。そのうえで、予備的な条文案もあったのではないかと考えられる。

自衛隊加憲論提起後の同年2017年5月9日国会において小池晃議員から、加憲によって自衛隊は無制約に海外で武力行使できるようになるのではないかという質疑が出された。それに対して安倍は以下のように答弁した。「まず結論から言えば、そうしたことにはなりません。まず、一項、二項

---

[49] ただし、このメッセージでは、「普通教育の無償化」は指摘されているが、「高等教育」については「全ての国民に真に開かれたものとしなければならない」とされている。「高等教育」の「無償化」は言われていない。

を残すということでありますから、当然今まで受けている憲法上の制約は受けるわけでございます。……例えば砂川判決において自衛のための必要最小限の措置とは何かという中において、我々は自衛権がある」。昭和「四十七年見解」、「当てはめ」、武力行使の「三要件」から、解釈変更を経ても武力行使には制約がある。制約のうえで憲法に「どのように書き込んでいくかはしっかりとまた自民党の中においてご議論をいただきたい」[50]。

さらに小池から９条１項、２項と加憲の矛盾が指摘され、安倍は次のように答えた。自衛隊違憲論の立場に立てば、矛盾を抱えることになる。しかし、「私たちは、一項、二項があってもこの自衛隊は合憲だという自民党の立場であります。しかし、その上において……日本を守るための実力組織である自衛隊を……明記し……同時に、例えば、シビリアンコントロールについてしっかりと書き込んだ方がいいという方もおられるんだろうと思います。」[51]。

ここで安倍の自衛隊加憲論に関する基本的な考えかたとして、自衛隊加憲しても憲法解釈は変わらないことが言われている。自衛隊加憲論は自衛隊違憲論の解消を理由としており、その意味で憲法解釈はもちろん変わる。変わらないこととは何か、変わることとは何かについては、のちに検討する。憲法解釈は変わらないとする基本的な考えかたを述べるとともに、「砂川判決」、「四十七年見解」、９条１項、２項と加憲の関係に関する解釈論、「シビリアンコントロール」などの論点を提示していることは、法的検討を経ていることをうかがわせるように思われる。「2006年公明党検討項目」にあった自衛隊の任務・活動だけではなく、自衛隊の組織論として「2006年公明党検討項目」を含めて過去の加憲論・自衛隊加憲論のどこにもない「シビリアンコントロール」論[52]まで展開されている。自民党による今後の条文化作業の指摘も予備的条文案の存在を否定するもので

---

50) 安倍193回2017（平成29）年５月９日参・予算18号24頁。
51) 安倍193回2017（平成29）年５月９日参・予算18号25頁。
52) 過去の加憲論・自衛隊加憲論のなかで唯一組織論にふれているのは、枝野案である。その９条の２、３項に組織論として内閣総理大臣の最高指揮官規定があるが、一般的なシビリアン・コントロール論は論じられていない。

はないであろう。この答弁は自衛隊加憲論の提起からわずか6日後なので、法的検討は提起前になされていたと思われる[53]。

　以上のような準備を経て、「9条1項、2項を残しつつ、自衛隊を明文で書き込む」、すなわち実現可能性を重視した9条改憲論として自衛隊加憲論が提起された。

2　自衛隊加憲論具体化の動き

　2017年5月3日の安倍による自衛隊加憲論の提起のあと、自衛隊加憲論がどのように展開していったかを見ていくこととする。2項削除改憲論は自民党の正式の改憲案にあるが、そのもとで自衛隊加憲論を進める安倍たちは、2項削除改憲論を掲げ続けることになる石破茂たちと調整する必要がある。また、もともと自衛隊加憲論を論じてきたが、2014-15年の政府解釈の変更後9条改憲に慎重な姿勢を見せている公明党の協力を得ようとしている。そこで、①安倍たちの自衛隊加憲論、②石破たちの2項削除改憲論、③公明党の9条改憲慎重論の関係に焦点を当てながら、自衛隊加憲論をめぐる動きを整理したい[54]。その場合、自民党改憲推進本部の議論を中心にして見ていきたい[55]。

(1)　2017年12月20日の自民党改憲推進本部全体会合まで
　ⅰ　2017年6月12日の全体会合まで
　（ⅰ）自民党の動き
　5月9日の国会において安倍は自衛隊加憲しても憲法解釈は変わらないと述べ、自衛隊加憲論の趣旨について次のように2012年自民党改憲案では

---

53) 一部メディアによって自民党のたたき台として同年2017年6月21日に明らかになった条文案は、提起前の予備的条文案の可能性があるであろうか。のちに検討する。
54) 野党の動きも重要であり、最終的には国民の判断が決定的である。ここでは、野党や国民について①②③がどのようなスタンスを採るのかを見ていくこととする。
55) 本部長を中心とした本部執行部内部や本部執行部と安倍との調整の動きは、メディアではあまり明らかにされていないように思われる。しかし、本部執行部と安倍は緊密に調整しているとの前提で報道がなされ、部分的には報道されている。

改憲が困難であることを述べた。「自民党の中では一項は残して二項を変えていこうということを前提に議論をしたわけでございますが、そこと大きく違うことについてこれ考えてもらいたい、そうでなければ三分の二の発議は難しいし、ましてや国民の過半数を取ることは難しい」[56]。これは安倍が国会の場で実際上複数段階改憲構想を示したものと見てよいであろう。また、自衛隊加憲しても憲法解釈は変わらない理由として、前述のように自衛隊加憲の内容が2014-15年の解釈変更後の自衛力論になることが挙げられている。

5月12日安倍は自民党改憲推進本部の保岡興治本部長と会談し、自衛隊加憲論に沿った改憲原案をまとめるよう指示した[57]。

6月12日の自民党改憲推進本部の全体会合において保岡も政府解釈による自衛隊加憲論を述べた。「9条の政府解釈を1ミリも動かさないで自衛隊を明確に位置づけるという方向性で憲法改正の具体論を進めていく」。その場合、集団的自衛権は現在の政府解釈と同じように限定的な範囲でしか認めない条文にすることを強調した。

この保岡の説明に対して石破は、集団的自衛権不行使は憲法上の問題ではなく、政策的判断によるとする、9条解釈に関する持論を語った。現行憲法でも集団的自衛権は全面的に行使されるとしている[58]が、これは自衛戦力論である。その石破にとっては、集団的自衛権行使限定の加憲は集団的自衛権の範囲を本来の解釈より制限することを意味するのであろう。石破は、現状追認で書くことに意味がないとは思わないが、矛盾を固定化するとして、自衛隊加憲論に反対していた[59]。武力行使を限定する自衛力論を加憲すべきではないと言っているのであろう。

(ii) 公明党との関係

自民党のなかに、公明党との連携を探る声が出された。5月12日の本部幹事会で、官邸と党側のパイプ役を務める柴山昌彦首相補佐官が、官邸側

---

56) 安倍193回2017（平成29）年5月9日参・予算18号24頁。
57) 朝日新聞2017年5月13日。
58) 朝日新聞2017年6月13日。
59) 朝日新聞2017年6月7日。

の意向として自公による調整を要請した。調整役として、安保法制をまとめた高村正彦自民党副総裁と北側一雄公明党副代表の名前を挙げた[60]。

　公明党のなかにも、自衛隊加憲論に積極的に対応する部分がある。北側は自衛隊加憲論を「非常に理解できる」としたうえで、慎重論を語った[61]。遠山清彦公明党憲法調査会事務局長は、公明党の加憲アプローチに合う考えかただと自衛隊加憲論を評価した[62]。さらに自衛隊加憲論の具体的な内容に踏み込む発言も見られた。北側は、安保法制の範囲を超える改憲には賛成できないと明言した[63]。安保法制の範囲内という注文を付けたことになる。公明党幹部は、等身大の自衛隊を追認する加憲ならもちろん賛成できると話した[64]。また北側は、9条の2を新設したほうが、望ましいとの見解を示した。現行9条を堅持する姿勢を明確にできるためと見られている[65]。しかし、公明党は全体として自衛隊加憲論に慎重だと思われる。井上義久幹事長は慎重な姿勢を示し、国会のできるだけ幅広い合意が必要だと訴えた[66]。遠山は、党内に色々な意見があると指摘した[67]。

　なお、安倍が自衛隊加憲論を提起した5月3日の集会を主催した「美しい日本の憲法をつくる国民の会」の共同代表の一人である櫻井よしこは、この時期に安倍の自衛隊加憲論を支持しつつ、複数段階改憲構想を述べている。「安倍首相の掲げる目標が達成されたとして、私たちはその後のことを考えなければならない。……九条二項の削除こそが正しい道だ」とする。自衛隊加憲論に対する石破の対応を批判し、以下のように自衛隊加憲論を受け入れたうえで実質的に自衛戦力論を盛り込む努力を求めている。「三項に自衛隊を書き込むとしても、自衛力ではなく戦力と位置付ける知恵を出してほしい」[68]。これはのちの「『自衛権』明記案」につながる考

60）朝日新聞2017年5月13日。
61）讀賣新聞2017年5月4日。
62）朝日新聞2017年5月13日。
63）沖縄タイムス2017年5月19日。
64）朝日新聞2017年5月30日。
65）沖縄タイムス2017年6月11日。
66）沖縄タイムス2017年5月13日。
67）朝日新聞2017年6月9日。

えかたであろう。自衛隊加憲論（「『自衛権』明記案」）→２項削除改憲論によって、自衛戦力論を段階的に実現することを期待している。

　ⅱ　６月21日の全体会合

（ⅰ）全体会合における論争

　６月21日党所属の全国会議員が参加できる改憲推進本部の全体会合が開かれたが、2012年改憲案、９条２項削除論を重視する石破茂などによる異論が噴出した。異例の反論が続出し[69]、会議は予定時間を大幅にオーバーした。本部執行部は、自衛隊加憲論が唯一実現可能な９条改憲論として、党内でもっともスムーズに受け入れられると思っていたふしがある。高村が、「実現可能な案」を作りながら議論を進めていきたいと、議論を引き取った。保岡は本部の幹部22人で具体的な条文案をまとめ、年内に集約する日程を示した[70]。

（ⅱ）（2017年６月案）

　この全体会合が行われた６月21日に自民党におけるたたき台として条文案が明らかになったと、一部メディアによって報道された[71]。かりに（2017年６月案）と（）付きで呼ぶことにする[72]。これは本当にたたき台なのか、たたき台だとしても自民党のどのレベルのものか不明である。このたたき台は自衛隊の性格や役割を現行９条の解釈に収めるという、党関係者の発言が紹介されている。自衛隊明記案として、「前条の規定にかかわらず自衛隊を保持する」、「（目的）のための自衛隊を保持する」というような案も浮上しているとされている[73]。具体的な検討が行われた様子が

---

68) 櫻井（2017: 41）。
69) 沖縄タイムス2017年６月22日。
70) 朝日新聞2017年６月22日。
71) 「９条の２　前条の規定は、我が国を防衛するための必要最小限度の実力組織として自衛隊を設けることを妨げるものと解釈してはならない。
　　②　内閣総理大臣は、内閣を代表して自衛隊の最高の指揮監督権を有し、自衛隊は、その行動について国会の承認その他の民主的統制に服する。」（毎日新聞・沖縄タイムス2017年６月22日）
72) この呼び方は、メディアによって報道された時期から来ているが、作成されたのがそれ以前のいつかはわからない。
73) 毎日新聞2017年６月22日。

うかがわれる。加憲の形式を9条3項ではなく9条の2にしたのは、現行9条堅持の姿勢を示し、他党の理解を得やすいとの狙いがあるとも報道されている[74]。

この条文案の1項は、「我が国を防衛するための必要最小限度の実力」として、自衛力論の定式を忠実に表現している。そのうえで、「自衛隊」の名称を使用している。これらの点で「2006年公明党検討項目」と同趣旨であり[75]、両者の関係が問題になりうる。2項は組織関係として「指揮監督権」と「民主的統制」を規定している。また直ぐあとでふれるように、(2017年6月案) をめぐる論議がのちに一部メディアによって報道されている。この (2017年6月案) と「『自衛隊』明記案」(本案) は基本的に同趣旨であり、そのうえで文言や文章に部分的な違いが認められる[76]。違いのうち重要なものは指揮監督規定であるが、その点については本書2章で検討する。

以上の点からすると、この (2017年6月案) はその時点における自民党内の何らかの、あるいは安倍周辺のたたき台であった可能性があるであろうか[77]。

ⅲ 2017年9月12日の全体会合まで

条文案の検討に内閣法制局も参加すると、自民党関係者が語ったとする報道もある[78]が、内閣法制局参加をめぐる法的・実際的問題に関するこの自民党関係者の具体的判断は明らかではない。

---

74) 沖縄タイムス2017年6月22日。
75)「2006年公明党検討項目」は簡単なものなので、①任務と②規定の形式に絞って比較する。
　①任務
　　「2006年公明党検討項目」「自衛のための必要最小限度の実力」
　　(2017年6月案) 9条の2、1項 「我が国を防衛するための必要最小限度の実力」
　②規定の形式
　　「2006年公明党検討項目」「9条の規定は、……自衛隊を保持することを妨げるものではない」
　　(2017年6月案) 9条の2、1項 「前条の規定は、……自衛隊を設けることを妨げるものと解釈してはならない」

76) ①目的・任務、②指揮監督、③文民統制に分けて比較する。
　　①目的・任務
　　　（2017年6月案）9条の2、1項　「我が国を防衛するための必要最小限度の実力組織として自衛隊を設ける」
　　　「『自衛隊』明記案」（本案）9条の2、1項　「我が国の平和と独立を守り、国及び国民の安全を保つための必要最小限度の実力組織として、……自衛隊を保持する」

　　②指揮監督
　　　（2017年6月案）9条の2、2項　「内閣総理大臣は、内閣を代表して自衛隊の最高の指揮監督権を有し」
　　　「『自衛隊』明記案」（本案）9条の2、1項　「法律の定めるところにより、内閣の首長たる内閣総理大臣を最高の指揮監督者とする」

　　③文民統制
　　　（2017年6月案）9条の2、2項　「自衛隊は、その行動について国会の承認その他の民主的統制に服する」
　　　「『自衛隊』明記案」（本案）9条の2、2項　「自衛隊の行動は、法律の定めるところにより、国会の承認その他の統制に服する」

77) 安倍発言が2017年5月3日、メディア報道が6月22日であり、その間1か月半しかない。安倍発言の段階で予備的条文案があったとすれば、（2017年6月案）はその予備的条文案を元にして作られたものか、あるいは予備的条文案そのものである可能性もあるであろうか。

78) しんぶん赤旗2017年7月17日。
　　ちなみに、2014-15年の政府解釈の変更では、内閣法制局は公式、非公式に大きな役割を果たした。「五人組」の一人として横畠裕介長官が非公式に果たした重要な役割について、朝日新聞政治部取材班（2015）、浦田（2016a: 173）。内閣法制局の公式の関与は、内閣法制局設置法3条3号の意見事務として「部内的に頭の体操」（小松一郎内閣法制局長官186回2014（平成26）年3月13日参・外交防衛3号10頁）をする一般的な形のなかで行われている。具体的な関与に関する公式説明として、横畠190回2016（平成28）年1月21日参・決算2号25頁は、①安保法制懇関係で出席、説明の受け取り、②与党協議会関係で資料・説明の受け取り、意見交換、③国家安全保障局関係で諮問、回答を行ったと整理している。積極的な具体的関与の実例として、浦田（2017b: 10-11）。
　　政府の憲法解釈の変更と与党中心の改憲は異なる。しかし政府解釈では改憲も一定の段階で政府・内閣の問題になりうると考えられている。内閣は憲法72条の「議案」提出権により改憲原案を提出できるとされている（内閣法制局（2018: 449）。佐藤達夫法制局長官19回1954（昭和29）年3月11日参・予算10号1頁など）。改憲原案提出権の解釈論に関する私の簡単な整理として、浦田（2005: 293）。憲法72条は「議案」の内容を示していないので、改憲原案提出権の根拠規定にならない。議案内容は72条以外の憲法規定や憲法構造によって決定されなければならない。

（2017年6月案）をめぐる論議が一部メディアで報道された[79]。この報道によれば、この案は従来の政府解釈を踏まえたものであり、そのことを条文のうえで明確化する必要がある。そのため、①集団的自衛権限定容認の際に出された「武力行使の新3要件」を条文に書き込む、②「わが国の平和と安全を維持し、その存立を全うするために必要な自衛のための措置を取り得る」という、砂川事件最高裁判決における表現を参考にするなどの意見が党内に出ている。案2項の指揮監督権規定は、自衛隊法7条を反映させたとされる。

9月12日の本部全体会合で、次の9条論議の際に自衛隊加憲の条文案を提示する方針を確認した。ただ、2項削除を求める意見が続出し、出席者の3分の1が自衛隊加憲案に賛同しなかった。執行部は自衛隊加憲案でまとめることができず、2項削除の2012年改憲案と並列で議論を行うことになった。このような展開は執行部にとって想定外であった。党内論議の積み上げを棚上げしたことが異論を呼んでいると報道された[80]。

なお8月29日の麻生派の会合で高村は、自衛隊加憲論は自民党のなかでは検討されてこなかったが、公明党のあいだではあると述べた。5月3日に北側と中国を訪問した際、「（武力行使を）フルスペックで認めるような書き方をしたら駄目です」と、北側が高村に述べたと明かした。「そういう書き方じゃなければ賛成してくれる」と、高村は述べた[81]。

潮匡人は日本会議の国会議員懇談会に呼ばれ、そこでは自民党議員が自衛隊加憲案について「軍隊とも解釈できる余地を残した書き方」へのこだわりを口にしていたと言う。それに対して潮は、気持ちはわかるが、そのような書きかたをすると、公明党や国民の疑念や不安を招き、結果的に護憲派に塩を送ることになると反論した[82]。

---

79) 沖縄タイムス2017年9月3日。
80) 朝日新聞2017年9月13日。
81) しんぶん赤旗2017年9月1日。高村ほか（2017: 232）によれば、高村は自衛隊加憲論について事前に聞いておらず、2017年5月3日の讀賣新聞で知った。
82) 高村ほか（2017: 235）。これは、自衛隊違憲論排除「だけを目的とした時に、果たしてどういう書きぶりがいいのか」と言う高村を受けたもので、のちの「自衛権」明記論批判になろう。

iv　2017年12月20日の全体会合まで

　9月28日召集の臨時国会の冒頭で、安倍は少子高齢化と朝鮮情勢という「国難」の突破を理由として、衆議院を解散した。選挙公約6本の柱の最後に改憲の柱が立てられ、その柱のもとで改憲4項目の筆頭として「自衛隊の明記」が記された。しかし、選挙中に街頭で改憲を訴えた自民党の候補者は、ほとんどいなかった。投票の結果、自民、公明両党で定数の3分の2を獲得した。開票後の会見で安倍は、改憲を今回初めて公約の柱に位置づけたとしたうえで、4項目について党内で具体的な条文化の論議を深めたいと述べた[83]。

　11月22日国会で山下芳生議員が、自衛隊加憲によって「九条二項が空文化し、歯止めのない海外派兵に道が開かれ」ると批判した[84]。それに対して安倍は、「自衛隊の任務や権限に変更が生じることはない」と反論した[85]。以前から制約の存続を述べてきたが、ある程度具体化して「任務」や「権限」の不変更を主張した。

　12月20日の全体会合に向けて、保岡から替わった細田博之自民党改憲推進本部長は自衛隊加憲論の「コンセプトペーパー」を用意し、全体会合で議論を決着させようとしていた。しかし、党内外を刺激しないことを優先する高村から止められた[86]。細田は全体会合直前の12月19日、水面下で北側に「論点とりまとめ」文書を届け、「こういう内容ならば、何も問題ないでしょう」と了解を得ていた[87]。

　20日の全体会合では自衛隊加憲論に対して石破は、安全保障環境が変わったとしながら、自衛隊の中身が変わらないのは、論理が一貫しないと批判した[88]。しかし、公明党をはじめ他党の賛同を得るために、自衛隊加憲論を支持する現実論が強まった。礒崎陽輔元首相補佐官は、憲法審査会

---

83) 朝日新聞2017年10月24日。
84) 山下芳生議員195回2017（平成29）年11月22日参・本5号10頁。
85) 安倍195回2017（平成29）年11月22日参・本5号12頁。
86) 毎日新聞2017年12月21日。
87) 沖縄タイムス2017年12月25日。
88) 毎日新聞2017年12月21日。

ではなく非公式な場で各党協議を進めることを強調した[89]。結局、自衛隊、緊急事態、合区解消・地方公共団体、教育充実の4点について論点のとりまとめが行われ、自衛隊に関して以下のようにまとめられた。改正の方向性として、①自衛隊加憲論と②9条2項削除論の二通りの意見が述べられた。なお「シビリアンコントロール」も憲法に明記すべきとの意見が述べられた[90]。2項削除論はいずれ少数派になるのではないかという、細田の期待が透けると評された[91]。

なお、公明党は衆議院選挙で公約の最後に「憲法についての基本姿勢」を示し、そのなかで加憲を考えているとしつつ、従来の加憲論議の対象項目から自衛隊加憲論を落とした。自衛隊加憲論について「意図は理解できないわけではありません」がとしつつ、改憲については「何よりも国民の理解」と「多くの政党の合意形成」が必要だとした[92]。自衛隊加憲論に対して理解を示したうえで、慎重な姿勢を採っている。

(2) 公募による条文化

i 国会審議

自民党による条文化作業と並行して、改憲論について安倍は国会で質疑に応じている。2018年1月30日改憲論について原口一博議員から問われるなかで、安倍は日本国憲法の解釈として「必要最小限度の戦力として我々は自衛隊を保持している」と説明した[93]。この説明について、「必要最小限度の実力と申し上げるところを戦力と申し上げました」として、直ぐに訂正した。「戦力」発言は本音ではなく、「実力」への訂正は「戦力」不保持解釈維持の立場を示すものであろう。

そのうえで、9条「二項を変えるということになれば、……書き込み方においては、フルスペックの集団的自衛権の行使ということを容認、認め

---

89) 朝日新聞2017年12月21日。
90) 自由民主党憲法改正推進本部（2017: 2）。
91) 毎日新聞2017年12月21日。
92) 公明党（2017: 22）。
93) 安倍196回2018（平成30）年1月30日衆・予算3号12頁。

るということは、……可能となろう」と述べた。ただ、自衛隊加憲論では「二項の制限」がかかり、「今までの政府の解釈と同じ」になる。「必要最小限度の実力の行使」論から、「フルスペックの集団的自衛権の行使は認められない」と結論づけた[94]。

　しかし、2項の維持からこの結論が論理必然的に導かれるわけではなく、加憲の場合でもその書きかたによる。2月14日その点に関わって枝野幸男議員は「法解釈の一般原則」について質疑を出した。それに対して横畠裕介内閣法制局長官は、「後法は前法を破る」ということについて、「具体的にどのような条文を規定するのかということによるわけで、一概には申し上げられない」と答弁した。そのうえで枝野は、「その条文が具体的に示されていないのに、（自衛隊加憲しても今までの政府解釈と──浦田）変わらないというのは、どういう根拠ですか」と、安倍に問い質した。

　自民党内で議論が進行中なので、確たることは言えないと安倍は断った。そのうえで、「個別的自衛権は合憲であり、そして新三要件のもとでの集団的自衛権も合憲であるという立場」[95]を示した。自衛力論のなかで、安保法制の論理が選択されている。「その範囲内で書くことであれば、当然それは今までの立場とは変わらない」と述べた。これは「今までの立場」の循環論法である。「今までの立場」の範囲内で書けば、「今までの立場」と変わらないと言っているからである。安倍が言おうとしていることの実質は、「今までの立場」と変わらないような書きかたをしたいということ

---

94) 安倍196回2018（平成30）年1月30日衆・予算3号13頁。続いて、「今、石破委員がこちらを見ておられますが、まだ二項を削除すべきだという議論もございます」と述べた。このように、2項削除改憲論によってフルスペックの集団的自衛権が認められることになるが、安倍の自衛隊加憲論ではそうならないとアピールしている。
95) 新3要件は集団的自衛権だけではなく、個別的自衛権も規定している。安倍の言い間違いか思い違いか明らかではない。別の答弁（安倍196回2018（平成30）年2月5日衆・予算5号18頁）でも、「新三条件」が個別的自衛権と集団的自衛権の両方にかかっているのか、集団的自衛権のみにかかっているのか明確ではない。後者のニュアンスが強い。政府解釈においてたとえば海外派兵が原則として禁止されているように、個別的自衛権も限定的にしか認められていない。そのことを軽視、無視する傾向が、一般的に無意識にか意識的にか少なからず生じている。その傾向とともに、個別的自衛権に対する限定が緩められ、あるいは限定を外そうとする動き、たとえば伊藤哲夫ほか（2017: 131）（小坂発言）が生じているように思われる。

であろう[96]。最後に枝野は、「一項、二項をそのまま残せば今までの自衛隊と変わらないんだと言う刷り込み」ではないかと論難した[97]。

　１項、２項を残し、従来の政府解釈と変わらないような抽象的な自衛隊加憲規定を置いても、従来の政府解釈が変わる可能性はある。その点についてはのちに検討する。

　　ⅱ　公募の経緯
　（ⅰ）　公募の開始
　２月７日自民党改憲推進本部全体会合で細田は、国民の理解の必要性を強調し、自衛隊加憲論に沿った取りまとめの方向性を示した。①まずは一歩目として自衛隊加憲を行うべきだなどとする、自衛隊加憲論が多数を占めた。しかし、②９条２項削除論も残り、③「自衛隊」ではなく「自衛権」の明記案も出た。細田は党所属議員に条文案を提出するよう要請した。２項削除論の石破らに案を出させ、その主張の一部を取り込んだ形でとりまとめたいとの細田の思いが透けるとされる。

　2017年５月３日の安倍による自衛隊加憲論の提起のまえに予備的な条文案の検討は行われていたのではないかと思われ、その後も裏の本来の検討は進んできたと考えられる。本部執行部としては公募は表の形式だと考えられていたようである。条文案の公募中の2018年２月下旬、改憲推進本部が条文案を調整中だとの報道がなされた。それによれば、９条２項の「戦力」に該当しないことを明確にするために、「必要最小限度の実力組織としての自衛隊」と明記する方針である。従来の政府解釈の自衛力論を踏まえた表現とされている[98]。これは、のちに整理される「『自衛隊』明記案」（本案）につながっていく。

　公明党憲法調査会役員会で北側が自衛隊加憲論を含む自民党の改憲４項

96）2018年２月27日に細田らは連合幹部と会談した。そのなかで、連合側が自衛隊加憲論について「自衛隊の役割が変わるのか」という質問をしたのに対して、自民党側は「役割が変わらないような条文にする」と回答した（沖縄タイムス2018年２月28日）。

97）安倍・枝野196回2018（平成30）年２月14日衆・予算11号19頁。

98）毎日新聞2018年２月25日。

目の説明を行い、公明党も党内論議を開始した。山口那津男代表は、国会の憲法審査会で議論を深めていくとして、野党第一党の立憲民主党を巻き込むことを議論の前提条件に挙げ、ブレーキをかけている[99]。公明党の警戒感のため自民党幹部は、「条文案は水面下で公明党の反応を探りながら慎重に作成すべきだ」と話した[100]。石破は、2項削除改憲論でなくても、党議決定に従う立場を表明した。「9条の再改正」＝9条複数段階改憲は非常に難しいという判断を示した。2項削除改憲論について国民に話せばわかってもらえると思っており、どうせわかりっこないと思っている安倍と違うと語った[101]。

(ⅱ) 応募案の集約

　a　応募案の整理

2月28日の自民党改憲推進本部全体会合で、公募に応じて百数十人から寄せられた条文案[102]が4つに類型化され、主な例が公表された[103]。4類型は、①「9条2項を削除・改正」、②「9条2項維持」、③「9条2項維持・5章内閣に自衛隊を明記」、④「9条2項維持・その他」である。大きくは、①「9条2項を削除・改正」と②、③、④「9条2項維持」の二つに分かれている。さらに②「9条2項維持」は、a「2章に自衛隊を明記」、b「2章に自衛権を明記」、c「2章に自衛権と自衛隊を明記」の3つに分けられている。

挙げられた例のなかで、注目すべきものを何点か指摘したい。

　(a)　「9条2項を削除・改正」

①「9条2項を削除・改正」のなかに、「9条2項　……自衛のための必要最小限度を超える陸海空軍その他の戦力は、これを保持しない……」とするものがある。これは、実質的に自衛力論を基礎におきつつ、「戦力」を禁止する自衛力論と異なり、「戦力」保持の形式を採る。自衛力論と自

---

99) 朝日新聞2018年2月8日。
100) 讀賣新聞2018年2月28日。
101) 日本經濟新聞2018年2月27日。
102) 毎日新聞2018年3月1日。
103) 東京新聞2018年3月3日が条文案を詳報している。

第1章　自衛隊加憲論の展開と自衛隊の任務・活動

衛戦力論の中間ということになろうか。この種の例が複数挙げられている。

　(b)　「9条2項維持」・a「2章に自衛隊を明記」

②「9条2項維持」・a「2章に自衛隊を明記」のなかに、「9条の2、1項　……行政各部の一つとして、自衛隊を置く」とするものがある。憲法72条における「内閣総理大臣は、……行政各部を指揮監督する」の「行政各部」の援用は、その基礎に防衛＝行政論がある。のちに検討する。

　(c)　「9条2項維持」・b「2章に自衛権を明記」

②「9条2項維持」・b「2章に自衛権を明記」のなかに、「前二項の規定は、自衛権の発動を妨げない」とするものがある。このような無規定の「自衛権」案は伊藤哲夫ほか案やのちの「『自衛権』明記案」とつながり、その実質は自衛戦力論だと思われる。

　また、「9条3項　前項の規定は、我が国の存立を全うし、国民を守るための必要最小限度の自衛の措置を妨げるものではない」。これは「自国防衛」論を指示しており、2014-15年の解釈変更のあとの自衛力論であることを明確化しようとしているのであろう。「自衛の措置」規定が自衛権として整理されているが、この点については「代替案2」（2018年3月22日）のところで検討する。

　さらに、「9条の2　前条第二項の規定は、自衛のための必要最小限度の実力を行使することを妨げるものではない」とするものもある。これは、「自衛隊」の文言を使わず、自衛力論の定式を純粋に条文化している。憲法上の自衛隊と法律上の自衛隊の関係など、「自衛隊」の文言を使うことに伴う問題を回避している。

　この段階では「自衛権」明記案のなかに、その内容として実質的に自衛力論タイプと自衛戦力論タイプが含まれている。

　(d)　「9条2項維持・5章内閣に自衛隊を明記」

③「9条2項維持・5章内閣に自衛隊を明記」のなかに、「66条2項　内閣は自衛隊を自衛のための実力組織として有することができる……」とするものがある。これは9条に手をつけず、9条維持の姿勢を強く出している。これも防衛＝行政論を背景に持っている。

(e)「9条2項維持・その他」

　④「9条2項維持・その他」のなかに、「9条5項　上記（4項――浦田）自衛隊は志願をもって組織する。国は国民に自衛隊入隊を強制してはならない」とするものがある。加憲によって徴兵制が採られるわけではないことを確認しようとしている。「9条3項　2項の規定に拘わらず自国の平和と安全を維持し専守防衛に徹する自衛隊を保持する」として、専守防衛を援用しているものもある。これは軍事力抑制的な姿勢を強調しているが、政府解釈では専守防衛の抑制的意味は相当に限定されている[104]。

　　b　全体会合の議論

　全体会合では2項削除改憲論が出されたが、劣勢であった。石破は、党議決定に従うとしつつ、今後も持論を下ろさない構えと報道された。自衛隊加憲論が優勢であり、稲田朋美も、2項を残すことでフルスペックの集団的自衛権は行使しないということの意義を言うべきだと述べた。また、9条ではなく内閣に関する66条や73条に書き込む案について、戦争放棄の意義を示す意味でも9条はそのままにしておくべきだと山本幸三は述べた。公募は2項削除派に対するガス抜きの意味もあり、執行部は2項維持案での意見集約をめざすとされた[105]。

3　2018年3月15日の全体会合における条文案

(1)　案の整理

　i　条文案

　全国会議員が参加できる3月15日の改憲推進本部全体会合に、9条改憲条文案が大きく4案に整理され、その別案を含めれば7案が提示された[106]。会合で本部執行部から配布された資料「『自衛隊の明記』について

---

104) 論理的につきつめれば、先制的自衛と全面的な武力行使を禁止しているが、そこに至るまでの軍事力拡大に対する抑制的意味は不明確である。集団的自衛権の限定容認などの2014-15年の政府解釈変更も専守防衛論によって説明されている。
105) 朝日新聞2018年3月1日。
106) 朝日新聞2018年3月16日。

（イメージ素案）」（以下、「15日配布資料」と略）を入手したが、案の整理のしかたに関する執行部の考えかたを示しているので、それに基づいて以下に紹介する。

（ⅰ）「9条2項を削除する案」

「案1　平成24年憲法改正草案」

「9条②　前項の規定は、自衛権の発動を妨げるものではない。

　9条の2　我が国の平和と独立並びに国及び国民の安全を確保するため、内閣総理大臣を最高指揮官とする国防軍を保持する。

②　国防軍は、前項の規定による任務を遂行する際は、法律の定めるところにより、国会の承認その他の統制に服する。

・国際協力、秩序維持等の防衛以外の任務・国防審判所・領土等の保全等（条文略）」

「案2　『陸海空自衛隊』の保持案」

「9条　日本国民は、正義と秩序を基調とする国際平和を誠実に希求し、侵略の手段としての武力による威嚇及び武力の行使を永久に放棄することを、厳粛に宣言する。

②　我が国の独立と平和及び国民の安全と自由並びに国際社会の平和と安定を確保するため、陸海空自衛隊を保持する。

　9条の2　自衛隊は、法律の定めるところにより、その予算、編制、行動等において国会の統制に服する。

②　自衛隊の最高指揮官は、内閣総理大臣とする。」

（ⅱ）「9条2項を維持する案」

「案3　『自衛隊』明記案」

「9条の2　我が国の平和と独立を守り、国及び国民の安全を保つための必要最小限度の実力組織として、法律の定めるところにより、内閣の首長たる内閣総理大臣を最高の指揮監督者とする自衛隊を保持する。

②　自衛隊の行動は、法律の定めるところにより、国会の承認その他の統制に服する。」

「別案1」

「9条の2　前条の範囲内で、我が国の平和と独立を守り、国及び国民

の安全を保つため、法律の定めるところにより、行政各部の一として、自衛隊を保持する。
② 自衛隊の行動は、法律の定めるところにより、国会の承認その他の統制に服する。」
「別案2」
「9条の2　前条の規定は、我が国の平和と独立を守り、国及び国民の安全を保つため、法律の定めるところにより、内閣の首長たる内閣総理大臣を最高の指揮監督者とする自衛隊を保持することを妨げない。
② 自衛隊の行動は、法律の定めるところにより、国会の承認その他の統制に服する。」
「案4　『自衛権』明記案」
「9条③　前二項の規定は、自衛権の発動を妨げない。」
「別案」
「9条③　前二項の規定は、国の自衛権の行使を妨げず、そのための実力組織を保持することができる。」
　ⅱ　資料のタイトルと検討項目
「15日配布資料」によりながら、案を検討していきたい。

資料ではそのタイトルが「『自衛隊の明記』について」とされ、そのもとで縦横の表形式になっている。横に案が大きく「9条2項を削除する案」と「9条2項を維持する案」に、後者についてさらに「案3　『自衛隊』明記案」と「案4　『自衛権』明記案」に分けられている。それぞれの案について、縦に「趣旨」、「9条1項」、「9条2項」、「自衛隊（自衛権）の明記／設置目的・任務／シビリアン・コントロール①（内閣との関係）」、「シビリアン・コントロール②（国会との関係）」[107]、「その他」、「課題」の項目が立てられ、適宜補足説明が加えられている。

このように、全ての案を通じた縦の検討項目の一つとして、「自衛隊（自衛権）の明記」という表現がなされている。すなわち「自衛隊（自衛

---

[107]「自衛隊（自衛権）の明記」・「設置目的・任務」・「シビリアン・コントロール①（内閣との関係）」の3項目は一つの枠内に収められている。

権）の明記」という項目において、「9条2項を維持する案」だけではなく「9条2項を削除する案」についても整理されている。「9条2項を削除する案」は「国防軍」あるいは「陸海空自衛隊」として軍事力を明記している。「国防軍」規定も「自衛隊（自衛権）の明記」とする[108]のは、やや強引である。しかし、そうすることによって、「9条2項を維持する案」と「9条2項を削除する案」について、軍事力明記・憲法化の点の共通性が強調されている。9条2項を削除する案を含めた資料のタイトルで「『自衛隊の明記』について」と言われている場合、その「自衛隊の明記」は検討項目としての「自衛隊（自衛権）の明記」と同様に軍事力の憲法化という意味なのであろう[109]。

他方で「案3 『自衛隊』明記案」と言われる場合、特定の案を指している。すなわち、「自衛隊の明記」という文言が二重の意味で使われている[110]。資料のタイトルに「自衛隊の明記」を入れることによって、実質的に「案3 『自衛隊』明記案」が執行部の本命案であることも示されているように思われる[111]。

そこで、執行部が本命と考える「案3」[112]と、その「別案1」・「別案2」をまず取り上げる。そのあとで、他の案を見ていきたい。

[108) 「国防軍」は自衛隊以上の軍事力なので、自衛隊を含んでいるという論理であろうか。あるいは「自衛権」の明記として整理されているのであろうか。

109) 自衛隊加憲論をめぐる自民党内の多様な動き全体が、軍事力の憲法化という共通の本質的な意味を持っていることが、「自衛隊（自衛権）の明記」という検討項目の立てかたとその肯定の検討結果に表れている。この発想では、「9条2項を維持する案」と「9条2項を削除する案」の区別が相対化される。

110) 本書序章で述べたように、私は自衛隊加憲論全体の問題について「自衛隊明記論」ではなく「自衛隊加憲論」という言葉を使うことにした。その理由の一つとして、「自衛隊明記」という文言が二重の意味で使われることがあることを指摘した。

111) 各案に関する「趣旨」などの説明は、「案3 『自衛隊』明記案」とくにその本案の立場に基づいている傾向があるように思われる。

112) 朝日新聞2018年3月15日。

(2) 「『自衛隊』明記案」
 ⅰ 「『自衛隊』明記案」の「趣旨」
 (ⅰ) 「趣旨」説明
　「案3　『自衛隊』明記案」全体について、すなわち「別案1」・「別案2」を含めて、その「趣旨」について次の2点が指摘されている。①「9条2項を維持した上で、現行の解釈の下での自衛隊を保持することを明記し、『自衛隊』の合憲・違憲に関するそもそもの論争に決着をつける。」②「9条の下で定着し国民に親しまれてきた『自衛隊』という名称を明記することが、最も国民の理解を得られることにつながる。」
 (ⅱ) 「現行の解釈」と自衛力論
　「現行の解釈での自衛隊」と記述され、「現行の解釈」が指定されている。この現行の解釈は、すでに見てきたところ、またこれから検討していくことからすれば、基本的な枠組としては自衛力論である。そのなかでは、2014-15年の政府解釈変更を経た安保法制の論理＝自国防衛論と考えられる。そうであるとして、自衛力論の基本的な枠組を前提にしても、その枠内のどの解釈がここで言う「現行の解釈」に入るのかは明らかではない。またその「現行の解釈」が自衛隊加憲によって変化する可能性もある。これらの点についてはのちに検討する。
 (ⅲ) 「自衛隊」明記の法的・政治的問題
　「9条の下で定着し国民に親しまれてきた『自衛隊』という名称を明記する」ことが、言われている。「9条の下で定着し国民に親しまれてきた『自衛隊』」とされているものは、法的には防衛省設置法・自衛隊法によって規律され、実際に運用されているものである。防衛二法とその運用の関係は問題になるが、のちにふれることにしたい。ここでは法的側面のみを取り上げるとすると、防衛二法によって規律される法律上の自衛隊と加憲規定に基づく憲法上の自衛隊の二つの概念が問題になる。この二重概念のために、憲法上の自衛隊は論理必然的に「合憲・違憲に関するそもそもの論争に決着をつける」ことになるが、法律上の自衛隊が憲法上の自衛隊に合致するかどうかについて論争が当然のことながら加憲後も続く可能性がある。すなわち、「合憲・違憲に関するそもそもの論争に決着をつける」

ことに論理的にはならない。実際に論争は減るであろうが、なくなりはしない。

　自民党は実力組織の名称について2005年改憲案9条の2、1項で「自衛軍」、2012年改憲案9条の2、1項で「国防軍」と規定した。その自民党が「自衛隊」という名称を将来にわたって継続して使用することを想定しているとは考えられず、いずれ「自衛軍」または「国防軍」[113]などへの名称変更が予定されているのであろう。にもかかわらず、「自衛隊」という名称を法律問題ではなく憲法問題にした。「自衛隊」という名称を憲法に規定すると、実際上憲法と法律で名称を別にすることは考えにくいので、その名称の変更は改憲手続によらなければならないことになろう[114]。この名称問題にも、「自衛隊」明記案が複数段階改憲構想に基づいていることが示されている。

　「自衛隊」明記案に法的問題があるとしても、政治的には二重概念の区別を曖昧にすることが目指される。そのために、「9条の下で定着し国民に親しまれてきた」とされる法律上の自衛隊と、同じ「『自衛隊』という名称を（憲法に）明記する」ことになる。また、同じ名称の使用によって、自衛隊加憲しても自衛隊は変わらないという印象を与えることが政治的に考えられているのであろう。改憲手続を予定してまで、現在の自衛隊との継続性を政治イメージとして重視し、自衛隊加憲受容の政治的効果を求めたのであろう。このようにして国民は何が問題かよくわからないようにされたまま、自衛隊加憲論を受容することが求められる。そのことが、「最も国民の理解を得られることにつながる」と表現されているのであろう。それを通して、「合憲・違憲に関するそもそもの論争に決着をつける」ことが、政治的に考えられている。そこで、安倍が提起した自衛隊加憲論の趣旨に、「自衛隊」明記案が最も合致していると考えられている。

---

113) 自由民主党（2013: 10）。
114) 小沢隆一（2018: 10）。

ⅱ 「案3 『自衛隊』明記案」(本案)
(ⅰ) 目的——「我が国の平和と独立を守り、国及び国民の安全を保つ」
　ａ　自衛力論の定式における「自衛」
「自衛隊」は、「我が国の平和と独立を守り、国及び国民の安全を保つための必要最小限度の実力組織」と規定されている。全体として自衛力論の定式を条文化したものであろう。「我が国の平和と独立を守り、国及び国民の安全を保つため」が目的、「必要最小限度の実力組織」が手段と見ることができる。

そうであれば、「我が国の平和と独立を守り、国及び国民の安全を保つため」は自衛力＝「自衛のための必要最小限度の実力」論の「自衛」に対応することになる。

しかし序章でふれたように、自衛力論を構成する「自衛」概念それ自体が政府によって明示的に定義されたことはないように思われる。この「自衛」の背景に国家主権の軍事的実現という観念が存在し、それを私は「抽象的自衛」と呼んできた。この抽象的自衛論のもとで「自衛」について実際上、2014-15年の政府解釈変更のまえは個別的自衛権、変更のあとは「自国防衛」が想定されてきた。「自国防衛」論では、自国の存立のために限定された個別的自衛権・集団的自衛権・集団安全保障のための武力行使は合憲とされる。「案3」の目的規定は、抽象的自衛論のもとで自国防衛を意味すると、起草者によって想定されているのであろう。よく指摘されているように、安保法制の論理の正当化が考えられている。

なお、「案3」の規定について、2014-15年の変更のまえの政府解釈によりつつ、その文言から個別的自衛権を意味すると解釈する立場も生じよう[115]。さらには、「現行の解釈の下」との解説にもかかわらず、「我が国の平和と独立を守り、国及び国民の安全を保つため」の文言は抽象的なの

---

115) 高村は2018年2月8日の講演で、前法・後法論で優越させるのは自衛隊の合憲性だけにするような、条文の書きかたをすると述べた。同時に、今までと同じ論法で、安保法制を違憲だと言い続けることは可能だとも語った（毎日新聞2018年2月9日）。同じ論法とは、2014-15年の政府解釈変更のまえの自衛力論＝限定的個別的自衛権論によって、自衛隊加憲論が解釈される可能性のことであろう。

で、そのために全ての軍事力が必要だとする自衛戦力論の解釈が出される可能性もあろう。なお後述するように、そこでは全ての軍事力が「案3」における「必要最小限度の実力」と考えられることになる。

  b 自衛隊法3条1項の目的規定

 以上のように「案3」の基礎に基本的な論理として自衛力論があろうが、「我が国の平和と独立を守り、国及び国民の安全を保つため」とする文言はおそらく自衛隊法3条1項の任務規定から来ていると思われる[116]。自衛隊加憲の場合、自衛力論のもとで運用されてきた自衛隊法などの法律の基本的な規定を憲法化することは、一般的な考えかたと思われる[117]。

 自衛隊法3条1項では、「自衛隊は、我が国の平和と独立を守り、国の安全を保つため、我が国を防衛することを主たる任務とし、必要に応じ、公共の秩序の維持に当たるものとする」とされている。細かく言えば、「我が国の平和と独立を守り、国の安全を保つため」は目的規定、「我が国を防衛することを主たる任務とし、必要に応じ、公共の秩序の維持に当たるものとする」は任務規定である[118]。任務規定のうち、「我が国を防衛すること」は「主たる任務」、「公共の秩序の維持に当たる」ことは従たる任務である。前者は防衛、後者は警察である。「案3」の規定は自衛隊法3条1項のとくに目的規定から来ていると見てよいであろう。ただし「案3」では、自衛隊法3条1項と異なり、独自の目的規定はなく、任務規定のみ置く形になっている。実質的には、自衛隊法3条1項の目的規定を「案3」の任務規定のなかに取り入れているように思われる。

 この自衛隊法3条1項の目的規定は防衛を意味するが、この防衛も上述の自衛力論の「自衛」と同様に政府解釈では微妙な点がある[119]。また、この目的規定の文言は2014-15年の解釈変更の前後を通じて変わらないが、

---

116) この案は自衛隊法を援用したとする報道がある（毎日新聞2018年3月15日）。
117) 自衛隊法の条文とほぼ同じ表現を使ったのは、現在の自衛隊に新たな任務を与えるものではないと、国民に印象づける狙いがあると見られている（朝日新聞2018年3月13日）。ただし同じ表現でも、憲法9条1項、2項の存在を前提にした自衛隊法3条1項と、加憲規定における9条の2、1項では意味が変わる可能性がある。
118) 田村ほか（2012: 99）。

変更後は自国防衛として理解されていると考えられる[120]。

なお、「案3」では「我が国の平和と独立を守り、国及び国民の安全を保つため」とされているのに対して、自衛隊法3条1項では「我が国の平和と独立を守り、国の安全を保つため」とされている。自衛隊法3条1項には「国民」はなく、「案3」では「安全」について「国」のほかに「国民」が加えられている。この点については、次の自民党改憲案の任務規定のところでふれたい[121]。

c　従来の自民党改憲案の任務規定

2005年案では「自衛軍」を、2012年案では「国防軍」をともに9条の2、1項において「保持する」とされ、その任務は「我が国の平和と独立並びに国及び国民の安全を確保するため」[122]と規定されている[123]。独自の目的規定はなく、任務規定のなかでこの文言が使用されている。この任務規定の基礎におそらく自衛隊法3条1項の目的規定があろう。すなわち、自民党改憲案も「案3」も自衛隊法3条1項の目的規定を基礎にしていると思われる。そのうえで自民党改憲案では、自衛隊法3条1項と異なり、「安全」について「国民」が入れられている。国民重視の雰囲気が表現されているのであろうが、法的効果としては変わらないと思われる[124]。「案

---

[119] 防衛二法制定時において実際に想定されていた防衛は、個別的自衛権と思われる（浦田（2016a: 15-17、37-38））。しかし、微妙な論理的可能性が問題になる（浦田（2016a: 76-79））。

[120] 浦田（2016a: 131）。

[121] なお一部メディアによって自民党のたたき台と報道された（2017年6月案）では、「我が国を防衛するための必要最小限度の実力組織」と言われている。独自の目的規定はなく、任務規定のみある。任務規定における「我が国を防衛する」という文言は、自衛隊法3条1項と同文である。この案は全体として自衛力論の定式の条文化であり、そのなかで自衛力論の「自衛」の代わりに自衛隊法3条1項の文言を使っている。自衛力論の定式と自衛隊法3条1項を組み合わせている。「案3」は自衛隊法3条1項の目的規定、（2017年6月案）はその任務規定に基づいている。

[122] 自由民主党（2005: 339）、自由民主党（2012: 4）。

[123] 「2006年公明党検討項目」は目的規定として同じ文言を規定しており、2005年の自民党改憲案の文言を使用した可能性がある。

[124] ちなみに安保法制議議のなかで、「国家と国民は表裏一体」であり、「国家」でも「国民」でも要件は変わらないとの答弁がなされている（浦田（2016a: 74-75、115））。

3」が自民党改憲案の「国民」という表現を参考にしている可能性はあろう。ただし、従来の自民党改憲案と「案3」の任務規定の当該部分の意味が同じというわけではない。その点については、「案1　平成24年憲法改正草案」(2012年改憲案)のところで検討したい。

　(ⅱ) 手段——「必要最小限度の実力組織」

　「案3」では、「我が国の平和と独立を守り、国及び国民の安全を保つため」の手段について、「必要最小限度の実力組織として、……自衛隊を保持する」と規定されている。「必要最小限度の実力組織」[125]は自衛力論の定式の忠実な条文化である。「15日配布資料」では、「9条2項の『戦力』の不保持と矛盾しないことを明確にするため、『必要最小限度の実力組織』と明記するもの」との解説が付け加えられている。この鍵括弧つきの「戦力」は、自衛力論に基づいて解釈された戦力、すなわち自衛力を超える実力ととらえられているのであろう。後述するように、「別案2」について現在の9条2項解釈を変化させる可能性が指摘されており、それとの対比で「案3」の本案では現在の解釈を維持することが明確に想定されていると考えられている。この「案3」における「必要最小限度の実力組織」という規定[126]が、自衛力論を念頭に置いていることが示されていると思われる。

　そうであれば、9条と9条の2、1項は自衛力論によって統一的に解釈されるととらえられていることになる。そのうえで前述したように、自衛力論のうち安保法制の論理＝自国防衛論、武力行使の3要件、代表的には集団的自衛権の限定容認が想定されていると思われる。

　なお、「必要最小限度の実力」について、2014-15年の変更のまえの政府解釈によりつつ、限定された個別的自衛権を意味すると見る解釈は出されよう。また、2014年5月15日の第2次安保法制懇報告のように、全ての軍

---

125) この文言を条文案に盛り込むことを、細田らは早くから検討していた（毎日新聞2018年3月15日）。
126) ちなみに「2006年公明党検討項目」では自衛のための「必要最小限度の実力組織」、(2017年6月案)では我が国を防衛するための「必要最小限度の実力組織」と規定され、「案3」と同文である。

事力が「必要最小限度」に含まれるとする自衛戦力論的解釈[127]の論理的可能性もある。

「案3」は全体として自衛力論の定式を条文化したものであり、その任務規定について自衛隊法3条1項の目的規定を基礎に置き、従来の自民党改憲案の任務規定を表現の点で参考にしたのではないかと思われる。

ⅲ 「別案1」、「別案2」

(ⅰ) 別案の趣旨——趣旨の一致

「案3 『自衛隊』の明記案」のなかで、上記本案に対して別案が二つ出されている。「15日配布資料」では別案の趣旨について次のように説明されている。本案における「『必要最小限度の実力組織』の代わりに、現行9条2項との関係について、別案1は、『前条の範囲内で、』であることを明記することで明らかにしようとし、また、別案2は、『前条の規定は…ことを妨げない』と規定することで明らかにしようとするもの」とされている。このように別案は、「必要最小限度の実力組織」規定の削除という共通した特徴を持っている。にもかかわらず、本案と別案は表現が違っても、「現行9条2項との関係」については同趣旨だと言おうとしている。「必要最小限度の実力組織」規定を削除しても、「必要最小限度の実力組織」規定の趣旨は維持されると述べていることになる。この論理は後述の「代替案1」、「代替案2」につながる。

「我が国の平和と独立を守り、国及び国民の安全を保つため」の文言は本案と別案で共通しており、本案では任務規定のなかに取り入れられ、別案では目的規定とされている。

(ⅱ) 「別案1」——「前条の範囲内」

「別案1」では、このように「現行9条2項との関係」の基本的な趣旨について、「『必要最小限度の実力組織』の代わりに」、「前条の範囲内で」によって明らかにしようとするとされている。そうだとしても、「案3」の本案の「必要最小限度の実力組織」は自衛力論の定式を直接的に明示しているのに対して、「前条の範囲内で」は間接的に示唆されている。その

---

127) 安保法制懇（第2次）(2014: 36)。

分、自衛力論の規制力は弱くなろう。

「15日配布資料」では、「別案1」の趣旨について次のような説明がなされている。「さらに、別案1は、自衛隊に対する内閣によるシビリアン・コントロールを規定するとともに、行政組織法上の位置づけを明確にするため、『内閣の首長たる内閣総理大臣を最高の指揮監督者とする』に代えて『行政各部の一として』と表現するもの。」

「内閣の首長たる内閣総理大臣を最高の指揮監督者とする」は、「案3」の本案と「別案2」に共通している。したがって、「自衛隊に対する内閣によるシビリアン・コントロールを規定するとともに、行政組織法上の位置づけを明確にする」という目的にとって、「案3」の本案と「別案2」は相対的に具体的で、「別案1」は抽象的である。そのため、「別案1」の「行政各部の一として」の具体化をめぐって、多様な論議が生まれる可能性がある。たとえば、最高の指揮監督者である内閣総理大臣について、「内閣の首長たる」(「案3」)か、「内閣を代表して」(憲法72条、自衛隊法7条)か、無規定(自民党2005年改憲案9条の2、1項、2012年改憲案9条の2、1項、72条3項)かという論点がある。2章で検討する。

「行政各部の一として」という表現は、「内閣総理大臣は、……行政各部を指揮監督する」(憲法72条)を踏まえていると考えられる。「行政各部の一として」の基礎に、前述のように防衛＝行政論がある。防衛＝行政論は自衛力論のもとで防衛の実現を図りつつ、それに行政の枠をはめてきた。「内閣の首長たる内閣総理大臣を最高の指揮監督者とする」の削除も、それだけ軍事的色彩を弱めている[128]。趣旨説明はそのことを指示しているのであろう。

しかし、「行政各部の一として、自衛隊を保持する」として自衛隊を加憲すれば、逆説的に「行政各部」のなかで「自衛隊」だけを憲法上の機関として特別扱いすることを強調することにもなろうか。その場合には、防衛＝行政論による従来の憲法由来の制約への考慮を超えて、軍事の特殊性

---

128)「最高の指揮監督」は軍事的特殊性を帯びている。その点については2章で分析する。

の承認を強化する可能性も生まれる。また、防衛や防衛組織の性格を抽象論として行政権や執行権としてとらえること自体は、各国で一般的である。そのため、「行政各部」は何も規定、限定していないと解釈されていく可能性もある。

(ⅲ)　「別案2」——「妨げない」

「別案2」では、「前条の規定は、……自衛隊を保持することを妨げない」とされている。前述のようにその趣旨は、「『必要最小限度の実力組織』の代わりに、現行9条2項との関係について」明らかにしようとするものと説明されている。その点について「15日配布資料」によれば、「『自衛隊』明記案」の「課題」として次の指摘がある。「なお、別案2の『妨げない』という表現については、単なる解釈規定という意味だけではなくて、その条項に対する例外規定の意味合いが含まれる場合もあり、現在の9条2項解釈を変化させてしまうおそれがあるのではないか。さらに、この表現では、憲法上、必ずしも自衛隊を保持することを明らかにしたものとは言えず、また、国民にとってもわかりにくいのではないか。」

「妨げない」はまず「単なる解釈規定という意味」に理解される[129]。9条2項で、とくに「戦力は、これを保持しない」とされているもとで、「自衛隊を保持する」ことができるかどうか疑問があるとしても、「自衛隊を保持する」ことができることを示そうとしているという趣旨なのであろう。2項を自衛力論によって解釈したうえで、同じく自衛力論に基づく「別案2」によって解釈上の疑問に答え、自衛隊保持の結論を表しているということになろうか。

ところが、「例外規定の意味合いが含まれる場合」もあるとされている。2項で「戦力は、これを保持しない」とされているが、その例外として

---

[129] 「妨げない」は以下のように説明されている。「ある一定の事柄について、一定の法令の規定又は一定の制度等が適用があるかどうか疑問のある場合に、その適用が排除されるものでないことを表すために、しばしば用いられる法令用語である。なお、注意すべきことは、この表現は『この限りでない』と同じく消極的なもので、『妨げるものではない』ことを示すのみであり、積極的にある規定又はある制度を適用することを表すものではないことである。」（角田ほか（2016: 330））

「自衛隊」という「戦力」を保持することができると解釈される可能性があるという趣旨であろうか。この解釈は2項に関して「戦力」＝対外的実力全体と理解したうえで、「戦力」の一部として例外的に自衛力を憲法上認めていることになる。この論理は結果として自衛力しか認めないので、自衛戦力論ではない。しかし、目的が認められれば、そのための「戦力」も認められるとする論理形式は、その意味では自衛戦力論的である。

　ところが政府解釈では、自衛隊は自衛力であって、「戦力」ではないとする定式が採られている。そのことによって、自衛力は認められても「戦力」は認められないとする論理形式が維持されている。「現在の9条2項解釈を変化させてしまうおそれがある」とするのは、このような「戦力」の部分的合憲論の可能性のことのようである。

　この例外論解釈では、「戦力」＝対外的実力全体と理解するので、その保持の原則的禁止からある種の制約が働く。同時に、この原則の例外を正面から認めるので、例外が広がり、その意味では制約が緩められていく可能性がある。しかし、「『自衛隊』明記案」の「課題」における「しまうおそれがある」という表現によって、「別案2」の本来の趣旨は9条の例外規定ではなく、解釈規定であると理解しようとする立場が示されている。「戦力」の禁止、自衛力の容認である[130]。

　「妨げない」は改憲推進本部執行部としては「解釈規定」であり、自衛力論の確認の意味を持つ。「例外規定」と理解した場合には、自衛戦力論的に解釈される可能性があるが、これは執行部の立場ではない。

　注で紹介したように、「妨げない」という表現は消極的なもので、積極的に規定などを適用することを表すものではない。すなわち、「自衛隊を保持する」規定の適用が排除されるものではないことを消極的に表すが、「自衛隊を保持する」規定を適用することを積極的に表すものではない。「この表現では、憲法上、必ずしも自衛隊を保持することを明らかにしたものとは言えず、また、国民にとってもわかりにくいのではないか」とさ

---

[130] ちなみに「2006年公明党検討項目」では「妨げるものではない」、(2017年6月案)では「妨げるものと解釈してはならない」という表現が採られている。

れているのは、その趣旨であろう。「案3」の本案や「別案1」では「自衛隊を保持する」、「別案2」では「自衛隊を保持することを妨げない」とされている。「別案2」のほうが9条2項の規制力が強く、9条の2の「自衛隊を保持する」ことの正当化が弱い。

(iv) 別案に共通する問題——「必要最小限度」規定の欠如

「案3」の本案と二つの別案は、任務・目的規定について「我が国の平和と独立を守り、国及び国民の安全を保つため」とする点で共通している。また、自衛隊の組織に関して、本案と「別案2」は「内閣の首長たる内閣総理大臣を最高の指揮監督者とする」、「別案1」は「行政各部の一として」と規定している。前述のように、この表現の違いはあっても、9条2項との関係については同趣旨だとされている。

そうだとすれば、本案と二つの別案が異なる点は、本案には自衛隊に関して「必要最小限度の実力組織として」という規定があり、別案には何も直接の規定がないことである。「前条の範囲内で」や「妨げない」によって、間接的に規定が示唆されているだけである。共通する任務・目的規定に示された目的を前提にして、その実現手段・活動について本案には規定があるが、別案には規定がないことになる。すでに見てきたように、「案3」の本案と別案の趣旨として説明されていることは、自衛力論・自国防衛論の条文化である。しかし、目的実現手段・活動に関して規定のある本案は自衛力論・自国防衛論の条文化の趣旨が相対的に具体的に示されているのに対して、規定のない別案は抽象的である。そのため本案ではその解釈、運用がその分限定されているのに対して、別案ではより多様な解釈、運用が行われる可能性が大きい。

iv 「案3 『自衛隊』明記案」全体の問題

「15日配布資料」には、「案3 『自衛隊』明記案」全体の「課題」として以下の指摘がある。「明記した『自衛隊』に関し、現在と同様に2項の制約の下にあることや、その行政組織上の位置づけ（行政各部の一であること）が変わっていないことについて、丁寧な説明が必要である。」自衛力論・自国防衛論の維持の観点から、丁寧な説明が課題とされ、またその課題の実現により適した案が推奨されているように思われる。

自衛力論・自国防衛論を憲法化する場合、①自衛力論の定式＝「自衛のための必要最小限度の実力」を忠実に条文化する、また②自衛力論に基づく自衛隊法などの法律規定を元にするなどの方法が考えられ、さらに③他の選択肢もありうる。「案3」の本案は①を基本としつつ、任務規定の一部に②を取り入れている。②として、すでにふれた自衛隊法3条1項の任務規定のうちの主たる任務を元にすることも考えられる。たとえば、「我が国の平和と独立を守り、国の安全を保つため、我が国を防衛する実力組織として、自衛隊を保持する」というような規定である。「別案1」や「別案2」は②を取り入れたうえで、他の規定を加えており、③に属する。
　すなわち自衛力論・自国防衛論の憲法化にとって、①の自衛力論の定式の条文化は論理必然的ではない。一般的に立法において、立法の前提になる判例・学説における解釈の定式と条文は一致するとは限らず、立法化・条文化にはそのための考慮が別途必要になる。内容が自衛力論であることをわかりやすく規定することが政治的に重要である場合、自衛力論の定式の条文化が選択されることになろうか[131]。①②③のどの場合でも、憲法9条1項、2項を前提にしているときと、加憲の結果憲法9条1項、2項＋加憲規定のもとにあるときで、文言の意味は変わり得る。新たな規定の解釈に依存するのであり、文言が形式的に決め手になるわけではない。しかし実際には自衛力論の定式、とくに「必要最小限度」規定の削除、復活が政治的な焦点になっている。
　全体として、「案3　『自衛隊』明記案」とくに本案は自衛力論・自国防衛論の憲法化である可能性が大きい。

(3)　他の案

　改憲推進本部執行部案でないとされるものについても、簡単に見ておき

---

[131] ちなみに安保法制では、2014年7月1日閣議決定における武力行使の3要件のうち2要件が忠実に条文化されたが、第3要件はそうではない（浦田（2016a: 132-133））。なお安保法制の場合には、政治的な判断によって基本的に条文化を想定したうえで、閣議決定における武力行使の3要件の定式化が行われていた可能性がある。

たい。執行部案に近い「9条2項を維持する案」・「案4　『自衛権』明記案」をまず取り上げ、つぎに執行部案から遠い「9条2項を削除する案」について検討する。最後に条文化されなかった「第五章（内閣）への自衛隊明記案」にもふれたい。

ⅰ　「案4　『自衛権』明記案」

(ⅰ)　案の趣旨

「9条2項を維持する案」のなかに、執行部案の「案3　『自衛隊』明記案」と「案4　『自衛権』明記案」がある。「15日配布資料」では、「案4『自衛権』明記案」の「趣旨」として次のことが言われている。①「シンプルで国民にわかりやすい条文とすべき。」②「『自衛隊』を規定することによって『現状の自衛隊の固定化』といった懸念を回避するため、まずは主権国家として当然に認められる『自衛権』を規定するべき。」

「案3　『自衛隊』明記案」は9条の2として、「案4　『自衛権』明記案」は9条3項として示されている。その分、後者のほうが9条に手をつける姿勢が強く出されている。「案4　『自衛権』明記案」の条文は、「9条③　前二項の規定は、自衛権の発動を妨げない」である。確かに「シンプル」だが、まずその「自衛権」の意味は「国民にとってわかりやすい」とは言えない。複数の理解が問題になる。

(ⅱ)　「自衛権」の意味──抽象的自衛論

　　a　多様な可能性

第1に論理的には個別的自衛権を意味する可能性がある。「案4」の「趣旨」として言われている「主権国家として当然に認められる『自衛権』」は、2014-15年の政府解釈変更のまえは具体的、歴史的には個別的自衛権を意味してきた[132]。しかし、この案の「自衛権」が個別的自衛権への限定を意味していることは、考えられない。この案の中心的主張者である青山繁晴は、本来は9条2項削除改憲論者である[133]。ただし、この案の「自衛権」を個別的自衛権と理解する解釈論は、出現するであろう。

---

[132] 主権国家の自衛権に関する記述は、自衛力論に関する1954年の政府統一見解や1959年の砂川事件最高裁判決に見られるが、それぞれ抽象的、論理的には微妙な問題が含まれている（浦田（2016a: 76-80））。

第2に「自衛権」は自国防衛論に基づいて解釈されうる。その場合には、自国の存立のための限定的個別的自衛権・集団的自衛権・集団安全保障が「自衛権」の名のもとに主張されることになる。防衛白書では次のように記述されている。「わが国が独立国である以上、この規定（9条──浦田）は、主権国家としての固有の自衛権を否定するものではない。」[134]この記述は2014-15年の政府解釈変更の前後を通じて変わらず、その「主権国家としての固有の自衛権」から変更前は個別的自衛権が帰結されていたが、変更後は自国防衛論が正当化されている。しかし、「案4」の「趣旨」として言われているように、「『現状の自衛隊の固定化』といった懸念を回避する」ことが目指されているとすれば、自国防衛論は採られていないであろう。自国防衛論は解釈変更後の「現状の自衛隊」を憲法論として表現しているものだからである。ただ「案4　『自衛権』明記案」の「自衛権」も、「案3　『自衛隊』明記案」の立場からは自国防衛論を導くように解釈すべきことになり、このような解釈の可能性も論理的にはあろう。

　第3に「自衛権」を、国際法とくに国連憲章51条に対応する個別的・集団的自衛権と理解する立場は、論理的に当然考えられる。これを制約する規定がないとすれば、この「自衛権」は個別的・集団的自衛権の全面解禁を意味する。ただし厳密には、集団安全保障の扱いが不明になる。「案4」ではシンプルに「自衛権」と規定され、国際法や国連憲章への言及がない[135]。この「自衛権」は厳密な個別的・集団的自衛権ではないと思われる。すでに2014-15年の政府解釈変更によって集団安全保障のための限定的武力行使が認められているのに、それを否定するような加憲論が出され

---

133) 青山（2017: 191-193）。「自衛権」明記論に至る議論にも反対していた。「第三項の書きぶりによって第二項を死文化するという手はどうか。わたしは支持できない。……第二項が死文化されているなどという憲法を、一体どうやって子供に教えるのか。」（2017: 193）

134) 『防衛白書・平成30年版』（2018: 212）。

135) 安倍による自衛隊加憲論との関係がしばしば指摘される伊藤哲夫の加憲案では、前述のように「確立された国際法に基づく自衛のための実力」が規定されている（伊藤哲夫（2016: 22））。そこでは「確立された国際法」が明示されているが、そこにも多様な問題が含まれている。

ているとは考えにくい。

　第4に「自衛権」は抽象的自衛論、すなわち国家主権の軍事的実現をそのまま意味している可能性がある。有権解釈の基礎にこの抽象的自衛論があり、そのもとで具体的には2014-15年の政府解釈変更のまえは個別的自衛権、変更のあとは自国防衛が考えられてきた。しかしこの抽象的自衛論が無規定で出されれば、自国防衛論の枠を超え、全面的な個別的自衛権・集団的自衛権・集団安全保障のための武力行使が解禁される可能性がある[136]。そこに至れば、自衛戦力論である[137]。「案4　『自衛権』明記案」は2012年改憲案9条2項から来ているのであろう。そこでは現行2項を削除・全面改正し、「前項（9条1項――浦田）の規定は、自衛権の発動を妨げない」と規定されている。「案4　『自衛権』明記案」は9条2項を維持したうえで、同様の規定を加憲している。後述するように、2012年改憲案9条2項の「自衛権」は抽象的自衛を意味していると考えられる。

　　b　課題と結論

　以上具体的に検討したことについて、「15日配布資料」のなかで「案4『自衛権』明記案」の「課題」としても以下のように抽象的に指摘されている。①「『自衛権行使の範囲』に関する論争に波及し、『自衛隊の合憲・違憲に関する論争の決着』という中心テーマから外れてしまうのではないか。」②「単に『自衛権』とした場合、その範囲についてどう考えるか。」

　「案4　『自衛権』明記案」の「自衛権」の意味は、結論として抽象的自衛論になるように思われる[138]。

　(iii)　規定の欠如

　シンプルな「案4　『自衛権』明記案」には、「案3『自衛隊』明記案」にあるような各種の規定がない。

　①「我が国の平和と独立を守り、国及び国民の安全を保つため」とする

---

136) 従来の抽象的自衛論は9条の戦争放棄規定による制約を前提にしているので、そこから限定のある自衛力論が帰結されてきた。しかし、9条3項として「自衛権」規定が加憲されれば、前提が変わる。

137) 朝日新聞2018年3月15日も、自衛権明記案には自衛隊を将来「軍隊化」する余地を残す狙いもあるとする。

任務・目的規定がない。前述のように、それをめぐって各種の解釈の可能性があり、任務・目的規定の欠如はそれを避ける意味がある。その解釈のなかには、「『現状の固定化』といった懸念」を生むものがあり、それを「回避する」ことが考えられているのであろう。しかし任務・目的規定がなければ、逆にそれだけ解釈の幅は広がる。

②また、「案3『自衛隊』明記案」に共通してある「国会の承認その他の統制」に関する規定もない。「最高の指揮監督」などの組織規定もない。統制・組織は憲法ではなく法律の問題に委ねられ、憲法論として規定の自由や規定からの解放がアピールされているように思われる。しかし、国民を安心させるという意味で、「国民にわかりやすい条文」にする配慮はなされていない。

③さらに「自衛隊」の規定がない。前述したように「案3『自衛隊』明記案」では、「自衛隊」規定によって「自衛隊」概念の二重性などの法的問題が生じるが、「自衛隊の合憲・違憲に関する論争の決着」という政治的意図の実現が目指されている。それに対して「案4 『自衛権』明記案」では、「自衛隊」規定の欠如によって法的問題が避けられ、政治的意図が軽視されている。

---

138)「自衛権」明記案を主張する有志議員の意見は、一様ではない。
　条文案を提示したのは、青山である。青山は元々9条2項削除論者であるが、公明党や国会発議のことを考慮し、2項を残すとする。しかし、現状の自衛隊の固定化を避けるために、「自衛隊」ではなく「自衛権」を明記する。それによって、2項は吹っ飛ぶ。集団的自衛権などの問題は法律に委ね、憲法は簡素にする。これで伸び代を作り、自衛権のまえに制限をつけるなどの意見は、あとで党内外のすり合わせをすればよいとする（青山ほか（2018））。
　他方で、集団的自衛権行使に歯止めが効かなくなる恐れを指摘し、「自衛権」の前に「我が国の存立や国民の生命、財産を守る」などを加える案も出された。現在の政府解釈と矛盾しないことを、アピールする考えとされる。また、「自衛隊」明記で自衛隊が防衛省より上位になり、文民統制上問題だとする指摘も出された（毎日新聞2018年1月25日）。山田宏は、「自衛権」に上記の文言を加えることによって、限定的な集団的自衛権の解釈になると、持論を述べた（毎日新聞2018年2月2日）。
　結局、青山によるシンプルな「自衛権」明記案が推進本部の整理に取り入れられた。

(iv) 「別案」――「実力組織」

「別案」は、「9条③　前二項の規定は、国の自衛権の行使を妨げず、そのための実力組織を保持することができる」である。「15日配布資料」のなかでコメントとして指摘されているように、「別案は、『自衛権』を明記した上で、そのための実力組織の保持についても明記したもの」である。「案4　『自衛権』明記案」本案には活動規定のみあり、「実力組織の保持」に関する組織規定がない。「別案」は活動規定と組織規定を組み合わせている。「案4　『自衛権』明記案」が元にしたと思われる2012年自民党改憲案では、組織規定が9条の2として置かれている。「別案」では組織規定は「実力組織」とされ、「自衛隊」規定が避けられている。「案4　『自衛権』明記案」本案では、組織規定は憲法ではなく法律以下に委ねられることになる。

(v) 「妨げない」

「案4　『自衛権』明記案」の「課題」として、「なお、『妨げない』という表現に対しては、左記（「案3　『自衛隊』明記案」・「別案2」――浦田）の指摘と同様の課題もある」とされている。「案4　『自衛権』明記案」の「妨げない」が解釈規定である場合、「自衛権」のための実力を超えるものが「戦力」と解釈され、「戦力」違憲の定式が維持される。その「妨げない」が例外規定である場合、「自衛権」のための「戦力」が合憲化されることになる。

しかし、前述のように「自衛権」規定が抽象的自衛論のもとで全面的な個別的自衛権・集団的自衛権・集団安全保障の解禁を意味する自衛戦力論を帰結する可能性がある。その場合には「戦力」不保持の2項は国際法を確認する意味のみを有し、憲法独自の意味を持たないことになる。したがって、「妨げない」が解釈規定か例外規定か、「戦力」は合憲か違憲かに、実質的意味はないことになる。無内容であっても、解釈規定による「戦力」違憲の定式に意味があるかどうかの問題が残る。

結局、「案4　『自衛権』明記案」は9条2項を維持する形式を採りつつ、実質的に2012年改憲案における9条2項削除による自衛戦力論を取り入れたものになる可能性が大きい[139]。青山はそれを意図しているのであろ

う[140]。

ⅱ 「9条2項を削除する案」

「9条2項を削除する案」のなかに、「案1 平成24年憲法改正草案」と「案2 『陸海空自衛隊』の保持案」が挙げられている。

(ⅰ) 「案1 平成24年憲法改正草案」(2012年改憲案)

これについてすでにふれてきたように、結論として個別的自衛権・集団的自衛権・集団安全保障のための武力行使を全面的に解禁する自衛戦力論を展開していると考えられるが、ここでもう少し詳しく検討を加えたい。

a 「趣旨」

「15日配布資料」では、「案1 平成24年憲法改正草案」の「趣旨」について以下のように説明されている。「独立国家が軍隊を保持することは当然であり、『国防軍』を保持し、憲法上はフルスペックの集団的自衛権行使や交戦権を認める。これによって自衛権や交戦権をめぐる解釈論争に決着をつける。」

b 9条

「15日配布資料」ではふれられていないが、2012年改憲案では9条を含む章のタイトルが「戦争の放棄」から「安全保障」に変えられている。章の趣旨は「戦争の放棄」ではないとされているのであり、この変更は大きい[141]。

9条1項について、2012年改憲案は現行規定に手を入れ、以下のように規定している。

「日本国民は、正義と秩序を基調とする国際平和を誠実に希求し、国権

---

139) 自衛隊加憲論に対する批判のなかで、9条が維持されても、加憲されれば9条とくに2項が空文化し、武力行使が全面解禁されるとしばしば言われる。そうなるかどうかは、加憲の内容による。この自衛隊加憲論批判が文字通り当たるのは、この「案4 『自衛権』明記案」であると思われる。
140) 前述の伊藤哲夫ほか案はこの「案4 『自衛権』明記案」につながっている。
141) 日本国憲法における「全世界の国民」(前文)の平和的生存権のための「戦争の放棄」から、2012年改憲案における「良き伝統と我々の国家」(前文)の「安全保障」に変えられている。広がりを持った公的思想が、狭い私的思想に変更されている。

の発動としての戦争を放棄し、武力による威嚇及び武力の行使は、国際紛争を解決する手段としては用いない。」（傍線は現行規定に対する変更部分として原文に引かれている）[142]

　ところが、「15日配布資料」では「現行規定と同じ」として、現行規定が掲げられている。「平成24年憲法改正草案」とされながらその内容を差し替えて、現行規定維持が作り出されている。「15日配布資料」では９条１項について「現行と同じ」、２項について〔現行２項を削除・全面改正〕と記されている。１項と２項の説明のあいだでバランスを取り、その分２項削除のインパクトを相対化している印象を受ける。また「案１　平成24年憲法改正草案」と「９条２項を維持する案」は１項維持の点で共通することになり、その違いが相対化されている。

　現行９条２項は削除・全面改正され、「前項の規定は、自衛権の発動を妨げるものではない」とされる。

　その『Q&A』によれば、「自衛権」について次のような説明がなされている。「これは、従来の政府解釈によっても認められている、主権国家の自然権（当然持っている権利）としての『自衛権』を明示的に規定したものです。この『自衛権』には、国連憲章が認めている個別的自衛権や集団的自衛権が含まれていることは、言うまでもありません。」「自衛権」には「個別的自衛権や集団的自衛権が含まれている」とされているので、個別的自衛権や集団的自衛権でないものも含まれている可能性があることにな

---

[142]　自由民主党（2012: 4）。法文の変更について『Q&A』によれば、「基本的には変更しない」が、「『放棄する』は戦争のみに掛け、『国際紛争を解決する手段として』は戦争に至らない『武力による威嚇』及び『武力の行使』にのみに掛ける形としました。19世紀的な宣戦布告をして行われる『戦争』は国際法上既に一般的に『違法』とされていることを踏まえた」とされている。「法文の意味をより明確にするという趣旨から行った整理です」と言われている（自由民主党（2013: 9））。
　しかし従来の政府解釈では「国際紛争を解決する手段として」は「戦争」にもかけられてきた。自衛力論を最初に定式化した政府統一見解で次のように述べられている。「戦争と武力の威嚇、武力の行使が放棄されるのは、『国際紛争を解決する手段として』ということである。」（大村清一防衛庁長官21回1954（昭和29）年12月22日衆・予算２号１頁）すなわち原則として一般的な意味の戦争が放棄され、例外として「国際紛争を解決する手段」でないものが合憲とされている。自民党改憲案にはこの一般的な戦争放棄の原則がない。

る。そうだとすればそれは集団安全保障であろう。この9条2項は総則規定であり、各則規定である9条2、3項では集団安全保障関係が扱われている。そうであれば、「主権国家の自然権」としての「自衛権」は、抽象的自衛＝国家主権の軍事的実現を意味しているのであろう。

また「前項の規定は、自衛権の発動を妨げるものではない」という規定については、「自衛権の行使には、何らの制約もないように規定しました」[143]と説明されている。個別的自衛権・集団的自衛権・集団安全保障[144]の全面解禁が言われ、自衛戦力論が帰結されている。

　　c　9条の2

そのうえで任務規定として、9条の2に1項と3項が置かれている。

「第九条の二　我が国の平和と独立並びに国及び国民の安全を確保するため、内閣総理大臣を最高指揮官とする国防軍を保持する。」

「3　国防軍は、第一項に規定する任務を遂行するための活動のほか、法律の定めるところにより、国際社会の平和と安全を確保するために国際的に協調して行われる活動及び公の秩序を維持し、又は国民の生命若しくは自由を守るための活動を行うことができる。」

3項では、「第一項に規定する任務を遂行するための活動のほか」とされているので、「第一項に規定する任務」には3項独自の任務は含まれない。1項は3項独自の任務を含む総括規定ではない。3項が規定する活動として、『Q&A』には次のような説明がある。「①我が国の平和と独立並びに国及び国民の安全を確保するための活動（1項に規定されている国防軍保持の本来目的に係る活動です。）②国際社会の平和と安全を確保するために国際的に協調して行われる活動（……）③公の秩序を維持し、又は国民の生命若しくは自由を守るための活動（治安維持や邦人救出、国民保護、災害派遣などの活動です。）」[145]。

この説明によれば、3項独自の活動は②国際活動と③警察活動である。

---

143) 自由民主党（2013: 10）。
144) 自民党の改憲案では集団安全保障に、国連による厳密な集団安全保障に限らない国際活動が広く含まれているが、その点については3項のところでふれる。
145) 自由民主党（2013: 11）。

①「我が国の平和と独立並びに国及び国民の安全を確保する」は、「本来目的」だとされている。この規定は2012年改憲案におけるものであり、その当時は集団的自衛権や集団安全保障のための武力行使を違憲とする政府解釈が行われていた。集団的自衛権や集団安全保障の限定容認を行った2014-15年の政府解釈変更が行われるまえである。そうであれば1項は、当時合憲とされていた個別的自衛権を意味しているのであろう[146]。そのほうが「本来目的」にも合う。

3項が規定する国際活動は、「国際社会の平和と安全を確保するために国際的に協調して行われる活動」であり、広い。『Q&A』では次のように説明されている。「国防軍の国際平和活動への参加を可能にしました。その際、……武力を行使することは可能であると考えています。また、集団安全保障における制裁活動についても、同様に可能であると考えています。」「集団安全保障における制裁活動についても、同様に可能である」とされている場合、主たる「同様」な活動は集団的自衛権に基づくものであろうか。さらに、規定は広いので、多国籍軍や有志軍などの各種の国際的軍事活動も含まれるであろう。

③の警察活動には、「邦人救出」のように海外活動であることが明示されているものも含まれている。

結論として個別的自衛権・集団的自衛権・集団安全保障のための武力行使を全面的に解禁する自衛戦力論が帰結されている。

(ⅱ)「案2『陸海空自衛隊』の保持案」

「案2『陸海空自衛隊』の保持案」とされているのは、公募に対して石破茂が2018年2月23日付で提示した案[147]である。

「15日配布資料」には、その「趣旨」として以下のような記述がある。「『国防軍』の名称を、国民に愛着のある『(陸海空)自衛隊』に改めるほか、左(「案1 平成24年憲法改正草案」――浦田)に同じ。」石破案におけ

---

[146] 前述のように「案3『自衛隊』明記案」の任務・目的規定における「国民」の使用に2012年改憲案は影響を与えた可能性があるが、その任務・目的規定の意味は自国防衛に変えられている。

[147] 石破（2018a）。

る石破自身の説明によって、9条に関する自衛力論は国民には理解困難であり、また安全保障環境に適合しないとされる。そこで、「国際的な常識」に基づくべきであり、原則として「何も今と変わらない」ことを強調する自衛隊加憲論には賛成できない。「議論の前提とすべきは24年草案だと考えているが、敢えて私案を述べれば以下の通りである」として、条文案が提示されている。

このように基本的に「趣旨」の通りであるが、次のように9条1項に関して2012年改憲案を修正している。

「日本国民は、正義と秩序を基調とする国際平和を誠実に希求し、侵略の手段としての武力による威嚇及び武力の行使を永久に放棄することを、厳粛に宣言する。」

戦争放棄の文言が無くなり、「宣言する」と言われている。国際法を超える憲法の規範性を排除する姿勢が、2012年改憲案より徹底している。

9条2項は以下のように規定されている。

「我が国の独立と平和及び国民の安全と自由並びに国際社会の平和と安定を確保するため、陸海空自衛隊を保持する。」

2012年案9条2項、9条の2、1項、3項をここに統合している。石破案9条2項の目的規定において、2012年改憲案に対して「平和」と「独立」の順を入れ替え、「独立」をまえに置いている。単に軍事の論理であろうか。独立国家として自衛隊が防衛し、米軍撤退を求める主張[148]の反映であろうか。「国際社会の平和と安定」が加えられているが、2012年改憲案9条の2、3項に対応しているのであろう。簡潔な9条2項によって、個別的自衛権・集団的自衛権・集団安全保障のための武力行使の全面解禁が図られ、自衛戦力論が明確に示されている。

「陸海空自衛隊」が明記されているが、現在の国民の理解に事実上配慮し[149]、「案3 『自衛隊』明記案」に接近したのであろうか。しかし、「自衛隊」(the Self-Defense Forces) は自衛力論と結びつき、通常の軍隊ではないことを表現するために作られた名称である。そうだとすれば、石破に

---

148) 朝日新聞2018年9月29日。

とって石破案の「陸海空自衛隊」から2012年改憲案の「国防軍」への展開が必要になる。本来「議論の前提とすべき」とされているのは2012年改憲案であり、自衛戦力論に対応しているのは「国防軍」だからである。「陸海空自衛隊」から「国防軍」への展開は実際上改憲手続によらなければならないことになるのではないか。法律で「国防軍」名の軍事組織を作り、それは憲法上の「陸海空自衛隊」に当たるとする法的説明は実際には行われないであろう。「案2 『陸海空自衛隊』の保持案」は9条に関して複数段階改憲構想を前提にしたことになっていると思われる。

(ⅲ)「9条2項を削除する案」全体の問題──自衛戦力論

「15日配布資料」では、「9条2項を削除する案」全体について次の「課題」が指摘されている。「自衛隊を『通常の軍隊』と位置付けることによって、(安全保障基本法による制約はあるとしても)憲法上フルスペックの自衛権を行使できるようになる。このことは、9条の下で定着し国民に親しまれてきた自衛隊の基本的性格を変えるものであると同時に、『専守防衛』を旨としてきた戦後の我が国の防衛政策の大転換にもつながるものであって、大方の国民の理解を得られるか。」

ここで言う「自衛権」も、抽象的自衛＝国家主権の軍事的実現であろう。個別的自衛権だけではなく、集団的自衛権や集団安全保障も含まれているはずだからである。そのうえで言われている「フルスペックの自衛権」の承認は、自衛戦力論である。自衛隊に対する国民の受容が限定的なものであり、その急激な変更は統治を不安定にすることが、この「課題」では自覚されている。政府見解における「専守防衛」論は論理的に突き詰めれば自衛戦力論の直前まで対応可能であるが、自衛戦力論は確かにその限界を超える。

ⅲ「第五章（内閣）への自衛隊明記案」

「15日配布資料」で各案の整理が行われたあと、欄外に「第五章（内閣）

---

149) 石破によれば、国民は「国際的な常識」を理解できるとされ、国民の理解力は高く、配慮不要と判断されている。しかし石破は、「国防軍」に国民の抵抗感が強ければ、名称にはこだわらないとする（沖縄タイムス2018年2月20日）。現実には「国防軍」に国民の抵抗感が強いと認識している。

への自衛隊明記案」として以下の記述がある。「この案は、『第2章』に手を加えないで内閣に係る規定の中で、現行憲法下での自衛隊の存在を簡潔に規定しようとするものではあるが、必ずしも9条との関係での自衛隊の位置付けを憲法上明らかにすることにならないのではないか。」

この案は防衛＝行政論に基づくものであり、すでに応募案の一つとして具体例を紹介した。また防衛＝行政論は「案3　『自衛隊』明記案」の「別案1」のなかに取り入れられており、そこでその趣旨について検討を加えた。しかし、「案3　『自衛隊』明記案」と異なり、この案は「『第2章』に手を加えない」。そのため、「案3　『自衛隊』明記案」以上に、そして各案のなかで最も現状との連続性を強調することになる。確かに「必ずしも9条との関係での自衛隊の位置付けを憲法上明らかにすることにならない」ので、防衛＝行政論の解釈を通して自衛隊をめぐる憲法論議は他の案以上に多様なものになろう。

(4) 2018年3月15日の全体会合とまとめ

2018年3月15日の全体会合で自民党改憲推進本部によって、別案を含めた前述の7案が提示された。高村副総裁は細田本部長への条文案のとりまとめ一任を求めた。また、国民投票で絶対に否決されないようにしなければならないと述べ、自衛隊明記案を主張した。それに対して、石破などによる一任反対論が続き、また自衛隊の表現ぶりにも異論が相次ぎ、意見集約は先送りされた[150]。

全体会合に出された条文案は、執行部のように形式的に整理すれば、「9条2項を削除する案」と「9条2項を維持する案」に、後者が「案3　『自衛隊』明記案」と「案4　『自衛権』明記案」に分けられる。実質に即せば、「案3　『自衛隊』明記案」と、「9条2項を削除する案」・「案4　『自衛権』明記案」に大きく分けることもできる[151]。前述の私の検討では、内容的に前者は自衛力論、後者は自衛戦力論だからである。自衛戦力論の

---

150) 朝日新聞・沖縄タイムス2018年3月16日。
151) 渡辺（2018: 248）。そこでは、安倍改憲案支持派と、より「右」よりを意向する派という観点で分けられている。

なかで、9条2項削除の原則論と9条2項維持の「案4 『自衛権』明記案」の妥協論が分岐している。形式と実質を組み合わせれば、①9条2項維持で自衛力論の「案3 『自衛隊』明記案」、②9条2項維持で自衛戦力論の「案4 『自衛権』明記案」、③自衛戦力論の「9条2項を削除する案」の3つに分けられる[152]。①「案3 『自衛隊』明記案」と③「9条2項を削除する案」の折衷案が、②「案4 『自衛権』明記案」ということになる。

　全議員から条文案を公募する方式は、執行部によって当初期待されたようなガス抜きに必ずしもならなかった。この方式を通して、党内の意見が大きく3つに分かれていることが鮮やかに示された。

4　自民党自衛隊加憲案の成立

(1)　2018年3月22日の全体会合における本部執行部の問題整理

　2018年3月25に党大会を控えた22日、自民党改憲推進本部の全体会合が開かれた。そこに提出された本部執行部の方針は、入手した配布資料「『自衛隊の明記』についての条文イメージ（たたき台素案）」（以下、「22日配布資料」と略）[153]によれば以下の通りである。

　資料名において「条文イメージ（たたき台素案）」と言われていることが、まず注目される。修正可能性を強調したこの表現は、現在に至るまで自民党改憲案を複数段階改憲構想のなかで戦略的に性格付けるキーワードとして使用されている。3章で検討したい。

　前述の「案3『自衛隊』の明記案」（本案）が最初に提示され、これが3月15日の全体会合における執行部の本命案であることが示されている。

---

[152] 大まかな党内論議の集約について、讀賣新聞2018年3月23日。2項維持派のなかが「自衛隊」明記と「自衛権」明記に分かれたのが、推進本部幹部の誤算であった（毎日新聞2018年3月16日）。内容に即した見かたをすれば、自衛戦力論派が2項削除と「自衛権」明記に分かれたのが、2項削除派にとって誤算だったということになろうか。

[153]「関係省庁等出席者」として、国会衆参の法制局と憲法審査会のスタッフの名前が挙げられている。

そのことを前提にしたうえで、〔前回の総会（3月15日）での主な指摘〕として、以下のことが記述されている。「・『必要最小限度』はどうしても必要か。・『自衛権（自衛の措置）』にも言及すべきではないか。」

新聞報道によれば3月15日の全体会合では多様な発言があったが、執行部は発言を「主な指摘」としてこの2点に整理した。「必要最小限度」規定は、自衛隊明記案の本案にのみあり、自衛隊明記案の二つの別案、自衛権明記案、9条2項削除案のどれにもない。「『必要最小限度』はどうしても必要か」との指摘は、「必要最小限度」規定に対するこれらの案からの批判に対応していることになる。「『自衛権（自衛の措置）』にも言及すべきではないか」との指摘は、「自衛権」規定を持つ自衛権明記案と2012年改憲案に対応していることになる。前提とされた9条2項維持案のなかで、「必要最小限度」規定がなく「自衛権（自衛の措置）」規定のあるのは、「自衛権」明記案のみである。そこで自衛隊明記案の本案から「必要最小限度」規定を削除し、「自衛権（自衛の措置）」規定を置くことによって、「自衛権」明記案に対する妥協案が模索されることになる。これらの論点に応えるものとして、二つの代替案が出されている。

なお、「主な指摘」として「自衛権（自衛の措置）」への言及が指摘され、そこで「自衛権」と「自衛の措置」が括弧付きで同様なものとして扱われている。すでに見てきたように、「自衛権」には多様な解釈の可能性がある。これから見ていくように、「自衛の措置」は抽象的な観念である。「自衛権」を規定すると論争が増えるが、「自衛の措置」なら異論は減る。「代替案1」では「必要な措置」、「代替案2」では「自衛の措置」が使われる。「自衛権（自衛の措置）」と表現する「主な指摘」のまとめかたに、「代替案2」が執行部の本命案であることが示されている。

(2) 「代替案1」

　i 　案とその趣旨説明

「代替案1」は以下の通りである。

「第9条の2 　我が国の平和と独立を守り、国及び国民の安全を保つために必要な措置をとることを目的として、法律の定めるところにより、内

閣の首長たる内閣総理大臣を最高の指揮監督者とする自衛隊を保持する。
② 〔同上〕(「案3」(本案) 9条の2、2項——浦田)」(傍線は原文に引かれている)

　この案について、以下の趣旨説明が付けられている。「『我が国の平和と独立……を保つために必要な措置』とは、すなわち『自衛のために必要な措置』ということであり、9条2項を維持することと相まって、確立した政府解釈〔=『我が国防衛のための必要最小限度の自衛の措置』〕と矛盾しないことは十分に明らかになっている、と理解しようとするもの。」(省略記号は原文にある)

　ⅱ 「我が国の平和と独立を守り、国及び国民の安全を保つため」

　「我が国の平和と独立を守り、国及び国民の安全を保つため」は、「案3」と同じである。趣旨説明のなかで「我が国の平和と独立……を保つために必要な措置」とされているように、「我が国の平和と独立を守り、国及び国民の安全を保つため」は、「必要な」の修飾語である。「保つため」と「必要な」のあいだに読点がない。すなわち、「我が国の平和と独立を守り、国(及び国民)の安全を保つため」は、「案3」(本案)と同様に、任務規定の一部になっている。「案3」の「別案1」・「別案2」、「案3」の基礎に置かれたと考えられる自衛隊法3条1項、「案3」の一部参考にされたと思わる2012年改憲案9条の2、1項と異なり、独立した目的規定ではない。任務規定の一部になっているほうが、目的と手段の関係が緊密になろうか。

　執行部にとって、「我が国の平和と独立を守り、国及び国民の安全を保つために必要な措置をとる」は、基本的に自衛力=「自衛のための必要最小限度の実力」論、「我が国の平和と独立を守り、国及び国民の安全を保つため」はその「自衛」に当たると考えられる。趣旨説明において、「『我が国の平和と独立……を保つために必要な措置』とは、すなわち『自衛のために必要な措置』ということ」だとされているのは、その趣旨であろう。そうであれば、「我が国の平和と独立を守り、国及び国民の安全を保つため」は、2014-15年の政府解釈変更のあとは自国防衛論を基礎においていることになる。しかし文言が抽象的なので、「案3」について見たように、

それでも個別的自衛権論や自衛戦力論などによる多様な解釈が生ずる可能性がある。そのうえで、この文言が「代替案１」に取り入れられ、「必要な措置」に結合されたために、のちに意味が変化する可能性もある。

ⅲ 「必要な措置」

そこで条文案にある「必要な措置」について見てみる。まず15日の「案３ 『自衛隊』明記案」（本案）にあった「必要最小限度」規定が削除されている。

2014年７月１日閣議決定における「基本的な論理」・「当てはめ」論を借りると[154]、自衛力論に関する有権解釈では一般的に「基本的な論理」の前半で武力行使の根拠、後半で武力行使の範囲、「当てはめ」として武力行使の要件が示されているように思われる[155]。すなわち武力行使の正当化は、抽象的なものから具体的なものへ向かう３層構造になっている。

第１層の武力行使の根拠論では、憲法９条と自衛権・平和的生存権・幸福追求権などが対置され、抽象的自衛論によって一定の措置が根拠づけられる。第２層の武力行使の範囲論において、２項で禁止される「戦力」と許容される「自衛力」の仕分けが行われる。第３層の武力行使の要件論として、2014-15年の政府解釈変更前は自衛権発動の３要件、変更後は武力行使の３要件が示されている。そのことによって、解釈変更前は限定的個別的自衛権、変更後は自国防衛が帰結されている。

第１層の武力行使の根拠論の帰結が、1959年の砂川判決→1972年の政府資料→2014年の閣議決定において、ほぼ完全に同文で「自国の平和と安全を維持し（、）その存立を全うするために必要な自衛の（ための）措置」と定式化されている[156]。「代替案１」の「必要な措置」がこれらの定式における「必要な自衛の（ための）措置」から来ていることは明らかであろう。

この「必要な措置」論は、自衛力論のなかで最も抽象的な層としての武力行使の根拠論のなかにあり、武力行使の根拠論には一般的に「必要最小

---

154) 2014年７月１日閣議決定における「基本的な論理」・「当てはめ」論は実質的に問題を含んでいるが、形式的な論理の整理としてここで扱っている。
155) 浦田（2016a: 53-54）。
156) 浦田（2016a: 55-56）。

限度」規定はない。それに対して、2014年閣議決定を使えば、第2層の武力行使の範囲論における第3要素として「必要最小限度の『武力の行使』」、第3層の武力行使の要件論における第3要件として「必要最小限度の実力を行使すること」が定式化されている。すなわち、より具体的な武力行使の範囲・要件論において「必要最小限度」性が登場する。最も抽象的な武力行使の根拠論では何らかの抽象的な「必要な措置」が帰結され、その「必要な措置」について具体的に「必要最小限度」かどうかは論じられていない。

このように、具体的な「必要最小限度」規定の削除と抽象的な「必要な措置」規定の採用が対応している。

iv　自衛力論の前提

条文案では、15日の「案3　『自衛隊』明記案」（本案）にあった「実力組織」規定が、「代替案1」の条文案で削除されている。

そのうえで趣旨説明を見ると、「代替案1」は自衛力論や必要最小限度性と結び付けられている。「9条2項を維持することと相まって」とされているのは、自衛力論によって解釈された9条2項の規制力に注意を喚起しているのであろう。

9条2項のもとで形成された「確立した政府解釈」は、「我が国防衛のための必要最小限度の自衛の措置」と表現されている。これは自衛力＝「自衛のための必要最小限度の実力」のことであろう。自衛力論において「自衛」はしばしば「我が国防衛」とも定式化される。

さらに、自衛力論の「実力」が「自衛の措置」に置き換えられているが、自衛力論の定式において「実力」の代わりに「自衛の措置」を使うことは一般的ではないように思われる。「自衛の措置」は第1層の武力行使の根拠論、「実力」は第2層の武力行使の範囲論や第3層の武力行使の要件論の問題である。抽象的自衛論による軍事力の正当化が抽象的に基礎にあるが、第1層の武力行使の根拠論の論理のうえでは「自衛の措置」は何らかの抽象的な対応手段である。具体的な実力や武力が登場するのは第2層以下である。

第1層の「自衛の措置」と第2層、第3層の「必要最小限度」性を組み

合わせることによって、「必要最小限度」性を趣旨説明に登場させつつ、「自衛の措置」として議論を抽象化している。条文案では、目的規定はあるが、手段について使われている文言は趣旨説明にある「自衛の措置」ではなく、「必要な措置」である。「必要な措置」は「自衛の措置」よりさらに抽象化されている。何らかの「必要な措置をとること」に、自民党内に異論はない。前提の論理として自衛力論や必要最小限度性を維持しつつ、議論の抽象化によって合意を実現しようとしているように思われる。この点について、「代替案2」のところでもう一度ふれたい。

「我が国の平和と独立……を保つために必要な措置」は、「確立した政府解釈……と矛盾しないことは十分に明らかになっている」とされている。自衛力論が前提になっていることは当然のことなので、自衛力論の定式を条文案に書かなくてもわかると言っているのである。それが強引でそこに無理があることを、執行部は自覚している。そのことは、「必要な措置」規定と「確立した政府解釈」が「矛盾しないことは十分に明らかになっている、と理解しようとするもの」という表現に表れているように思われる。とくに、「理解される」というような自然な表現ではなく、「理解しようとするもの」という人為的な表現に表れている。「必要最小限度」は「明らか」だから削除するという論理には、明らかに無理がある。「必要最小限度」が「明らか」なら、規定を維持するほうが自然である。無理を承知で党内で合意しようと提案されている。

「代替案1」には以上のような問題が含まれているが、「代替案1」は自衛力論や必要最小限度性を条文化していないが、それを前提にしたものであると、執行部は主張している。「必要最小限度」規定削除の中心的な政治的意味は「自衛権」明記案の吸収にあるが、その点については「代替案2」のところで後述する。

(3)「代替案2」

　ｉ　案とその趣旨説明

「代替案2」は以下の通りである。

「第9条の2　<u>前条の規定は</u>、我が国の平和と独立を守り、国及び国民

の安全を保つために必要な自衛の措置をとることを妨げず、そのための実力組織として、法律の定めるところにより、内閣の首長たる内閣総理大臣を最高の指揮監督者とする自衛隊を保持する。
② 〔同上〕（「案3」（本案）9条の2、2項──浦田）」（傍線は原文に引かれている）

　これにも以下の趣旨説明が付け加えられている。「①上記の【代替案1】と同様の発想に立った上で、さらに『自衛の措置』（＝自衛権）との表現で、その趣旨を条文上も明らかにするとともに、②確立した政府解釈との整合性（9条2項との関係）についても、『前条の規定は……妨げず』として、条文上明確にしようとするもの。」

　「【代替案1】と同様の発想に立った上で」とされているので、「確立した政府解釈〔＝『我が国防衛のための必要最小限度の自衛の措置』〕と矛盾しないことは十分に明らかになっている、と理解しようとするもの」という趣旨は、「代替案2」でも前提に置かれることになる。したがって、「代替案1」に関して「我が国の平和と独立を守り、国及び国民の安全を保つため」、「必要な措置」、自衛力論の前提について検討したことは、基本的に「代替案2」にも当てはまる。

　ⅱ　「自衛の措置」

　「代替案1」における「必要な措置」が、「代替案2」では「必要な自衛の措置」に置き換えられている。その点について趣旨説明では、「さらに『自衛の措置』（＝自衛権）との表現で、その趣旨を条文上も明らかにする」とされている。「必要な自衛の措置」の「自衛の措置」は「自衛権」だとされている。この自衛権は個別的自衛権・集団的自衛権だけではなく集団安全保障も含んでいるはずであろうから、抽象的自衛＝国家主権の軍事的実現のことであろう。前述のように、これは自衛力論に関する武力行使の正当化における最も抽象的な第1層の武力行使の根拠論の問題である。

　なお、〔前回の総会（3月15日）での主な指摘〕のところでは「自衛権（自衛の措置）」と言われ、「代替案2」の趣旨説明では「自衛の措置」（＝自衛権）とされている。全体として「自衛権」と「自衛の措置」は同じだとされているが、「自衛権」と「自衛の措置」の順序が入れ替えられてい

る。前回総会の主な指摘は「自衛権」であったが、その「自衛権」が「自衛の措置」に言い換えられ、言い換えられた「自衛の措置」が「代替案2」の条文に入れられている。このようにして「自衛権」論が「代替案2」に誘導されている。

ところで「代替案1」の趣旨説明において、「『我が国の平和と独立……を保つために必要な措置』とは、すなわち『自衛のために必要な措置』」とされている。すなわち、この説明の前半と後半で「必要な措置」は共通しているから、「我が国の平和と独立を守り、国及び国民の安全を保つ」ことは「自衛」と言い換えられていることになる。したがって、「代替案2」では「自衛」のため「必要な自衛の措置」と言われていることになり、「自衛」が論理的に2回繰り返されている。このような論理的な問題を犯してまで、「自衛の措置」という文言が使われ、それは自衛権のことだと説明されている。そこにも、「代替案2」は「案4　『自衛権』明記案」と妥協し、それを吸収しようとする意図がよく示されている。

ⅲ　「前条の規定は……妨げず」

また前述の趣旨説明では、「前条の規定は……妨げず」という表現は、「確立した政府解釈との整合性（9条2項との関係）についても、……条文上明確にしようとするもの」とされている。「前条の規定は……妨げず」という表現について、15日の「案3　『自衛隊』明記案」の「別案2」に関して、「解釈規定」の意味であるが「例外規定」の意味になる可能性が「課題」として指摘されていた。「代替案2」についても同じ問題が生ずるが、執行部の意図は「解釈規定」による自衛力論の明確化であるとされている。「【代替案1】と同様の発想」や「前条の規定は……妨げず」をめぐる趣旨説明によって、自衛力論や必要最小限度性を確認しようとしている。「前条の規定は……妨げず」という表現には「解釈規定」か「例外規定」かの問題が含まれているにもかかわらず、この表現が採られた。「案4　『自衛権』明記案」は「前二項の規定は、自衛権の発動を妨げない」としており、「代替案2」はこの形式を考慮したのではないかと思われる。

このように執行部としては、「代替案2」は論理的には自衛力論や必要最小限度性を前提にしているとされている。しかし自衛力論・必要最小限

度性を排除した自衛戦力論の「自衛権」明記案を念頭において、「必要最小限度」規定を条文から削除し、「自衛の措置」や「前条の規定は……妨げず」という表現を使用していることになる。「代替案2」の前半に「自衛権」と同旨だとされる「自衛の措置」、後半で「実力組織として、……自衛隊を保持する」が規定されている。前半で「自衛権」明記案、後半で「自衛隊」明記案に配慮することによって、両者の妥協が図られている。

「代替案1」・「代替案2」は自衛隊明記案として自衛力論や必要最小限度性を前提としているとされているが、そのうち「代替案2」は自衛権明記案との妥協の意味がより強い[157]。9条2項削除案は自衛権明記案の背後にあるが、妥協のための直接の対象にされていないように思われる[158]。このような妥協が行われたことは、9条2項削除案と自衛権明記案を合わせた自衛戦力論が党内で一定の力を持っていることを示している。当然のことながら、「代替案」が「必要最小限度」規定を削除した以上、それを自衛戦力論によって解釈する立場は生ずる。「代替案」の文言だけなら、自衛戦力論解釈のほうが自然である。しかしこのような文言解釈によれば、本部執行部は15日の自衛力論から22日の自衛戦力論へ1週間で立場を変更したことになる。その理由の説明は困難であろう。自衛戦力論解釈は本部執行部の意図にも、実現可能性を重視した自衛隊加憲論の性格にも反する。

(4) 2018年3月22日の全体会合と25日の党大会
　　i　3月22日の全体会合——「代替案2」の採用
3月22日の自民党改憲推進本部全体会合で、細田本部長は「22日配布資料」に基づいて自衛隊明記の二つの修正案＝「代替案1」・「代替案2」を示した。修正案を中心に自衛隊明記案を支持する意見が多数を占め、自衛権明記派も自衛隊明記の「代替案2」を容認した[159]。しかし、石破らか

---

157) 細田の思惑として、讀賣新聞2018年3月23日。
158) 3月22日の推進本部全体会合の終了後であるが、本部の幹部は次のように語った。「何度やっても同じだ。首相案と石破案は水と油だ。」（朝日新聞2018年3月23日）。さらに、細田は自衛隊明記派と自衛権明記派の妥協によって石破らの2項削除派を孤立させようとしたと、渡辺（2018: 252）は見る。

ら意見集約に反対する意見も出た。結局、本部長一任が取り付けられ、一任の意味は執行部の説明によると、修正前の案と二つの修正案のどれを選ぶかであるとされた[160]。会合後、細田は「代替案２」を採用する意向を表明した。この案について細田は、各党との議論で修正することを前提とした「たたき台」と位置付けている[161]。また、実際の条文案は専門家の意見を聞いて確定すると、推進本部は述べた[162]。なお、執行部は各党との議論では９条２項削除案も付記する方向であり、これによって石破らの不満を押さえたいと考えている[163]。

この「自衛隊の明記」、「緊急事態対応」、「合区解消・地方公共団体」、「教育充実」の改憲４項目の条文案が、とりまとめられたことになる[164]。そのうち緊急事態対応のなかの73条の２、１項は、「異常かつ大規模な災害」の場合に法律の制定を待たずに内閣に政令の制定権を認めている。これは複数段階改憲構想の一つであるととともに、内容的に自衛隊加憲案との関係が問題になり得る。

　ⅱ　25日の党大会──「条文イメージ・たたき台素案」

25日の党大会では運動方針として改憲論が冒頭に挙げられたが、９条論については「国民に問うにふさわしいと判断されたテーマ」の一つとして「安全保障に関わる『自衛隊』」が掲げられるにとどまった。安倍は総裁演説として、「憲法に自衛隊を明記し[165]、違憲論争に終止符を打ちます」と、簡単に述べた。二階俊博幹事長は党務報告のなかで、「なお先般、各項目

---

159) 毎日新聞2018年３月23日。自衛権明記派の思惑としては、必要最小限度規定が削除された「代替案２」が自衛戦力論によって解釈される可能性が爾後追求されるのであろう。自衛隊明記派として「代替案２」を支持した者のなかにも、自衛戦力論解釈の可能性に期待する論者がいるのではないかと思われる。
160) しかし、22日の改憲推進本部全体会合後、本部長に「何が一任されたのか、よくわからない」と、石破は怒りをあらわにした（沖縄タイムス2018年３月23日）。
161) 讀賣新聞2018年３月23日。
162) 毎日新聞2018年３月23日。
163) 讀賣新聞2018年３月23日。
164) 朝日新聞2018年３月23日参照。自由民主党憲法改正推進本部（2018c）で全文と解説を読むことができる。
165) 前述のように、９条２項の維持でも削除でも、何らかの軍事組織を憲法に書き込んだ案は、自衛隊明記ととらえられている。

の『条文イメージ・たたき台素案』について、一定の方向性を得ることができました」とした[166]。党大会翌日の26日に改憲推進本部名で「憲法改正に関する議論の状況について」と題する文書[167]が出された。そこでは、改憲推進本部は改憲4項目について「条文イメージ（たたき台素案）」を決定したとされている。決定されたのは、「イメージ」で、「たたき台」で、「素案」で、「一定の方向性」である。念入りに未確定とされたものが、決定されたことになっている。

「条文イメージ（たたき台素案）」について、4項目のうち緊急事態対応では「次のようなものが考えられるのではないか」、合区解消・地方公共団体と教育充実では「合意が得られている」とされたのに対して、自衛隊の明記では「代替案2」を「基本とすべきとの意見が大勢を占めた」と記述されている。このように細かく配慮された正直な記述を通して、自衛隊加憲案に関して自民党案として認められたかどうか疑わしい「代替案2」が事実上自民党案として扱われることになった。条文案の公募は、改憲推進本部執行部の意図を超えて、表の形式以上の意味を持つことになった。このように安倍の自衛隊加憲論提起が党内でスムーズに受け入れられなかった背景に、モリ・カケ問題などを通した安倍内閣に対する自民党内、公明党、野党、国民の不信感がある。

全体の基本的な流れは、「2006年公明党検討項目」→2017年5月3日安倍晋三発言→（2017年6月案）→2018年3月15日「案3『自衛隊』の明記案」（本案）→2018年3月22日「代替案2」＝自民党自衛隊加憲案であるように思われる。

5　自民党自衛隊加憲案の可能性

(1)　加憲論と改憲方式をめぐる法的可能性

加憲論はどのような改憲方式を想定しているのであろうか。これは加憲

---

166)　自由民主党（2018）。
167)　自由民主党憲法改正推進本部（2018c）。

論を理解するうえで重要な問題である。改憲は既存の条項を変更せず、改憲条項を追加していく増補方式によるのであろうか。それとも既存の条項を変更する溶け込み方式によるのであろうか。

ⅰ 増補方式論
(ⅰ) 増補方式の憲法的可能性

その前提として日本国憲法のもとで増補方式によって改憲を行えるかという問題がある。憲法96条2項で、「憲法改正について……この憲法と一体をなすものとして……公布する」とされている。増補方式による改憲が認められるかどうかは、「この憲法と一体をなすものとして」の解釈問題とされている。この文言が直接意味することは、改憲部分と日本国憲法が同じ形式的効力を有することである。また、この文言はアメリカ憲法における増補方式（amendment）を想定していると見られている[168]。増補方式では、憲法の条項に手を加えず、修正条項を置く。既存の条項に変更を加える溶け込み方式も増補方式も、ともに認められる[169]。以上の点で学説は一致している。

増補方式の想定に関して、同趣旨の政府答弁が行われたことがある。憲法制定議会において、佐々木惣一は日本国憲法政府原案の改憲手続の「一體として」（「一体をなすものとして」（日本国憲法96条2項））の意味について次のように質疑を行った。明治憲法73条1項は「憲法ノ条項ヲ改正」と規定しているので「増補」は許されないが、そのように規定されていない改正原案（日本国憲法96条1項）では「増補」は可能になるであろうか。「增補」が可能であれば、「一體として」も意味を持つ。それに対して金森徳次郎は、政府原案では明確に書かれていないが、憲法解釈として「増補ノ如キ形ヲ執ツテモ、矢張リ改正ニナル」と答えた[170]。溶け込み方式も増補方式もともに認められるとする立場を示した。

---

168) アメリカ憲法5条、「憲法修正は、全ての内容及び目的に関して、完全にこの憲法の一部として（as part of this Constitution、この憲法と一体を成すものとして）効力を有する。」
169) 宮澤（1978: 796）、杉原（1989: 515）。法令の改正方式一般については後述する。
170) 金森徳次郎國務大臣帝國90回1946（昭和21）年9月25日貴・改憲特別21號33頁。

(ii) 公明党の加憲論と増補方式

このように増補方式が憲法解釈として認められることを前提にして、公明党の加憲論は出されているように思われる。2004年10月31日の第5回全国大会で決定された運動方針のなかに、次のような記述がある。

「現行憲法は維持しつつ、そこに新しい条文を書き加え、補強していく『加憲』という方式は、以下のような理由から、極めて現実的な方法だと考えます。

第1に、現行憲法は優れた憲法であり、それが広く国民の間に定着し、積極的に評価されているという基本認識があります。

第2に、諸外国を見たとき、時代状況に合わせて憲法を補強していくというスタンスをとる国が少なくないからです。アメリカは、従来の条項をそのまま置いた上で修正条項を加えていく『アメンドメント方式』をとっていますし、フランスの憲法においては1789年の『人権宣言』が今も有効とされています。

第3に、……憲法96条第2項……の『一体を成すもの』という表現には、アメリカ式の『加憲』のニュアンスが出ています。事実、96条の「改正」の英訳は「アメンドメント」という英語が充てられていますし、『日本国憲法は、本来的にアメリカ的なアメンドメント方式、つまり増加型改正が基本になっている』（江橋崇・法政大学教授）との指摘もあります。」[171]

---

171) 公明新聞2004年10月18日。公明新聞2004年11月1日によれば、方針案は2004年10月31日の党大会で決定された。小林（2005: 86）に加憲論部分が全文引用されている。国会における発言として、たとえば白浜一良議員161回2004（平成16）年12月1日参・憲法6号13頁。

　援用されているように、公明党の加憲論は江橋の影響を受けている。江橋の加憲論・増補方式論について、①江橋（2005: 42-56）、②江橋（2007a: 44-49）、③江橋（2007b: 60-62）。江橋は「増補型憲法改正論を提唱したのは私」（江橋（2007a: 48））だとする。また、「新規に追加する条文を憲法典の末尾に並べるアメリカ式よりは、関連性のつよい条文の末尾に追加条文を加えるほうが望ましいだろう。いずれにせよポイントとなるのは、現在の日本国憲法の条文を一切消さないという点にある。この点では、公明党の主張する加憲の考え方と同じである」（江橋（2005: 42-43））と言う。公明党の改憲方式は増補方式だと江橋は理解している。ただし江橋が示す増補型改正試案では、義務規定の削除など増補型の例外が検討課題とされ、また9条に関する増補案は出されていない（江橋（2005: 80-81））。

公明党の加憲論では改憲に関する基本的な政治姿勢として「時代状況に合わせて憲法を補強していくというスタンス」が示されているのか[172]、改憲方式として増補方式が想定されているのか、不明確、不安定な部分がある。フランス1789年宣言の例は異なる憲法典の相互関係の問題であり、同じ憲法典における増補方式とは異なる問題である。しかし、増補方式への明確な言及があり、改憲方式としては増補方式が強く意識されている。「現行憲法は維持しつつ、そこに新しい条文を書き加え、補強していく『加憲』という方式」は、文字通りには増補方式を意味する。しかし一般的には「加憲」という言葉は広い意味で使われている[173]。公明党の加憲論では基本的な改憲方式として増補方式が着目されているが、改憲に関する基本的な政治姿勢が提示されていることになろうか[174]。そのうえで、9条については1項、2項に手を付けないとされているのであろう。

ⅱ　溶け込み方式論

　自民党による自衛隊加憲論がどのような改憲方式を想定しているか、論じられていない。しかし、増補方式は想定されていないと思われる。

---

172) 公明党憲法調査会（2004: 19）、渡辺（2015：下41）では、「堅持」されるものは「憲法三原則」と「憲法第九条」であり、それ以外のものは変更可能性があるニュアンスが出ている。最近のものでは2019年の参議院選挙公約（公明党（2019: 42））でも、「3原理は、普遍の原理として、将来とも堅持します」とされ、「現行憲法の基本を維持した上で、必要な規定を付け加える（加憲）」と言われている。「堅持」や「維持」の対象は「原理」や「基本」である。

173) 奥平（2004: 115）は讀賣新聞改憲案におけるプライバシー条項付加を「加憲」の例として挙げている。問題のプライバシー条項付加の例は増補方式ではなく、溶け込み方式において条項を付加する場合である。讀賣新聞改憲案は増補方式を採っていない。

174) 太田昭宏公明党代表は、「公明党は『加憲』、加えるということで、これは私が作った言葉です」と述べたうえで、その加憲について次のような説明をしている。「アメリカは『アメンドメント方式』で、これは付け加えていくという方式です。憲法改正には全面改正と部分修正というのがあります。部分修正に似た『加憲』ということを私はとりました。」（太田ほか（2008: 94））「加憲」は「全面改正」に対置された「部分修正に似た」ものであるが、「似た」として溶け込み方式における部分修正と区別されているのであろうか。そうだとすれば「アメンドメント方式」が念頭に置かれているようであるが、明確ではない。

(i) 法令改正の方式
　a　国会の論議

　法令の改正は、一般的に既存の法令の条項に変更を加える方式で行われている。この方式は、増補方式に対して溶け込み方式と呼ばれる[175]。この点について、自衛隊加憲論に関わって、政府答弁が行われた。前述のように、前法・後法論の具体的意味は加憲条項の内容によるではないかということを、枝野幸男が問題にした。枝野と横畠裕介内閣法制局長官とのやりとりのなかで、以下のような答弁が行われた。

　枝野は解釈について質疑を行ったが、横畠は解釈の前提として立法について述べた。その立法論のなかで、まず一般論として以下のような説明を行った。「同じ法令の中で相入れないというか矛盾するような規定を設ける場合には、本則とただし書きという形で例外を規定する、あるいは、ある条項の例外として、例えば、〇〇条の規定にかかわらずこうであるというような例外規定を明示的に書く。」そのうえで、前法・後法論について次のような説明を行った。「原則、例外の扱い方といたしまして、……後法は前法を破るという言い方がございます。……我が国の法体系は、他国の場合と違いまして、大変、既存の規定と矛盾するような新たな規定を設ける場合には、既存の規定にも手を入れて、それを修正するとか削除する。そういう形で、一見矛盾するような、あるいは、前法、後法の関係でどちらが適用になるかという議論を生まないような形で、法令の規定を整備している」[176]。法改正は溶け込み方式によると説明されている。

　b　学説

　このように一般的に溶け込み方式で法改正が行われているなかで、憲法改正のみ増補方式によることが、立法技術として妥当かという問題がある。

---

175) 一部改正の方式に、増補方式と溶け込み方式がある。増補方式では、改正法令の内容が既存の法令に追加されていく。溶け込み方式では、「〇〇法の一部を改正する法律」のように、既存の法令を改正する法令の改正部分は、改正後は元の法令に溶け込む。形としては改正された元の法令のみが残る。長谷川（2002: 71-72）。
176) 横畠裕介内閣法制局長官196回2018（平成30）年2月14日衆・予算11号19頁。改憲論に関する質疑がなされていたが、横畠は憲法論にふれず、立法の一般論を述べた。

その点から、実際に増補方式で改憲が行われることに、消極的、懐疑的な学説が多い。「憲法改正だけについてアメリカのアメンドメントの形をとることは適当でない。したがつて憲法改正についても、それはこの憲法の本文に組み入れられることになるであろう。」[177]その場合には、「この憲法と一体をなすものとして」という文言は、当然のことを注意的に規定していることになる。それに対して実際に増補方式で改憲が行われることを想定する学説[178]は少数である。増補方式の場合には、「この憲法と一体をなすものとして」というこの文言は、確かにアメリカ憲法のように積極的な意味を持つことになる。

　アメリカ憲法の改正が増補方式によることになったことには歴史的背景がある。制憲過程においてFederalistsは権利章典不要論、Anti-federalistsは必要論を唱えた。その妥協として、まず権利章典なしで憲法を制定し、制定後に第1回連邦議会で権利章典を憲法に修正条項として追加することになった[179]。アメリカ憲法以外に増補方式の改憲を行っている国として、台湾を挙げることができる[180]。改憲について「条文削除」方式＝溶け込み方式ではなく「条文凍結」方式＝増補方式が採られた理由は、国内の反対勢力が大きく存在していることが想像できるとするものがある。蒋介石は独裁の方向に向かって、李登輝は民主・法治の方向に向かって「臨時条項」によって既存の条文を凍結したとされる[181]。それ以外にアメリカ支

---

177) 法學協會（1954: 1451）。同旨、清宮（1979: 406）、佐藤功（1984: 1263）、樋口ほか（2004: 304）〔佐藤幸治〕。さらに佐藤功（1996: 586）は例として9条を挙げつつ、規定変更の形式がとられるべきであるとする。石川（1949: 84）は、仮に天皇制を廃止する場合、天皇制規定を削除せず廃止規定を置くのは、日本の立法形式にそぐわないとする。

178) 前述の江橋説が代表的である。樋口ほか（2004: 318）〔佐藤幸治〕は増補方式を「排除するものとはいえないが」としていたが、佐藤幸治（2011: 38）は「増補形式が最もふさわしい」とする。浦田賢治参考人151回2001（平成13）年5月23日参・憲法8号2頁は、江橋の「増補方式説をあるべき選択肢として重視しよう」と提言している。

179) 田中（1968: 127-133）。なお念のために言えば、アメリカでも法律など通常の法令は溶け込み方式によって改正されている。

180) 蔡（2007: 22）。江橋（2007a: 48）。

181) 清水秋雄（2004: 41-42）。

配下のフィリピン1935年憲法15条が援用され、「Amendments」や「as part of this Constitution」という文言が注目されている[182]。しかし実際に増補方式の改憲が想定、実施されたのか明らかではない。

溶け込み方式についてしばしば日本法の方式として説明されているが、アメリカ法を含めて諸外国でも法改正は原則として溶け込み方式によっていると思われる。増補方式は一般的には技術的に合理的ではなく、憲法に特殊な問題だと考えられる。したがって対比される外国法は、外国の憲法のことだと思われる[183]。憲法改正について増補方式が採られる場合、アメリカ憲法などにおけるように特別の理由があるようである。

c　自民党の想定する改憲方式

それでは自民党はどのような改憲方式を想定しているのであろうか。

その問題に関連して、自衛隊加憲論に関して前法・後法論による理解が少なからず見られる[184]。この場合には憲法に限らず法の一般論として論じられている。前法・後法論では、後から作られた法は、前に作られた法に優先するとされる。その意味では、前法・後法論は立法（改憲）論を論理形式として含んでいる。しかし、作られた法のあいだに矛盾があると見られる場合に、その矛盾を解決するための解釈論である。すなわち、立法論ではなく、解釈論である。

前法・後法論による自衛隊加憲論理解は改憲論自体を論じたものではなく、かりに自衛隊加憲が行われた場合の解釈論の可能性を指摘していると思われる。法令に矛盾が生じないように立法に努めたとしても、運用段階で矛盾が生じているように思われる場合、解釈によって対処する[185]。し

---

182) 江橋（2005: 45-50）。
183) 横畠は憲法論にふれなかったが、増補方式が憲法についてのみ問題になるのであれば、憲法に関する質疑に対して実質的には増補方式改憲消極論を示していることになるのであろうか。
184) 自衛隊加憲論の批判派に多いが、前述の2018年2月8日の高村正彦講演におけるように推進派にもある。そこでは、自衛隊加憲論は前法・後法論、すなわち後法は前法に優先するという解釈論を前提にしていると考えられている。9条1項、2項を維持したうえで、自衛隊を憲法に明記する。そのことによって、9条1項、2項の意味が限定され、自衛隊が憲法上に位置づけられると考えられている。

かし、矛盾を生じさせることを意図して行われる増補方式が、溶け込み方式による日本法の体系のなかで自民党によって想定されているであろうか。

自民党の自衛隊加憲論は、通説、実務が指摘する増補方式の問題を検討しないまま、増補方式を想定しているとは思われない。溶け込み方式における条項付加を想定しているのであろう[186]。改憲の方式は一般な方式の問題であり、条項によって増補方式を採ったり溶け込み方式を採ったりすることは許されない。2005年や2012年の改憲案を溶け込み方式で提示してきた自民党が、自衛隊加憲論を契機として全面的に増補方式の採用を提案しているとは考えられない。また、改憲4項目のうち加憲論が言われているのは、「自衛隊の明記」関係のみである。他の項目のうちとくに「合区解消・地方公共団体」関係で47、92条、「教育の充実」関係で89条について溶け込み方式が明示されている[187]。

自民党によって改憲の方式として増補方式は想定されていない。

(ⅱ) 自民党の自衛隊加憲論

以上は増補方式一般の問題であるが、自民党の自衛隊加憲論に特有の問題がある。

増補方式を採用した場合には、日本国憲法が存在する限り、9条1項、2項は永久に存続することになる。9条1項、2項を実質的に削除するためには、それを空文化する規定を増補することになるが、9条1項、2項は形式的に存在し続ける。これを自民党として受容していないであろう。

自民党の自衛隊加憲論が言っていることは、9条1項、2項と矛盾する規定を増補方式よって加憲するということではないのであろう。溶け込み方式による改憲のもとで[188]、解釈の問題が考えられている。自衛隊加憲

---

185) なお前述の横畠答弁によれば、「大変」、「一見」矛盾するようなことは、立法段階で技術的に避けられる。そうでない問題は解釈段階で「全体として合理的に解釈」すべきであり、前法・後法論によって機械的に解釈すべきではないとされているようである。しかし、「全体として合理的に解釈」するなかで、前法・後法論が使われることはあるように思われる。

186) ちなみに過去の9条改憲に関する加憲論を点検してみたが、公明党によるものを除いて、増補方式想定の可能性のあるものはないと思われる。

187) 自由民主党憲法改正推進本部（2018c: 5,6）。

案に関する改憲推進本部執行部の理解では、9条1項、2項と矛盾しない規定を加憲することによって、9条1項、2項の趣旨を明確化するということなのであろう。9条1項、2項と加憲部分が自衛力論・自国防衛論によって統一的に解釈すべきことが、加憲によって示されると考えられている。矛盾が生ずると考えられるのは、①9条に関して非軍事平和主義解釈、限定的個別的自衛権解釈などを前提にする場合、②または加憲部分について自衛戦力論などによって解釈される場合である。9条の文言や加憲規定の抽象性からこのような可能性が生ずる[189]。

　結論として自衛隊加憲論の改憲方式に関して公明党は増補方式を重視し、自民党は溶け込み方式を想定していると思われる。すでに見てきたような増補方式の問題からすると、改憲方式の解釈論の適否は別にして、事実上増補方式が採られる可能性はないであろう。公明党が「加憲」論として増補方式を重視しても、事実上その「加憲」論は改憲に関する政治姿勢の問題になり、改憲の方式としては溶け込み方式になっていくであろう。その政治姿勢の基礎にある日本国憲法観について、公明党は「優れた憲法」[190]、自民党案の推進者である安倍は「みっともない憲法」と述べている[191]。これらの点で自衛隊加憲論をめぐって自民党と公明党のあいだには一定の緊張関係があると思われる。政治はこのような問題を乗り越えるのであろうか[192]。

---

188) ちなみに「妨げない」との文言が加憲案のなかでたびたび問題になり、最終的な「代替案2」=「条文イメージ（たたき台素案）」にも入った。このような文言は増補方式では使われず、溶け込み方式のもとで規定間の論理的関係を整備するために使われる。
189) 前法・後法論はこのような前提のうえで解釈方法の一つとして考えられているのであろうか。
190) 2019年の参議院選挙公約（公明党（2019: 42））でも、「基本的な考え方」として「加憲」について説明するに当たって、まず「日本国憲法を高く評価しています」と述べている。
191) 朝日新聞デジタル2012年12月14日20時35分。
192) 自民党も2019年の参議院選挙公約（自由民主党（2019: 18））において、「国民主権、基本的人権の尊重、平和主義の3つの基本原理はしっかり堅持」して、改憲に取り組むとしている。形式的には自民党と公明党のあいだで憲法に関する基本姿勢に違いはないとも言い得る。

(2) 実現方法をめぐる政治的可能性
　i　必要最小限度規定の復活
　自民党改憲推進本部執行部としては、党大会を経た自衛隊加憲案、すなわち「代替案2」＝「条文イメージ（たたき台素案）」（2018年3月22-25日）は論理として自衛力論や必要最小限度性を前提にしているが、「自衛権」明記案と妥協し党大会を乗り切るために、条文上必要最小限度規定を削除したものである[193]。必要最小限度規定の削除は、実現可能性を重視した9条改憲論としての自衛隊加憲論の性格に反する。自衛戦力論として解釈され得る条文案は、その分実現可能性が小さくなる[194]。したがってこの削除作業を通して、必要最小限度規定を条文案に復活させる課題が出された可能性がある。

　この必要最小限度規定復活の仕事は自民党内で行うことはできないと、思われてきたようである。党内で行えば、紛争が再燃するからである。その役割を果たすのは、公明党以外にないであろう。自衛隊加憲論は元々公明党から検討項目として出てきたものであり、公明党がこれを受け入れる可能性はある。少なくとも安倍・自民党はそう判断している。公明党と平和主義的傾向の強い創価学会の関係を含む政治状況のなかで、公明党は自衛隊加憲論に慎重姿勢を採らざるを得ない[195]。公明党が必要最小限度規定を復活させれば、自衛隊加憲論に歯止めをかけたという名目が立ち、自衛隊加憲論に賛成する可能性が生まれる。自衛隊加憲案から必要最小限度規定を削除したことは、このようなルートを用意するという政治的意味も持った可能性がある。必要最小限度規定の削除は党内事情から行われたが、党外事情も考慮されている。

　政治状況のなかで必要最小限度規定の復活が困難になることもあろう。

---

193) 朝日新聞2018年3月23日の社説は、必要最小限度の実力組織の削除は党大会までに党内の反対論を封じ込めるための対症療法にすぎないとしている。これはやや言い過ぎであり、一旦作られた条文案は相当の意味を持とう。
194) 渡辺（2018: 255）は、「大会案がそのまま、公明党や維新の会との協議を経て、改憲原案になる可能性は薄い」とする。
195) しかし公明党の政治的立ち位置が、「加憲」論や集団的自衛権容認論を含めて、左右に揺れ動いてきた点について、朝日新聞2019年6月13日。

その場合にはそのままでは自衛隊加憲論は進まない可能性が大きくなり、安倍・自民党にとってはその打開策を考えなければならなくなるであろう。

　ⅱ　第3の複数段階改憲構想と9条改憲先送り論

　9条2項削除改憲論を先導する石破茂は、理念としてそれを掲げ続けつつ、事実上9条改憲を先送りにする考えを早くから表明していた。管見の限りでは、その時期は3月25日の党大会から間もない4月上旬である。多くの理解と納得なく改憲を拙速に行うべきではないとして、9条改憲よりも優先課題があると2018年4月6日の講演のなかで述べた[196]。改憲推進本部、党大会で敗れた石破としては、あり得る当然の対応であろう。

　9条改憲を先送りにする考えは、総裁選のなかで明確に示された。8月10日総裁選出馬の記者会見において「信頼回復100日プラン」を示し、改憲問題はその最後に取り上げた。改憲問題のなかで「優先順位」を定めるべきだとして、合区解消と緊急事態条項を挙げた。そのうえで、「憲法9条については国民の深い理解が必要であり、必要なものを急ぐ」とした[197]。総裁選のなかで石破によって繰り返し述べられた「国民の深い理解」は、安倍政治に対抗しつつ、9条改憲を先送りにするキーワードである[198]。2項削除改憲論は自衛力論解釈より国民に理解されると言いつつ、事実上当面実現困難であることを石破は認めているのであろう。

　この石破の考えは、他の条項の改憲から9条改憲に向かうオーソドックスな複数段階改憲構想である。しかし、9条改憲論のなかで自衛隊加憲から2項削除改憲を目指す新しい複数段階改憲構想を経験し、それに対抗している。さらに前述のように、石破が改憲推進本部に提出した「『陸海空自衛隊』の保持案」自体も、「陸海空自衛隊」から「国防軍」への9条複数段階改憲構想を含んでいるであろう。

　9条改憲論における自衛隊加憲論と2項削除改憲論の対抗を通して、その選択を先送りにした複数段階改憲構想の可能性が生まれているのであろ

196）朝日新聞2018年4月7日。自民党総裁選に向け、岸田文雄が総裁選に立候補しない場合の支援に期待を寄せたものとされる。
197）石破（2018b：3）。
198）多くの政党の賛成が必要だとも指摘する（沖縄タイムス2018年8月28日）。

うか。安倍にとって、実現性重視の9条改憲論としての自衛隊加憲論の延長線上に、実現性重視の改憲論として他の条項の改憲→自衛隊加憲→2項削除改憲の複数段階改憲構想が可能であろうか[199]。他の条項の改憲→2項削除改憲のオーソドックスな複数段階改憲構想、自衛隊加憲→2項削除改憲の新しい複数段階改憲構想に対して、第3の複数段階改憲構想と言うことができる。これは論理的にはあり得ても、安倍のリーダシップなどをめぐる大きな政治的困難を伴う。しかしこれのほうが自民党内の事情を超えて、与党と多数の野党が賛同する可能性がある。この問題に関する2018年9月の自民党総裁選のあとの動きについて、3章で検討する。

おわりに

　自民党内の9条改憲条文案は、3つに分かれた。①9条2項維持で自衛力論の「自衛隊」明記案、②9条2項維持で自衛戦力論の「自衛権」明記案、③自衛戦力論の9条2項削除案である。①の「自衛隊」明記案が自民党改憲推進本部執行部の本命案であり、安倍の案と考えられる。本書では、「『自衛隊』明記案」（本案）（2018年3月15日）と表記している。執行部が出した①に対する代替案は、論理的には自衛力論や必要最小限度性を前提にしているとされる。しかし、②の「自衛権」明記案を取り込むことによって党大会を乗り切り党内合意の形式を作るために、「必要最小限度」規定を条文から削除した。代替案のうち「代替案2」＝「条文イメージ（たたき台素案）」（2018年3月22-25日）は、「必要な自衛の措置」を規定している。自民党の一応の案とされ、修正を予定した「条文イメージ（たたき台素案）」とされている。

　全体を内容的に見ると、「2006年の公明党検討項目」→2017年5月3日の安倍晋三発言→（2017年6月案）→「『自衛隊』明記案」（本案）（2018年3月15日）→「代替案2」＝「条文イメージ（たたき台素案）」（2018年3月

---

[199] 公明党をフォローしてきた中野潤による中野（2018: 107）は、安倍が公明党の改憲抵抗を封ずるために、自衛隊加憲案にかかわらず、緊急事態条項の創設などで改憲に第一歩を踏み出す方針に転換するか否かが、今後の焦点だとする。

22-25日）の流れがあるように思われる。

　改憲方式としては、公明党の加憲論・自衛隊加憲論は基本的に増補方式を重視しているが、自民党の自衛隊加憲論は溶け込み方式における条項付加を前提にしていると考えられる。現実には溶け込み方式に落ち着くことになると思われる。また実現可能性を重視した9条改憲論としての自衛隊加憲論を追求する自民党改憲推進本部執行部にとっては、2018年3月自衛隊加憲案の条文に「必要最小限度」規定を復活させる課題が出されていることになろう。さらに9条改憲論における自衛隊加憲論と2項削除改憲論の選択を先送りにした、複数段階改憲構想の可能性が生まれているのであろうか。

第2章

自衛隊加憲論の展開と自衛隊の指揮監督

はじめに

　自衛隊加憲論の展開とくに自民党自衛隊加憲案の形成において、自衛隊の任務のもとで自衛隊の活動と組織のありかたが問題になってきた。そのうち1章で活動のありかたに焦点を当てたので、本章では組織のありかたを見ていきたい。一般的に議論が任務・活動論に集中し組織論において少ないが、組織論にも重要な問題が含まれている。

　組織論として指揮権を中心にして考察したい。指揮権は軍事に関する組織論の核になる。指揮権の問題は明治憲法下では天皇大権（11条）の問題であった。日本国憲法下で再軍備が進められるなかで、自衛隊の指揮権は文民統制の中心的な問題として位置づけられてきた[1]。自衛隊加憲論において組織論として指揮権規定は不可欠である。規定の文言を重視しつつ、検討していきたい。1章で検討してきたように、自民党の自衛隊加憲案として実質的に重要なのは「『自衛隊』明記案」（本案）（2018年3月15日）、形式的に自民党案とされているのは「代替案2」＝「条文イメージ（たたき台素案）」（2018年3月22-25日）である。序章で示したこの二つの案では、任務規定に違いはあるが組織規定は変わらない。以下のようになっている。

　「9条の2　……法律の定めるところにより、内閣の首長たる内閣総理大臣を最高の指揮監督者とする自衛隊を保持する。

　②　自衛隊の行動は、法律の定めるところにより、国会の承認その他の統制に服する。」

　そこにおける自衛隊の指揮は「指揮監督」と規定され、この「指揮監督」規定は自衛隊法7条[2]を元にして一定の変更を加えている。そこで、「1　自衛隊の指揮監督規定＝自衛隊法7条の形成と解釈」と「2　自衛

---

[1] 文民統制の問題は軍事力の統制、軍事力の合理化、軍事大国主義のイデオロギーなど多様な意味で重要であると考えている（浦田（2008: 60-61））が、本稿では独自の検討対象としていない。文民統制の中心となる指揮権に焦点を当て、自衛隊加憲案の文民統制規定を可能な限り紹介するように心がけた。

[2] 「内閣総理大臣は、内閣を代表して自衛隊の最高の指揮監督権を有する。」

隊加憲論における指揮監督規定」の柱を立てて考えていくこととする。

1 自衛隊の指揮監督規定＝自衛隊法7条の形成と解釈

(1) 統帥権独立の否定——自衛隊の指揮監督規定の前提
　ⅰ　統帥権の独立
　前提として戦前の統帥権の独立にふれておく必要がある。軍隊の最高指揮権という一般的な問題は、明治憲法下では「統帥権」と呼ばれていた。明治憲法11条では、「天皇ハ陸海軍ヲ統帥ス」とされている。防衛白書でも「旧憲法下いわゆる統帥権（軍隊の最高指揮権）」[3]と言われている。そこで、軍隊でないとされる自衛隊についても、自衛隊の最高指揮監督権と明治憲法下の統帥権の関係が問題になってきた。防衛二法案に関する衆議院内閣委員会における審査の経過・結果の報告のなかで、次のように言われた。「自衛隊法案は、……内閣総理大臣が内閣を代表して自衛隊の最高の指揮監督権を有することを定めておりますが、その権限において統帥権を思わせるものがあります。」[4]軍事組織の最高指揮権という一般論について、明治憲法では統帥権、自衛隊法では最高指揮監督権が論じられてきた。
　明治憲法のもとで、軍の作戦・用兵に関する軍令事項と、軍の編制・管理などの軍事行政に関する軍政事項が区別されていた。軍政事項は天皇の陸海軍編制大権（明治憲法12条）の対象とされ、国務大臣の輔弼がなされ（同55条）、内閣の責任のもとに置かれていた。それに対して、軍令事項は天皇の統帥大権（同11条）の対象とされ、国務大臣ではなく軍事機関（陸軍参謀総長・海軍軍令部総長）の輔弼がなされ、内閣の責任の外に置かれていた。このような実務が統帥権の独立と呼ばれた。
　ⅱ　政府の説明
　統帥権の独立について、日本国憲法下の政府見解ではどのように説明されてきたであろうか。統帥権と権力分立の関係に関して、次のような説明

---

3) 『防衛白書・昭和54年版』(1979) 65頁。
4) 稲村順三内閣委員長19回1954（昭和29）年5月7日衆・本45号19頁。

がなされてきた。「統帥権が旧憲法に認められました結果、政府のほかに、或いは政府と対立する一つの権力がありましたために、あのような軍部の横暴を生じたのでありまする」[5]。「昔の明治憲法時代における統帥権というのは、実は三権分立よりもむしろ四権分立と申し上げた方がいいような特殊性を持つておつて、議会も内閣も、それについては干渉できない特殊の一種の権力であつたと思います」[6]。「旧憲法下において、わが国は苦い経験を味わった。いわゆる統帥権が一般的な行政権から独立し、軍事に関する事項について政治の統制の及び得ない範囲が広く、軍事は国政に不当な影響を与えた。」[7]

このような統帥権の独立について、その超憲法的な性格も指摘された。「旧憲法時代においては一応三権分立の形はとつておりますけれども、……統帥権の独立という形は非常にむしろ超憲法的な形で出て参りまし」た[8]。

それでも統帥権の法的性格は広い意味で行政権だとされている。「昔の憲法におきましても、学者が教科書においては、統帥権といえども行政権の分類の中には入れておりました」[9]。「旧憲法時代にすらも憲法の教科書を見ますと四権分立と書いた本はございません。やはり三権分立と御説明になつておる。……なお大きく見ますればやはり行政権の中に旧憲法時代にも入つていた」[10]。この統帥権＝行政権論は、自衛隊の指揮監督権を含む防衛＝行政論との関係で言われている。防衛＝行政論については後述する。

　iii　統帥権の独立と日本国憲法

このような統帥権の独立は日本国憲法のもとでは認められないとする政府答弁が、自衛隊設置の動きのなかで繰り返しなされた。「旧憲法におけ

---

5) 緒方竹虎国務大臣19回1954（昭和29）年3月18日参・本20号17頁。
6) 佐藤達夫法制局長官19回1954（昭和29）年3月25日衆・外務25号3頁。
7) 『防衛白書・昭和51年版』（1976）48頁。
8) 佐藤達夫19回1954（昭和29）年5月20日参・内閣39号7頁。
9) 佐藤達夫19回1954（昭和29）年5月21日参・内閣40号5頁。
10) 佐藤達夫19回1954（昭和29）年5月31日参・内閣48号31頁。

るような独立した統帥権というような考えは持つておりません。」[11]それは、三権分立論から憲法上許されないとされている。「およそ部隊というものがあります場合に、それを指図する即ち指揮をする権能があることは当然でございますが、これを三権分立の分類から分けて参りますと、申し上げるまでもなく立法権ではない、司法権ではない、これは行政権であります。そういう意味で現行憲法の下においてはどうしても行政権の最高責任者である総理大臣に持つて行かなければならん」。「統帥権の独立という形」を持った「旧憲法時代の統帥権的なものは今日の憲法においては許され得ない」[12]。

その趣旨はその後も確認されている。「かつての統帥権の独立の名のもとにおいて、その軍の行動というものが政治的なシビリアンコントロールに服していなかったような、そういうことに対する強い反省というものが、憲法なりあるいは自衛隊法の考え方の根底にある」[13]。

統帥権独立の否定が自衛隊の指揮監督規定の前提とされてきた。

(2) 自衛隊法7条の形成
 i 自衛隊の指揮監督規定の前史──警察予備隊、保安隊、改進党

自衛隊の指揮監督を中心とした防衛は、政府によってどのように説明されてきたのであろうか。憲法72条において、「内閣総理大臣は、内閣を代表して……行政各部を指揮監督する」とされている。そのもとで自衛隊法7条では、「内閣総理大臣は、内閣を代表して自衛隊の最高の指揮監督権を有する」とされている。8条の防衛庁長官・防衛大臣の指揮監督権も7条と関わって重要であるが、自衛隊加憲案規定を中心的に検討する本稿では、この問題は関連してふれるにとどめたい。この7条の形成過程を見ていくこととする。指揮監督権の前提となる任務規定や、指揮監督権と関わる代表的な文民統制規定などにも、必要な限りでふれておく。

---

11) 吉田茂内閣総理大臣19回1954（昭和29）年1月28日参・本5号4頁。
12) 佐藤達夫19回1954（昭和29）年5月20日参・内閣39号7頁。
13) 角田禮次郎内閣法制局長官96回1982（昭和57）年3月12日参・予算6号16頁。

(i) 警察予備隊、保安隊の指揮監督規定

その前提を簡単に確認すると、警察予備隊（1950-52年）の任務は法的建前としては警察とされていた[14]。警察予備隊令[15] 1条で目的に関して次のように規定されている。「この政令は、わが国の平和と秩序を維持し、公共の福祉を保障するのに必要な限度内で、国家地方警察及び自治体警察の警察力を補うため警察予備隊を設け、その組織等に関し規定することを目的とする。」任務について3条1項で次のように言われている。「警察予備隊は、治安維持のため特別の必要がある場合において、内閣総理大臣の命を受け行動するものとする。」指揮権に関する規定として、7条4項が置かれている。

「長官は、内閣総理大臣の指揮監督を受け、警察予備隊の長として隊務を統轄する。」

このように警察予備隊では長官の権限が規定され、そのなかに内閣総理大臣の長官に対する指揮監督権が示され、内閣総理大臣の警察予備隊に対する指揮権規定は独立して置かれていない。出動時における国会の承認などの文民統制規定はない[16]。

保安隊と警備隊の任務に関して保安庁法[17] 4条は次のように規定している。「保安庁は、わが国の平和と秩序を維持し、人命及び財産を保護するため、特別の必要がある場合において行動する部隊を管理し、運営し、及びこれに関する事務を行い、あわせて海上における警備救難の事務を行うことを任務とする。」このように、保安隊・警備隊の任務も法的には警

---

14) 警察予備隊の性格について、浦田（2012: 226-228）。
15) 大嶽（1991: 446-447）。
16) 古関彰一によれば、日本の軍事組織の指揮権を実質的にアメリカ側が持つことについて、アメリカは1950年から構想していたことが確認できる（古関（2002: 145））。保安隊の発足（1952年10月15日）を目前にした1952年7月23日、クラーク米極東軍司令官、マーフィー駐日米大使、吉田茂首相、岡崎勝男外相の会合で有事の指揮権に関してなされた合意について、クラークが統合参謀本部に宛てた1952年7月26日付けのメッセージで次のように示されていた。「吉田氏は即座に有事の際に単一の司令部は不可欠であり、現状の下では、その司令官は合衆国によって任命されるべきである、ということに同意した。」（古関（2002: 148））
17) 大嶽（1992: 391-407）。

察と説明されている[18]。指揮権に関係する規定は、同法3条2項本文である。

「保安庁長官は、内閣総理大臣の指揮監督を受け、庁務を統括し、所部の職員を任免し、且つ、その服務についてこれを統督する。」[19]

保安庁法でも内閣総理大臣と長官の関係が警察予備隊令と同様に規定され、内閣総理大臣の保安隊・警備隊に対する指揮権規定はない[20]。その内閣総理大臣の警察予備隊・保安庁長官に対する指揮は、「指揮監督」と規定されている。「指揮監督」は通常の行政組織に関する言葉であり、憲法72条でも「行政各部を指揮監督する」と規定されている。警察予備隊と保安庁の任務が警察とされていることが、「指揮監督」という文言の前提になっているのであろう。

文民統制規定として、命令出動における内閣総理大臣の命令と国会の承認に関する61条などの規定が設けられている。

(ii) 改進党の動き――内閣の「統帥権」

正式に対外的実力を保持しようとする動きのなかで、改進党が最も積極的であった。保守合同の動きが本格化するまえに、1953年2月9日改進党は第4回党大会において「国家自衛に関する態度」を決定した。その「民主的自衛軍の創設」、「一、建軍の精神」において自衛軍の任務に関わって次のように述べられている。

「民主主義的国民協同体を自ら防衛し、もって完全独立を回復し、かつこれを確保するとともに世界の平和と秩序維持に貢献する。」

「三、編成、運用」で指揮権と運用について次のように規定されている。

---

18) 保安隊を憲法的に正当化する近代戦争遂行能力論は、1953年6月頃まで対内的実力(警察力)に関するものであり、事実上対外的実力(防衛力)に関するものに意味が変化したのは7月頃以降である(浦田(2012: 228-304とくに273-280))。

19) 保安庁保安局(1953: 6-7)において長官の権限について解説されているが、そこでは内閣総理大臣の権限に関する解説はない。保安庁保安局(1953: 53-54)において、内閣総理大臣の指揮監督権と出動命令権(61条)の関係に関して解説がなされている。

20) その点を指摘するものとして、加藤(1979: 101-102)。それに対して自衛隊については、自衛隊法によって7条で内閣総理大臣の指揮監督権、8条で防衛庁長官(防衛大臣)の隊務統轄権が分けて規定されている。

「(一) 統帥権は内閣に置き、文民優位の原則を確立する。」
「(二) 運用については、国会の監督を受くるものとする。」[21]
　指揮権は明治憲法11条と同様に「統帥権」と表現され、内閣総理大臣ではなく内閣に置かれている。「統帥権」の対象は「自衛軍」になると思われるが、それ以上の具体的な規定はない。国会に運用監督権が与えられている。

　「国家自衛に関する態度」の趣旨に沿って、改進党内に「防衛特別委員会」が設けられた。そのもとに置かれた「『防衛と法律問題』に関する小委員会」は、1953年9月4日次の2方針を決定した。
　「一、現行憲法には軍備に関する規定がないため、教育基本法の構想を採用し、創設される自衛軍の精神、任務、制限等を定めるため国家防衛に関する基本法を制定する。」
　「二、現行の保安庁法はその名称にかかわらず、その殆どが部隊に関する実体規定であるから、これを二分して一つは防衛に関する独立官庁の設置法と他は自衛軍に関する組織法の二法として改正する。」
　第1の「基本法」は党として起草し、第2の「二法」の起草は政府に任せることとされた。保安庁法が防衛庁設置法と自衛隊法に二分された萌芽は、この方針第2にあったとされる[22]。
　ⅱ　自衛隊の指揮監督規定論の本格化
　　──1953年9月27日吉田・重光会談以降
　(ⅰ)　吉田・重光会談と3党
　1953年9月27日吉田茂自由党総裁と重光葵改進党総裁が会談した。吉田・重光会談の結果、保安庁法を改正し、保安隊を「自衛隊」に改め、直接侵略に対抗できるものとすることで了解が成立した[23]。「自衛隊」という名称の公表はこれが初めてであろうか。この会談が自衛隊設置の動きを本格化させる画期となった。自由党、改進党、日本自由党の3党間におい

---

21) 宮本（1962: 231-232）、宮崎（1977a: 98-99）。宮本と宮崎のあいだで引用文に小さな違いがあるが、そのような場合には元になったと思われる宮本によった。
22) 宮本（1962: 234）、宮崎（1977a: 99）。
23) 朝日新聞1953年9月27日夕刊。

て、防衛問題に関する折衝が開始されることになった。

　　a　改進党「自衛軍基本法要綱草案」

　改進党の前述の小委員会は方針の第1に基づき、1953年10月9日「自衛軍基本法要綱草案」を決定、発表した。そこでは指揮権に関わって以下のような規定が置かれている。

「第一条　自衛軍の任務

　自衛軍はわが国の平和と民主主義を守り国の安全を保つために、（専ら）直接及び間接の侵略に対し、わが国土を防衛することをもつてその任務とする。」

「第四条　自衛軍の組織

　自衛軍の組織及び編成はわが国力に相応する限度内において国会の定むるところによる。」

「第六条　自衛軍の統率

　自衛軍は国防会議の補佐により内閣総理大臣これを統率する。……」

「第七条　自衛軍の運用

　自衛軍の出動には国会の議決を必要とする。……」[24]

　組織名は「自衛軍」とされ、「侵略」に対して「国土を防衛」することが任務とされている。指揮権は「統率」権と表現され、内閣総理大臣に与えられている。この内閣総理大臣の権限について、自衛隊法7条における「内閣を代表して」の文言はない[25]。「統率」は一般用語としてリーダーシップを意味するが、軍事的には統帥と同義とされることがある[26]。

　保安庁法3条2項本文では内閣総理大臣の指揮監督は保安庁長官に対するものであるが、本「草案」の「統率」は自衛軍に対するものである[27]。国防会議も重要であるが、本稿ではこの問題を扱わないこととしたい。国

---

[24]　大嶽（1993: 527-528）。1条の「専ら」は宮本（1962: 235）、宮崎（1977a: 100）にない。4、6、7条における「自衛隊」は「自衛軍」の誤りと思われるので、訂正した。

[25]　「内閣を代表して」ではない内閣総理大臣の権限を構想していたかどうかは明らかではない。この点をめぐる論議について、安田（2004: 127-129）。

[26]　眞邉（2000: 331-332）。

[27]　荒邦（2017: 420）は、この「統率」規定を自衛隊法7条の原型と見ている。

会は編成権と出動議決権を有する。この構想が防衛二法の基本原則の淵源となったとされる[28]。

　b　改進党の方針

3党防衛折衝の開始に先立ち、1953年11月24日改進党の防衛特別委員会は全体会議を開催した。小委員会が決定した「自衛軍基本法要綱」と、「自衛のための軍備を保持することは合憲であること」を承認した。そのうえで、3党防衛折衝に関して改進党は次の3点を方針とした。

「1．保安庁法の改正に当っては、自衛隊は、外国の直接および間接侵略に対する防衛を主任務とする軍隊たることを基調として国防全般の構想を明かにし、必要な法規の制定を図ること。

2．保安庁および保安庁法の名称は適切なものに変更し、保安庁はその重大性にかんがみ、新に設置法を設け独立した機関とすること。

3．自衛隊に関する組織法には自衛軍基本法要綱の趣旨を入れること。」[29]

そこでは、任務に関して、「侵略に対する防衛を主任務とする軍隊」と規定されている。「主任務」とされているのは、保安庁法における警察任務を前提にしているためと思われる。「新たに設置法を設け独立した機関とすること」とされ、実質的に新法の制定が考えられている。

(ⅱ)　保安庁内の検討——時期尚早論

他方で、1953年夏頃から保安庁内においても保安庁法の改正検討が着手され、進められた。加藤陽三「日記」によれば、1953年10月6日に加藤が「保安庁法改正についてその主任を委嘱された。」10日に「長官を中心に、保安庁法改正の問題点について論議した」とされ、それ以降頻繁に検討が進められている様子がわかる[30]。

宮崎によれば、1953年11月保安庁第一幕僚監部は「保安庁法改正意見要綱」[31]を保安庁内局に提案した。そこでは、「国外からの侵略に対し防衛

---

28) 宮崎 (1977a: 100)。
29) 宮本 (1962: 250)、宮崎 (1977a: 101)。両者の小さな違いについては、ここでも宮本によった。
30) 大嶽 (1993: 564以下)。

することを任務に付加すること」とされている。「付加」とされているのは、全体として「保安庁法改正」を基本方針として、任務についても警察に「防衛」を加えるということである。防衛は主任務とはされていない。

保安庁内局は、改進党の「自衛軍基本法要綱」、第一幕僚監部の「保安庁法改正意見要綱」等について検討したうえで結論に達した。そのなかに次のような指揮権に関するものがある。

「(1) 内閣総理大臣を自衛隊の長すなわち総指揮官として自衛隊を統率するという考えは時期尚早である。」

「(6) 編成の大綱を法律に規定すべしという意見に対しては、事態に即応し適切な編成を要し、かつ国民の権利義務に直接関係のあることでないので、現行通り政令事項としたい。」[32]

前述のように保安庁法では長官の権限規定のなかに内閣総理大臣の長官に対する指揮監督権が規定されていたが、内閣総理大臣が自衛隊の「総指揮官」として自衛隊に対して「統率」する考えは時期尚早とされている。規定することは避けられている。また国会の「編成」権は「大綱」についても認められていない。

この結論に基づき、内局は「保安庁法の一部を改正する法律案要綱（案）」(1953年11月16日)[33]を作成し、庁内において審議を行った。この要綱（案）は消極的な一部改正案である。次のような規定が注目される。

「(2) 保安庁の任務に、海外からの武力攻撃に対してわが国を防衛することを付加すること。

(3) 国外からの武力攻撃に際し、またはそのおそれある場合に際し、わが国の安全を維持するため内閣総理大臣は自衛隊の全部または一部に出動を命ずることができること。出動を命じた場合は国会の承認を求める措置を講ずること。」

内閣総理大臣の出動命令権と国会の承認権が具体化されている。

---

31) 宮崎（1977a: 101-102）。
32) 宮崎（1977a: 102）。
33) 宮崎（1977a: 102-103）。

(ⅲ)　3党の改正要点——内閣総理大臣の指揮監督

　1953年9月27日の吉田・重光会談の申し合わせに基づき、自由党、改進党、日本自由党が3党委員会を設置し、12月5日から19回にわたって防衛折衝を進めた[34]。

　1953年12月16日3党は20項目の改正要点[35]を保安庁に提示し、保安庁法改正要綱の作成を求めた。その改正要点のなかに次のような項目が見られる。

　「(1)　自衛隊はわが国の平和と独立を守り、国の安全を保つため直接および間接侵略に対して国土防衛に当たることを任務とすること。」

　「(4)　保安庁の組織と自衛隊の組織を分離する法を設けるか否かは具体的に規定を立案しつつ研究決定すること。

　(5)　保安庁を独立省とするか否かは同前のこと。

　(6)　自衛隊は国防会議の補佐により内閣を代表する内閣総理大臣が指揮監督すること。

　(7)　自衛隊の組織、編成の大綱は法律で規定すること。」

　「(13)　防衛出動には国会の承認を要すること。ただし、緊急やむを得ざるときは国会の事後承認とすること。」

　この改正要点(1)における自衛隊の任務規定は、1954年に成立した自衛隊法[36]3条1項[37]前半の主任務規定とほぼ同様である。系譜関係があるように思われる。保安庁と自衛隊の組織を分離し[38](4)、また独立の省を設ける構想の可能性(5)があったことも注目される。

　自衛隊に対する指揮権が内閣総理大臣に与えられ、それについて「指揮監督」という言葉が使われている(6)。「指揮監督」という言葉は警察予備

---

34)　宮崎（1977a: 101）。
35)　宮崎（1977a: 103-104）。
36)　大嶽（1993: 588-616）。
37)　「自衛隊は、わが国の平和と独立を守り、国の安全を保つため、直接侵略及び間接侵略に対しわが国を防衛することを主たる任務とし、必要に応じ、公共の秩序の維持に当たるものとする。」
38)　完成した防衛二法の体制のもとでは防衛庁・防衛省と自衛隊は分離されず、同一の組織を別の面からとらえたものとされている。のちに検討する。

隊令7条4項、保安庁法3条2項本文と同様であり、1953年2月9日の改進党「国家自衛に関する態度」における「統帥」や同年1953年10月9日の同党「自衛軍基本法要綱草案」6条の「統率」は使われていない。この改正点において自衛隊の任務は明確に防衛とされているにもかかわらず、警察の任務を有するとされる警察予備隊や保安隊・警備隊と同様に「指揮監督」という文言が使用されている。防衛を任務とする組織に行政用語としての「指揮監督」という文言を使うやりかたは、完成した自衛隊法7条に取り入れられていく。したがって当然のことながら、この「指揮監督」は実質的には軍事的指揮と行政的な指揮監督の両者を含む。

　内閣総理大臣の資格は「内閣を代表する」とされており、完成した自衛隊法7条と同様である。「内閣を代表する」という規定は、この改正要点が初出のように思われる。

　「自衛隊の組織、編成の大綱」は法律事項とされている(7)。防衛出動時の国会承認について、緊急時の「事後承認」が規定されている (13)[39]。

　(iv)　保安庁「保安庁法改正要綱案」

　3党の求めに応じて、1953年12月25日保安庁は「保安庁法改正要綱案」[40]を作成した。そのなかに以下のような規定がある。

　「一、保安庁は、わが国の平和と独立を守り、国の安全を保つため、直接および間接の侵略に対しわが国を防衛するとともに、公共の秩序を維持し、人命および財産を保護するため特別の必要がある場合において行動する部隊を管理し、運営し、およびこれに関する事務を行い、あわせて海上における警備救難の事務を行うことを任務とする。」

　「四、保安庁長官は、内閣総理大臣の指揮監督を受け、庁務を統括し、所部の職員を任免し、かつ、その服務についてこれを統督すること。」

　一二、（イ）に内閣総理大臣の出動命令、国会の承認、緊急時の事後承認に関する規定が置かれている。

---

39) 本稿で引用を省略した改正要点(10)では、幹部職員任用資格の制限が緩和され、文官優位の原則を揺るがすものとして、内局関係者に衝撃を与えた（宮崎（1977a: 104））。

40) 朝日新聞1953年12月26日。大嶽（1993: 534-537）。

「一」の任務規定は、保安庁法 4 条の任務規定を元にして、防衛任務を書き加えている。すなわち、保安庁法 4 条における「わが国の平和と」と「秩序を維持し」のあいだに、「独立を守り、国の安全を保つため、直接および間接の侵略に対しわが国を防衛するとともに、公共の」を挿入している。防衛が警察のまえに置かれているが、両者は同等の任務とされている[41]。「四」の指揮権規定は、保安庁法 3 条 2 項本文と完全に同文である。結局内閣総理大臣の自衛隊に対する指揮権は規定されていない。

　保安庁は防衛を主任務とすることにも、指揮権規定を置くことにも消極的であった。それに対して1953年12月16日の 3 党20項目改正要点は、自衛隊法 3 条 1 項前半とほぼ同様の文言で防衛を任務としていた。また指揮権に関して「指揮監督」の行政用語を使用し、主体を内閣総理大臣とし、その資格について「内閣を代表とする」としていた。

　iii　自衛隊の指揮監督規定案の成立
　　　──1953年12月30日衆議院法制局「要綱」
（ｉ）「保安庁法改正案要綱」・「自衛隊部隊組織法案要綱」
　　a　経緯
　上記1953年12月25日保安庁「要綱案」は 3 党の改正要点を十分に盛り込んでいないとして、 3 党は衆議院法制局に要綱の作成を委嘱した。30日衆議院法制局は「保安庁法改正案要綱」と「自衛隊部隊組織法案要綱」を作成した。議員の要望に基づいて、職務上忠実に要綱を作成した[42]。後述するように、その「要綱」のなかに自衛隊法 7 条になる規定が登場する。保安庁が「保安庁法改正要綱案」を作成したのが1953年12月25日、衆議院法制局がこの二つの「要綱」を作成したのが同30日である。この 5 日間に衆議院法制局がどのように作業を進めたかは一般的には明らかではない。

　　b　『西沢哲四郎文書』
　（a）「保安庁法改正に関する要点（その一）（二八、一二、二五）」
　しかし西沢哲四郎衆議院法制局長が遺した文書[43]がある。その中に

41）完成した自衛隊法 3 条 1 項後半における警察任務は、保安庁法 4 条から来ているのであろう。
42）荒邦（2017: 418）。

「保安庁法改正に関する要点（その一）（二八、一二、二五）」がある。それは、基本的に1953年12月16日に３党が保安庁に提示した20項目の改正要点である。この文書の日付は、保安庁が「保安庁法改正要綱案」を作成した日に当たる。書きかたからすれば文書の作成時の形式に見えるが、この日に衆議院法制局が受け取ったのであろうか。宮崎から引用した前述の改正要点とこの文書のあいだには、表現上、内容上の一定の相違が見られる。取り上げた項目のなかでは、(6)の自衛隊の指揮権に関して前述の改正要点で「内閣を代表する」が、この文書では「内閣を代表して」になっている。後者が自衛隊法７条に入る。(13)の緊急時の国会の事後承認に関して前述の改正要点には「やむを得ざるときは」が入っているが、この文書にはない。

　また、この文書には手書きの書き込みがある。西沢によるものと見てよいであろうか。(6)の自衛隊の指揮権に関して「国防会議の補佐により」の横に、「特定の意義なし」と書かれている。「内閣を代表して内閣総理大臣が指揮監督すること」の横に、「首相が最高統率権を有する」と書かれている。そこでは「指揮」が消されて、「統率」に書き直されている。この書き込みがこの文書にある1953年12月25日以降になされたのだとして、「最高」という文言が使われていることが注目される。「最高」の意味が何かは重要な問題になるが、後述する。

　(b)　「保安庁法改正案要綱」、「自衛隊部隊組織法案要綱」

　1953年12月30日に衆議院法制局が３党に提出した「保安庁法改正案要綱」と「自衛隊部隊組織法案要綱」は、両方とも『西沢哲四郎文書』に入っている。このうち、後者は部隊の編成と機関の組織の大綱を規定したものであり[44]、本書にとって重要なのは前者である[45]。内閣総理大臣の指揮監督権に関する規定は前者にあり、後者にはない。㊙の印が押され、「昭和二八、一二、三〇」の日付が入っている。そのなかから関係項目を

---

43) 西沢（1953）。この文書と後述の『佐藤達夫関係文書』に対する注意喚起は荒邦（2017: 421）による。
44) 宮崎（1977a: 104）。
45) 宮崎（1977a: 104-105）は、要約的に６点の重要項目を指摘している。

引用する。

「一　保安庁の任務

(1)　保安庁は、わが国の独立と平和を守り、国の安全を保つため、直接侵略及び間接侵略に対し行動する自衛隊を管理し、運営し、及びこれに関する事務を行い、わが国土を防衛することを主たる任務とすること。(法四、六)」

「五　外局としての保安庁

(9)　総理府の外局として、保安庁を置くこと。(法二)

六　指揮監督

(10)　内閣総理大臣は、内閣を代表して自衛隊の最高の指揮監督権を有すること。

(別案)

内閣総理大臣は、内閣を代表して自衛隊を統率すること。」

「十三　防衛出動」に内閣総理大臣の出動命令権と国会の承認権が規定されている。

「一(1)」において、保安庁の主任務が警察ではなく、防衛であることが明示されている。「五(9)」の保安庁の組織上の位置は指揮監督権に関係するが、後述する。「六(10)」の指揮監督の本案は最終的に自衛隊法7条になるのであり、重要である。そこでは、「最高」という文言が正式に使われている。管見の限りでは、公式の文書では初出である。しかし「最高」規定のない別案があり、選択肢が残されている。

『西沢哲四郎文書』によって以下のような点が明らかになった。①1953年12月25日の「保安庁法改正に関する要点（その一）（二八、一二、二五）」に対する西沢によると思われる手書きの書き込みにおいて、自衛隊の指揮権に関して「最高」という文言が使われていた。②防衛二法起草の基礎に置かれた1953年12月30日衆議院法制局「保安庁法改正案要綱」の六(10)に自衛隊法7条と同文の規定が入っていた。

(ⅱ)　『佐藤達夫関係文書』

以上と異なり非公式の動きとして、衆議院法制局による指揮権規定、とくに「最高」という文言の使用に対する佐藤達夫（内閣）法制局長官の影

響を推測する見解[46]がある。重要な論点も含まれているので、佐藤が遺した文書[47]を紹介しつつ検討したい。

　　a　「自衛隊の統率権について（二八、一二、八）」

「自衛隊の統率権について（二八、一二、八）」と題する文書がある[48]。原稿用紙に書かれたものであり、作成主体は書かれていない。文書の日付の1953年12月8日は、3党の防衛折衝が始まった12月5日の直後であり、3党の改正要点が保安庁に提示された12月16日のまえである。指揮権規定の前提となる考えかたが、以下のように4項目に分けて示されている。

「一　自衛隊の統率権は、ことの性質上当然行政権の範囲に入る。行政権と特立する第四権的のものとするためには、憲法の改正を要する。

　故に、旧憲法下におけるごとき統帥権の独立は、現憲法下では認められない。

　二　したがつて、自衛隊の統率の事務は内閣の権限に属し、これを内閣の統括外におくことは許されない。この事務の処理については、あくまでも、内閣が、国会に対し責任を負わねばならぬ。

　三　なお、内閣の行政権に属する行政事務は、各大臣が分担管理するのが国法上の立前であるから（内閣法三条）、この分担管理事務として、これを内閣総理大臣の所管事務とすることは、もとより可能である。」

　四は国防会議の補佐に関するものであり、省略する。

　ここでは「統率」という文言が使われている。統帥権の独立が否定されたうえで、自衛隊の統率権は日本国憲法のもとで「行政権」ととらえられる。したがって、内閣に属し、さらに「行政事務」の分担管理により内閣総理大臣の事務とすることは可能だとされている。統率権が行政の論理によって組み立てられている。

---

46)　荒邦（2017: 421-424）。
47)　佐藤達夫（1953-54）。
48)「保安庁法改正要綱についての問題点（昭和二九、一、九）」と題する文書の後に置かれている。この「問題点」の中に「六　指揮監督」があるので、その参考資料として時期の古い本文書が置かれているのであろうか。

b 「保安庁法改正要綱（二八・一二・一九）」
　また、「保安庁法改正要綱（二八・一二・一九）」と題する手書きで清書された文書がある[49]。「極秘」の印が押されているが、文書の作成主体は示されていない[50]。文書の日付は1953年12月19日は、3党の改正要点が保安庁に提示された12月16日のあとで、保安庁が「保安庁法改正要綱案」を作成した12月25日のまえである。内容は、16日に3党が保安庁に提示した20項目の改正要点に沿って、その項目毎に要綱化したものである。そのなかから、以下のような関係項目を引用する。

「一　自衛隊は、わが国の平和と独立を守り、国の安全を保つため、外国からの侵略（武力攻撃[51]）に対し、わが国を防衛するとともに特別の必要がある場合に公共の秩序を維持し、人命及び財産を保護することを任務とすること。」

「五　別紙のとおりとすること。（内閣総理大臣は、自衛隊の最高指揮官となり、省大臣は自衛隊指揮について最高指揮官の補佐官である。この場合の内閣総理大臣の地位は、内閣の首長でもなく、又、総理府の長でもない別個の地位である。即ち、内閣総理大臣は、自衛隊の指揮を分担管理する大臣である。これ以外の行政事務については、省大臣が分担管理する大臣である。）

　六　内閣総理大臣は、自衛隊を統率すること。長官は、内閣総理大臣の命を受け、自衛隊を指揮すること。」

「十三」に防衛出動に関する内閣総理大臣の命令と国会の承認に関する規定が置かれている。

「一」の任務規定では自衛隊に防衛と警察の二つの任務が与えられ、その任務に主従の区別が示されていない。

「五」は3党の改正要点において、「保安庁を独立省とするか否か」が検

---

49)「2071　保安庁法改正（昭和28年〜29年）」としてまとめられた前述のファイルの冒頭に置かれている。
50) 文書の内容や位置から衆議院法制局が作成したものである可能性があるように思われるが、明らかではない。西沢衆議院法制局長から佐藤（内閣）法制局長官に渡り、それに基づいて後述の佐藤から西沢宛ての「内閣を代表しての意味」に関するメモが作られたのであろうか。
51)「撃」の略字ではないかと思われる文字が書かれている。

討課題とされた部分である。「五　別紙」は、本文書の後に「別紙　自衛隊法案要綱（二八・一二・一九）」に続いて置かれた「別紙　保安庁法案要綱案（二八・一二・一九）」のことと思われる。そこでは、「一　総理府の外局として保安庁を置く」とされている。保安庁案が本案で、独立省案が別案のようである。「五」におけるカッコ書きの部分は、独立省案の場合の論点を整理したものであろうか。

　カッコ書きのなかでは、「自衛隊指揮」と「これ以外の行政事務」が分けられ、その全体が区別なしの「行政」論に包括されていないことがまず注目される。そのうえで、「自衛隊指揮」を内閣総理大臣が、「これ以外の行政事務」を省大臣が分担管理する。「自衛隊指揮」については、内閣総理大臣は「最高指揮官」、省大臣は「補佐官」となる。その内閣総理大臣の地位は、「内閣の首長でもなく、又、総理府の長でもない別個の地位」になるとされている。

　独立省案の場合と思われるが、「最高指揮官」と言われ、「最高」という文言が使われている。手書きメモも含めれば、「最高」に関して私が知った最初の使用例である。すなわち、①作成主体不明の1953年12月19日「保安庁法改正要綱（二八・一二・一九）」、②「保安庁法改正に関する要点（その一）（二八、一二、二五）」における西沢哲四郎衆議院法制局長によると思われる同25日以降の書き込み、③同30日の衆議院法制局「保安庁法改正案要綱（昭和二八、一二、三〇）」の順になる。それ以前に「最高」が使用されていた可能性は当然あるが、明らかになっている政党や保安庁による構想には見られなかった[52]。「最高」の意味については後述するが、ここでは「補佐官」に対する「最高」のニュアンスも含まれているように思われる。このニュアンスは、独立省案ではなく保安庁案でも当てはまる。
「六」で内閣総理大臣の「統率」権と長官の「指揮」権が対置されている。

　　c　「内閣を代表しての意味」[53]（正式の表題なし）

　さらに、「12-29　西沢氏へ　三党依頼[54]立案参考として」と記された

---

[52]「最高」指揮権は「統帥権」を想起させ、「最高」を使用するハードルは高かったのであろうか。

手書きのメモがある[55]。ハガキ大の大きさのメモ用紙に書かれている。1953年12月29日に佐藤達夫法制局長官が西沢哲四郎衆議院法制局長に宛てたものと荒邦によって想定されている[56]が、そのメッセージのためのメモか控えであろうか[57]。この日付は、衆議院法制局が二つの「要綱」を作成した30日の前日に当たる。

（a）メモの内容

荒邦が全文を引用している[58]が、重要なので以下に全文引用する。

「内閣を代表しての意味は

　a ）　内閣に代つて総理大臣が統率

　b ）（イ）　内閣の首長としての総理大臣が統率

　（ロ）　内閣の代表者として……[59]

その何れかよくわからぬ、

　a ）は違憲の疑いが出る

　b ）は内閣が統率権者、内閣直轄の如き感あり、然らずとしても（イ）総理府の長としての地位との差異不明

　ことにb ）の（ロ）は憲法72条との区別がはつきりしない

　以上に関連して、保安庁を総理府の外局とするか、内閣直属にするかという問題があるが

　この種の機関が内閣直属たるに適するか否か疑問あるのみならず、憲法74条との関係上誰か主任の大臣がないと、法令の署名大臣がなくなる。主

---

53)「内閣を代表しての意味は……」から始まる手書きのメモであり、「内閣を代表しての意味」と題する正式のタイトルは付いていない。本文のタイトルは便宜的に付けたものである。

54) 荒邦（2017: 422）は、「依頼」の部分を「比較」と読んでいるが、見た目でも内容的にも「依頼」であるように私には思われる。

55) 前述の「保安庁法改正要綱（二八・一二・一九）」関係の文書のうち、「保安庁法案要綱案（二八・一二・一九）」の後に収められている。

56) 荒邦（2017: 422）。

57) 内閣に置かれた法制局の長官が衆議院法制局長に対して法案に関して意見を述べたとすれば、私的なものであったとしても、憲法上三権分立原則から問題が存在する。

58) 荒邦（2017: 422-423）。

59)「……」は元のメモにある。

任大臣を定めれば、それはすなわち分担管理大臣権、内閣直属という観念と一致しない部面が出てくる。

　要するに憲法を改正せざる以上従来の立前とあまり変つたことをすると説明ができないことにならないか。

　統率命令も総理が保安庁長官を通じてやることにすべきなるべし。

　軍隊が兼ねて国内治安維持に当ることは、旧憲法下においても、外国においても通念となつている。憲法上そのことを明記している国もある。

　従つて何かの形でそれを明記する要あるべし。」

　　(b)　メモの意味

「内閣を代表しての意味」に関するこのメモで、①内閣に代わるわけではないこと、②内閣と内閣総理大臣の関係、③総理府の長との関係、④憲法72条との関係などの論点が指摘されている。荒邦によれば、そのなかで中心的に問題にされていることは、b)の(イ)「内閣の首長」と(ロ)「内閣の代表」の問題にどのように応えるかということである。この佐藤の問題提起に応えるために、「最高の」という文字が挿入された。「衆院法制局は、『最高の』という三文字を入れることで、憲法第七二条の枠組の下で『内閣の首長たる内閣総理大臣が総理府の長としての内閣総理大臣を指揮監督し、後者が防衛庁長官を指揮監督する』(杉村敏正)という指揮監督の体系を読み取らせ、自衛隊法第七条と憲法第七二条との関係を明確にした。」[60]

　荒邦による考察のポイントは、①「憲法第七二条の枠組」＝指揮監督権と憲法との関係（憲法論）、②「指揮監督の体系」＝指揮監督権に関する内閣の首長と総理府の長の関係（行政法論）であり、①と②をつなぐキーワードが「最高の」であるとされているのであろうか。重点は①に置かれている。「最高の指揮監督権」の意味は重要な問題であり、荒邦の問題提起を含めてやや広く考察したい。自衛隊法7条の成立を見たあとで、項を改めて検討することとする。

---

60) 荒邦（2017: 423-424）。なお、前述のように「最高」規定の使用は12月29日の佐藤メモ以前に衆議院法制局内部にあり、また29日のメモが翌日30日の「保安庁法改正案要綱」に影響を与えたと見るのは時間的にきわどい推測である。

『佐藤達夫関係文書』によって明らかになったことのなかで、重要なのは以下の点である。①衆議院法制局作成の可能性があるが作成主体不明の1953年12月19日の「保安庁法改正要綱（二八・一二・一九）」において、「最高指揮官」として「最高」に関して最初の使用例が見られた。②1953年12月29日の「内閣を代表しての意味」に関する佐藤達夫法制局長官から西沢哲四郎衆議院法制局長に宛てられたと思われるメッセージの手書きメモにおいて、内閣総理大臣の指揮監督権に関する法的論点の整理が行われていた。

結局、1953年12月30日衆議院法制局「保安庁法改正案要綱」に、「内閣総理大臣は、内閣を代表して自衛隊の最高の指揮監督権を有する」とする規定が置かれた。ここで正式に「指揮監督権」について「最高」の修飾語が付けられ、この規定が自衛隊法7条になる。この要綱を含んだ衆議院法制局の二法案要綱を元にして、防衛二法の立法が進められることになった。

iv　自衛隊法7条の成立──1954年1月-6月

指揮監督権に関するその後の展開[61]に簡単にふれておきたい。

(i)　改進党の動きと論点の提示

政党の動きとしては、改進党は衆議院法制局による二法案要綱に満足せず、保安庁を「国防省」または「防衛省」に昇格させる改正意見を主張した。これに基づき、1954年1月18日衆議院法制局は「防衛省設置法案要綱」と「自衛隊法案要綱」を作成した。これらにおける章条文構成は現行法制定の準拠になったとされる[62]。内閣総理大臣の指揮監督権規定は「保安庁法改正案要綱」から「自衛隊法案要綱」に移され、後者に「第二章　統率」・「一　内閣総理大臣の指揮監督権」・(1)として置かれた。前記「保安庁法改正案要綱」六⑽＝自衛隊法7条と同文である[63]。

他方、宮崎によれば、保安庁は3党の強い要請により、指揮監督権について検討に着手した。1954年1月5日保安庁局長会議において5点の問題が出された[64]が、そのうち最初の2点が本書にとって重要なので、引用

---

61) 宮崎（1977b: 93-97）。
62) 宮崎（1977a: 105）。
63) 「自衛隊法案要綱」における指揮監督権規定について、宮崎（1977b: 93-94）。

したい。

「(1) 内閣総理大臣は内閣を代表して自衛隊の最高の指揮監督権を有する（または自衛隊を統率する）とはいかなる意味か。

（イ）　憲法第七二条……および内閣法第六条……と同一の意味であるのかどうか。

（ロ）　内閣総理大臣は、自衛隊の行動についての最高指揮権を有するという意味か。この場合においても行政権の主体としての内閣の責任の問題が生じる。

（ハ）　内閣総理大臣に自衛隊についての内閣の権限を全権委任するという意味か。

(2)　「内閣を代表して」とはいかなる意味か。

（イ）　内閣総理大臣は閣議の決定によらなければ自衛隊を指揮監督できないという意味か。

（ロ）　総理府の長としての内閣総理大臣ではなく、内閣の首長の意味であるか。」

　これらの論点について、この時期には保安庁内部で意見が未確定であったことが示されている。それぞれの論点について、成立後の防衛二法の解釈、運用と異なる意見の可能性が論理的には存在していたと言い得る。論点のうち(1)（ロ）で、「内閣総理大臣は、自衛隊の行動についての最高指揮権を有するという意味か」と問題が出され、自衛隊の「行動」についての「最高指揮権」として軍事的性格が明確に意識されている。そのうえで、「この場合においても行政権の主体としての内閣の責任の問題が生ずる」とされている。この責任の問題は統帥権の独立の否定から当然の論点であり、また後述するように自衛隊加憲論との関係で注目される。

　(ii)　3党、保安庁、衆議院法制局

　保安庁は、改進党が提案した前記二つの要綱を参考にして、1954年2月1日「〇〇庁設置法案要綱」と「自衛隊法案要綱」を作成した[65]。この

---

64)　宮崎（1977b: 94-95）。
65)　宮崎（1977a: 106）。

「自衛隊法案要綱」では第2章として「統率」の章が設けられ、そのなかに前記「保安庁法改正案要綱」六⑽＝自衛隊法7条と同文の規定が置かれた[66]。その後、自由党から、「統率」の用語は再軍備的印象をあまりに露骨に与える感じがするとの変更要請が出され、「統率」が「指揮監督」に改められた[67]。

　防衛二法の制定において担当した法制部局は、保安庁→衆議院法制局→保安庁と移動した。しかし、終始保守3党が動きをリードし、防衛二法は「いわば議員立法のようなもの」[68]との評価もある。防衛二法案が1954年3月9日閣議に提出され、3月11日国会に提案され、6月9日成立した[69]。軍事的実質と行政的形式をめぐる矛盾のなかで全体として行政的形式を重視する立場で、自衛隊法7条を含む防衛二法の立法がなされた。

　ここで自衛隊法7条の立法過程を振り返ると、前提として1953年12月16日の3党20項目改正要点によって防衛が主任務とされ、それが自衛隊法3条1項前半の元になった。そこで同時に指揮権に関して、警察任務の警察予備隊や保安隊・警備隊と同様に「指揮監督」の行政用語が使用された。主体が内閣総理大臣とされ、その資格について憲法72条と同様に「内閣を代表する」とされた。1953年12月30日衆議院法制局「保安庁法改正案要綱」に、「内閣総理大臣は、内閣を代表して自衛隊の最高の指揮監督権を有する」とする規定が置かれ、これが自衛隊法7条の元になる。ここで正式に「指揮監督権」について「最高」の修飾語が付けられた。1954年2月

---

66) 宮崎（1977b: 96）。
67) 宮崎（1977b: 96-97）。
68) 宮崎（1986: 37）。3党、とくに改進党の動きを強調する宮崎の論述は、自衛隊法7条に関する宮崎の統帥権創設規定説による解釈論的問題関心と結合している可能性があるようにも感じられる。
69) 保安庁内において「自衛庁設置法案（第一案）」・「自衛隊法案（第一案）」を決定した1954年2月6日（宮崎（1977a: 106））の2日後の8日、ジョン・M・アリソン駐日大使とジョン・ハル将軍（米極東軍司令官）が吉田茂首相と会っていた。アリソンの証言によれば、「吉田首相はハル将軍と私とにたいし、在日米軍の使用を含む有事の際に、最高司令官はアメリカ軍人がなるであろうということには全く問題はない、との個人的な保証を与えました。」（古関（2002: 160））有事には自衛隊はアメリカ軍の指揮に事実上服することになっていた。

1日保安庁「○○庁設置法案要綱」・「自衛隊法案要綱」によって2法案が分離され、内閣総理大臣の自衛隊指揮監督権規定は後者に置かれた。

(3) 「最高の指揮監督権」の軍事的性格と行政的形式

　前述のようにこの時期に焦点を当てて、「最高」の意味をめぐって荒邦による見解も出されている。そこで、ここで「最高」の意味について検討を加えたい。そのために、叙述の時期が前後する場合のあることをご容赦いただきたい。

　ⅰ　「最高の指揮監督権」の軍事的性格
　(ⅰ)　統帥権との対応
　　a　統帥権の一般的意味

　自衛隊法7条における「最高の指揮監督権」の「最高」に関する説明は、防衛法分野の著書、論文において一般的にほとんどなされていない。しかし「最高の指揮監督権」という規定では、軍事組織に関する指揮権の階層のうち「最高」という観念が基礎に置かれているように思われる。すなわち当然のことながら、この「最高の指揮監督権」規定は軍事的性格を含み、指揮権に関する軍事性と最高性の要素から成り立っている。アメリカ憲法2条2節1項において、大統領は合衆国の陸海軍などの「最高司令官（Commander-in-Chief）」である。フランス1958年憲法15条で、共和国大統領は「軍隊の長（le chef des armées）」とされている。

　日本では明治憲法11条において天皇大権として「統帥」権が規定され、このことが議論の前提に置かれている。その統帥権について、防衛白書でも「軍隊の最高指揮権」と説明されているように、一般的にもそう理解されている。逆に言えば、諸外国で問題にされる軍隊の最高指揮権は、日本では「統帥」という文言と結合して考えられてきた。「統帥」は広辞苑では「軍隊を統べ率いること」とされ、憲法義解では「兵馬ノ権」と説明され[70]、その軍事性が示されている。最高の統帥というような表現がないことを考えると、「統帥」という文言に最高性が含まれているのであろう。

---

70) 伊藤博文（1889: 23）。

その最高性は、天皇が「大元帥」として軍隊を統帥することに端的に表れ、外国の「軍隊の最高指揮権」との関係が論じられる[71]。論述の必要性から、以上当然のことを再確認した。

 b 統帥権と国会論議

 戦後の国会においても自衛隊設置をめぐる論議のなかで、統帥権を軍隊の最高指揮権とする理解を前提にして質疑・答弁がなされている。自衛隊指揮権の憲法上の根拠を問題にするなかで、「統帥権、いわゆる最高の指揮監督権」と言われ、その根拠として明治憲法11条などが挙げられている。自衛隊の設置が消極的に「憲法第九条に該当しない」ことから出発しているが、積極的に憲法に根拠を持っているかが問い質された。それに対して木村篤太郎保安庁長官から、「この自衛隊に関しましては内閣を代表する総理大臣が指揮監督権を持つております。要は行政権に属するものであります。……いわゆる旧憲法にいう統帥権とは全くその性質を異にするものであります。」[72]

 この答弁では指揮権の根拠は、「いわゆる旧憲法にいう統帥権」では明治憲法11条に、軍事的根拠規定のない日本国憲法のもとで「行政権」（65条、66条1項）にあるとされている。「天皇ハ陸海軍ヲ統帥ス」ということと、「行政権」が対置されている。この対置には、「行政権」は非軍事的[73]で、統帥権は軍事的なものだとする前提がある。すなわち、統帥権を最高の軍事的指揮権と理解する点では、質疑・答弁は一致している。

 一般的にも統帥権を最高軍事的指揮権と理解した[74]うえで、その統帥権に当たるものが実質的には自衛隊の最高指揮監督権ではないかという形で問題が論じられてきた[75]。「自衛隊法案によれば、内閣総理大臣は、自

---

71) 美濃部（1927: 251-252）。

72) 中山福藏議員、木村篤太郎保安庁長官19回1954（昭和29）年3月9日参・予算8号9頁。

73) 実質は軍事的なものを「行政権」の形式で論じている。この点については後述する。

74) 山田（2007: 26）。

75) 本文で問題にしていることは、すでにふれた統帥権創設規定説のことではなく、自衛隊法7条の法的性格論の前提になる実質的、一般的な問題である。

衛隊の最高の指揮監督権を有することになっています。これは旧明治憲法において天皇が有せられたる統帥大権とも匹敵するものであります。」[76)]旧軍の統帥権と自衛隊の最高指揮監督権を一旦対応させたうえで、「統帥権」＝最高軍事的指揮権が天皇から内閣総理大臣に移されたのかという形で問題にされている。その前提に、明治憲法における天皇大権の日本国憲法における内閣の権限への移行という思考があるように思われる。前述したように、1953年2月9日改進党「国家自衛に関する態度」・「民主的自衛軍の創設」三（一）において「統帥権は内閣に置き」と規定され、そこに上記のような移行の思考が表れているのであろうか[77)]。

(ⅱ) 「最高の指揮監督権」と日本国憲法

　a　最高軍事的指揮権の死活的重要性

以上のように実質的には最高軍事的指揮権が問題になっているにもかかわらず、憲法9条の戦争放棄規定があり、軍事を積極的に根拠づける憲法規定が存在しない。この憲法状況のもとでは、可能な限り通常の行政的論理を採らざるを得ない。そこで、1953年12月30衆議院法制局「保安庁法改正案要綱」の六(10)、のちの自衛隊法7条において、「最高の指揮監督権」という文言が選ばれたように思われる。「指揮監督権」という文言は通常の行政組織に関する概念を示しているが、「最高」という文言には軍事性が表れているのではないであろうか。国家にとって死活的に重要で危険な最高軍事的指揮権が問題になっているので、その「最高」指揮権がどこにあるかを示さなければならなかったように思われる。

　b　国会の論議

さらに言えば、自衛隊法7条の軍事的性格は文民統制論として展開されることが多い。実力部隊である自衛隊について、憲法66条2項によって

---

76) 栗山博議員19回1954（昭和29）年5月6日衆・内閣31号10頁。中村哲公述人19回1954（昭和29）年5月18日参・内閣37号8頁。
77) このような移行の思考方法は、少なくない分野で見られる。たとえば、外交権に関する明治憲法13条と日本国憲法73条2号の関係の説明のしかたにあり、そこからさらに「外交は政府の専権事項」とする言説も生まれているように思われる（浦田(1995: 195)）。

「文民でなければならない」とされる内閣総理大臣が、「最高の指揮監督権」を有する。このことは文民統制の趣旨を端的に示すものと通常言われる[78]。その場合前提として、防衛庁・防衛省と自衛隊は基本的に同一の行政組織であるが、自衛隊は「部隊行動を行う実力組織」の面をとらえているとされる[79]。また自衛隊法7条の法的性格に関して憲法72条の確認だとする確認規定説では、なぜ自衛隊法7条が設けられたのか、その趣旨説明がより強く求められる。その説明として文民統制の意義が強調される。そのなかで、次の質疑・答弁は興味深い。

山崎昇から防衛庁と自衛隊の関係が問われ、角田禮次郎内閣法制局長官によって自衛隊が「実力部隊」であることに着目した答弁がなされた[80]。そのうえで山崎から、行政組織法のなかで自衛隊法7条にだけ内閣総理大臣の最高指揮監督権の規定が置かれた趣旨について、説明が求められた。それに対して角田から、「自衛隊に対する文民統制というものの重要性」にかんがみたと説明された。

そこでさらに山崎から、「法制的にこういう規定を入れなければ文民統制ができないのかどうか」、見解を聞きたいと言われた。それに対して角田から次のような答弁がなされた。「普通の行政事務としてもむろん文民統制は可能だと思いますけれども、さらにそれにつけ加えて、行政権の最高の責任者である内閣総理大臣、その内閣総理大臣が簡単に言えば自衛隊の最高指揮官である」という趣旨を明確化した。「実力部隊であるという点に着目して自衛隊法というものができておる、同じような趣旨でこの内閣総理大臣の指揮監督権というものが明記されておる」[81]。「実力部隊」性に着目して、「自衛隊の最高指揮官」という文言を使って、文民統制論が展開されている。

---

78) 『防衛白書・平成30年版』(2018) 214頁。
79) 『防衛白書・平成30年版』(2018) 309頁。西 (1975: 140) は、役所が防衛出動するのはおかしいと説明する。
80) 山崎昇議員・角田禮次郎内閣法制局長官96回1982 (昭和57) 年4月1日参・内閣5号15頁。
81) 角田96回1982 (昭和57) 年4月1日参・内閣5号15頁。

また、「最高」の意味が問題になったこともある。源田実から、憲法41条の「国権の最高機関」と自衛隊法7条の「最高の指揮監督権」における「最高」の意味の関係に関する質疑が出された。それに対して角田から自衛隊法7条によって、「内閣総理大臣は自衛隊の最高司令官」であり、文民統制の趣旨もうたわれていると説明された。そのため、憲法41条と自衛隊法7条の「『最高』の意味というのはそれぞれ別」だとされた[82]。

　以上のように、当然実質的には軍事的性格を有する自衛隊法7条について、「指揮監督権」という文言を使用しつつ、可能な限り通常の行政の論理で構成しようとされた。しかし、「最高」という文言には、行政の論理を強調する確認規定説による解釈にもかかわらず、文民統制論を通して軍事的性格が表れていると私には思われる。この点について後述する。

　ⅱ　「最高の指揮監督権」の行政的形式の矛盾

　以上と異なり、通常の行政組織法論による説明も行われてきた。

（ⅰ）「最高」と行政組織

　通常の行政組織において指揮監督権の階層が存在するが、しかし一般的に個別の行政組織法において指揮監督権規定が置かれるわけではなく[83]、また「最高」という文言が使われることもない[84]。「最高」が通常の行政組織に関するものだとすれば、国家行政組織法にも全ての「行政各部」（憲法72条）＝行政組織の設置法にも内閣総理大臣の「最高の指揮監督権」規定が置かれることになるはずである[85]。逆に、政府見解である自衛隊法7条確認規定説によれば、それは憲法72条の趣旨の確認を意味する。そ

---

[82] 源田実議員・角田96回1982（昭和57）年3月12日参・予算6号15頁。なお源田は、二つの「最高」の重なりによって、国会が限界を超えて自衛隊の行動について発言するのではないかと危惧している（源田96回1982（昭和57）年3月12日参・予算6号16頁）。

[83] 行政組織に関する一般法である国家行政組織法において指揮監督関係は当然に前提され、指揮監督権に関する一般的規定として10条が設けられている（佐藤功（1979: 241））。

[84] 「e-Gov法令検索」において法令用語検索したところ、「最高の指揮監督」で自衛隊法7条のみヒットし、「最高指揮監督」でヒットがなかった。

[85] 内閣総理大臣の「最高の指揮監督権」規定は防衛庁・防衛省設置法ではなく自衛隊法に置かれている。このこと自体通常の行政組織法論では説明できない。

うであれば、自衛隊法7条の規定は「内閣総理大臣は、内閣を代表して自衛隊の指揮監督権を有する」になるはずである。憲法72条に「最高」が入っていない以上、自衛隊法7条に新たに入った「最高」は憲法72条からは説明できないことになる。

(ii) 内閣の首長と総理府・内閣府の長

以上の一般論のうえで、保安庁あるいは防衛庁の組織のありかたが問題になった。すなわち、1953年12月30日衆議院法制局「保安庁法改正案要綱」の五(9)において保安庁が、のちの防衛庁設置法2条において防衛庁が総理府の外局として置かれることになった[86]。そのため前述のように、自衛隊に対する内閣総理大臣の指揮監督権に関して内閣の首長としての内閣総理大臣を総理府の長としての内閣総理大臣から区別する説明が行われた。

このことは、代表的に杉村敏正によって次のように言われている。「内閣の首長としての内閣総理大臣の自衛隊に対する指揮監督権は最高のものであって、総理府の長としての内閣総理大臣の自衛隊に対する指揮監督権と異なる。従って、又、自衛隊法七条は内閣の首長たる内閣総理大臣が直接に自衛隊を指揮監督する権限を認めたものでなく、内閣の首長たる内閣総理大臣が総理府の長としての内閣総理大臣を指揮監督し、後者が防衛庁長官を指揮監督する」[87]。傍点は杉村が付けている。指揮監督関係の法的論理を図式化すれば、内閣の首長としての内閣総理大臣―総理府の長としての内閣総理大臣―防衛庁長官となる。

このような図式は広く認められている。国会において自衛隊の指揮監督権の構造について質疑が出され、それに対して以下のような政府答弁がなされた。自衛隊法案「七条の方は内閣の首班であります内閣総理大臣が指揮命令権を持つております。」[88]「防衛庁の長は、防衛庁長官」であり（防

---

86) 2001年に内閣府の外局、2007年に防衛省になった（防衛省設置法2条1項）。本文で論じていることは、防衛省に移行するまえの問題である。移行後については後述する。

87) 杉村（1958: 36）。

88) 木村篤太郎保安庁長官19回1954（昭和29）年4月12日衆・内閣24号9頁。

衛庁設置法案3条1項）、「防衛庁長官は、内閣総理大臣の指揮監督を受け」ることになっている（同2項）[89]。同法案2条により「総理府の外局」として防衛庁が置かれるので、同法案3条2項による内閣総理大臣の防衛庁長官に対する指揮監督は、「各省大臣（総理府の長─浦田）としての内閣総理大臣の指揮監督権ということになります。」[90]

関係者によっても、同趣旨の説明がなされている[91]。学説でも同様であり[92]、行政組織法の一般論による。自衛隊の指揮監督権について内閣総理大臣の地位を問題にする場合、内閣の首長と総理府の長を区別することは一般的である。内閣の首長としての内閣総理大臣─総理府の長としての内閣総理大臣─防衛庁長官の三者構造論について、内閣総理大臣の自衛隊指揮監督権は三者のうち「最高」というニュアンスがあるのであろうか。しかしそうだとすれば、総理府の外局として置かれた他の行政組織の全ての設置法に、その種の規定が置かれなければならないことになるはずである。しかしそうなっていない。

(iii) 防衛省への移行

この「最高」の指揮監督権規定と2007年における防衛庁の防衛省への移行は、どのような関係になるのであろうか。自衛隊に対する内閣総理大臣の「最高」の指揮監督権規定である自衛隊法7条は、改正なく維持されている。省移行前の自衛隊法8条では、「長官は、内閣総理大臣の指揮監督を受け、自衛隊の隊務を統括する」と規定されていた。省移行に伴い改正された自衛隊法8条によれば、「防衛大臣は、この法律の定めるところに従い、自衛隊の隊務を統括する。」

以上の趣旨として、7条の内閣総理大臣の「最高」の指揮監督権は内閣の首長の資格に基づくものであり、変わらないとされる[93]。改正前の8

---

89) 自衛隊法案8条本文も、「長官は、内閣総理大臣の指揮監督を受け、自衛隊の隊務を統括する」と規定している。
90) 加藤陽三保安庁人事局長19回1954（昭和29）年4月12日衆・内閣24号9-10頁。
91) 高瀬（1954: 52）。加藤（1966: 128-129）。
92) 西（1975: 146-147）、安田（1979: 61）、松浦（1997: 84）など。
93) 久間章生防衛庁長官165回2006（平成18）年11月9日衆・安保6号3頁は、「内閣府の長」ではなく「内閣のヘッド」として資格は変わらないと説明している。

条における「内閣総理大臣の指揮監督」は（総理府・）内閣府の長としての内閣総理大臣によるものである。内閣府の外局としての防衛庁から防衛省に移行するのであれば、「内閣総理大臣の指揮監督を受け」の部分を端的に削除することも論理的には考えられる。しかし、7条の内閣総理大臣の「最高の指揮監督権」権とそれに服すべき防衛大臣との関係を明確にするために、「この法律の定めるところに従い」とする規定が挿入されたとされる[94]。

内閣総理大臣の自衛隊指揮監督権は三者構造のうち「最高」というニュアンスがあるのだとすれば、（総理府・）内閣府の外局としての防衛庁から防衛省への移行に伴い、内閣総理大臣について内閣の首長と（総理府・）内閣府の長を区別する必要性がなくなり、論理的には自衛隊法7条から「最高」の文言が削除されなければならないことになろうか。しかしそうなっていない。

ⅲ　小括

衆議院法制局「保安庁法改正案要綱」六⑽＝自衛隊法7条による「内閣総理大臣は、内閣を代表して自衛隊の最高の指揮監督権を有する」とする規定は、通常の行政の論理形式を採ろうとした。しかし7条の軍事的性格[95]を通常の行政の論理形式では説明できないことは、以下の点に表れている。①「管理・運営などを任務とする行政組織の面」に関する防衛庁・防衛省設置法とは別に、「部隊行動を行う実力組織の面」に関する自衛隊法が設けられている[96]。②個別行政組織法の性格も有する自衛隊法おいて、指揮監督権規定が置かれている。③その指揮監督権規定に「最高」の文言が加えられている。通常の行政組織法には①②③のどれもない。自衛隊法7条に関する法的論理は成功していないのではないか。とくに

---

[94] 柴田（2007: 83-86）。以上の解説は自衛隊法7条に関する確認規定説を前提にしている。確認規定説・統帥権創設規定説と防衛省移行前・移行以降の関係について、山中（2013: 57-60）。

[95] 政府の憲法解釈によって基礎づけられた「自衛隊」という規定が、軍事的性格を持っていることは当然であるが、ここでは論じない。そこを論じないことによって成り立っている防衛＝行政論の問題点が、ここでの検討対象である。

[96] 『防衛白書・平成30年版』（2018）309頁。

「最高」規定の説明として、そうである。

「最高の指揮監督権」規定は前述のように政府解釈において文民統制規定として説明され、軍事の特殊性が承認されている。自衛隊法7条の「最高の指揮監督権」それ自体は端的に軍事的最高指揮権を含む。軍事的最高指揮権は明治憲法11条の天皇大権に基づく統帥権の独立論の場合にも、日本国憲法下の自衛隊に関する文民統制論の場合にも、共通した問題である。文民統制論は、自衛隊法7条の「最高の指揮監督権」に軍事的最高指揮権が含まれていることを論理的に前提にして、日本国憲法66条2項の文民条項から出てくる。「最高の指揮監督権」規定から出てくるわけではない。「最高の指揮監督権」＝文民統制論は軍事的最高指揮権に文民統制のカバーをかけている。

「最高の指揮監督権」規定のうち「指揮監督権」は通常の行政法的形式を採り、「最高の」は軍事的性格を帯びている。後者を無視して前者を強調する行政法的説明は、自衛隊指揮権の軍事的性格を限定し憲法的規制を加えようとする解釈論的試みの意味を持つかもしれない。憲法の規制と言っているのは、日本国憲法のもとで軍事を認めつつ、その軍事を限定しようとすることである。しかし同時に、「最高の」指揮監督権の軍事的性格を不明確にする役割を果たしてきたように、私には思われる。

以上のことはある意味では当たり前のことであるが、当たり前のことを分析し確認することは自衛隊加憲論分析の前提として必要だと考えられる。

(4) 自衛隊法7条の解釈[97]

「内閣総理大臣は、内閣を代表して自衛隊の最高の指揮監督権を有する」とする自衛隊法7条の解釈論として、従来確認規定説と統帥権創設規定説が出されてきた。

　　i　確認規定説——憲法72条、内閣法6条

政府見解、通説である確認規定説[98]から見ると、自衛隊法7条は憲法

---

97) 浦田（2018b: 7) を元にして、より詳しく検討した。
98) 杉村（1958: 35-36）、加藤（1966: 126）、西（1975: 114,145-147）、安田（1979: 61-62）、山下（2010: 34-35）、山中（2013: 75-80）など。

72条、内閣法6条の確認規定とされる。憲法72条によって「内閣総理大臣は、内閣を代表して……行政各部を指揮監督する」とされている[99]。自衛隊法案「第七条の規定は、憲法第七十二条の内閣総理大臣が内閣の首班といたしまして内閣を代表して行政を指揮監督するという規定を第七条のような表現にしたものでありま」す[100]。内閣法6条で「内閣総理大臣は、閣議にかけて決定した方針に基づいて、行政各部を指揮監督する」と規定されている。「自衛隊法七条のそもそもの趣旨は、自衛隊の管理運営を含むいわゆる行政権というものは内閣に属する、これが憲法のたてまえでありますから、自衛隊に対する指揮監督権についても、最終的には内閣の首長であり内閣を代表する内閣総理大臣がこれを行使する、そういうことを明らかにしたものだと思います。その意味では内閣法六条と同趣旨に出るものと解しております。」[101]

この立場では上記の引用のように、自衛隊法7条の指揮監督権は「自衛隊の管理運営を含むいわゆる行政権」全体に及ぶ。自衛隊法7条の指揮監督権の対象が軍事的活動と管理運営の両方であることが、このような表現によって示されている。内閣総理大臣の自衛隊に対する「指揮監督」も、「閣議にかけて決定した方針に基づいて」なされなければならない。閣議にかけずに首相が単独に意思表示しても、内閣を代表することになるかとする質疑が出された。それに対して以下のような答弁がなされた。「これは内閣を代表いたします以上は、その前提として閣議の意思というものがなければいけないと考えております。ただ個々の場合に閣議決定をとりますか、或いは方針を閣議決定できめておいて、その実施は総理大臣に任すという場合も両方あると思いますが、いずれにせよ、閣議決定というものが裏付けになつておる必要があるように考えます。」[102]

自衛隊法7条が憲法72条、内閣法6条と同趣旨のことを確認したのは、

---

[99] 政府見解、通説では「内閣を代表して」は「行政各部を指揮監督する」にかかると解釈されている。この点については後述する。
[100] 加藤陽三保安庁人事局長19回1954（昭和29）年4月12日衆・内閣24号9頁。
[101] 角田禮次郎内閣法制局長官96回1982（昭和57）年4月1日参・内閣5号15頁。
[102] 佐藤達夫法制局長官19回1954（昭和29）年5月24日参・内閣42号5頁。

前述のように実力組織に対する文民統制の重要性に基づくと説明されている[103]。

　ⅱ　統帥権創設規定説
　(ⅰ)　内容——自衛隊法7条による統帥権

　それに対して統帥権創設規定説[104]によれば、「自衛隊法第七条は統帥権的規定であり、創設的な意味を有する。」単に憲法や内閣法の規定の確認であれば、「この条文を自衛隊法に特別に設ける必要はなく、削除すべきものであろう。」「この条文は自衛隊の最高指揮監督権（自衛隊の行動についての指揮命令権のみを意味し、自衛隊の管理についての指揮監督権は含まない）を内閣総理大臣によって代表される内閣にその固有の権限として留保した意味の規定である。従って、この条文は、内閣総理大臣が内閣を代表して直接に自衛隊を指揮し得る規定であると解釈すべきである。」

　そのように考える理由として、防衛二法制定時において「保守三党は旧憲法下の統帥権の所在にも匹敵すべき重大な問題として考えていた」ことを挙げる[105]。また軍事的指揮権の特別の重要性を指摘する。「自衛隊がその任務から国際戦争法規上の『Armed Forces』に該当するものである以上、自衛隊の行動に関する最高の指揮権の所在を明確にする必要があり、武力を行使する国家防衛武装組織集団としての機関を運用することは、内閣法および国家行政組織法にいう行政事務の分担管理に当たらない別個の行政作用であって、自衛隊法に特別法として規定したものである。」

　「統帥権」という言葉を使うが、統帥権の独立を主張しているわけでは

---

103) 角田96回1982（昭和57）年4月1日参・内閣5号15頁。
104) 代表的論者は宮崎弘毅である。小針（1990: 276-277）は通説に疑問を持ち、創設説に魅力を感じると考えている。しかし軍事防衛・軍隊指揮権が日本国憲法で予定されているかが、それ以上に問題だとする。「本来あるべきものがないというのは、かかる存在を予定していなかったからだということになりはしないか」と述べている。軍事的指揮権を正面から認める創設説に立てば、その軍事的指揮権の憲法上の根拠がより明確に問題になるということであろう。
105) そのうえで前述のように、3党のうち改進党は軍事的性格を正面から出そうとし、自由党は「統率」を「指揮監督」に改めるなど行政的形式を採ろうとした（宮崎（1977b: 96-97））。宮崎自身が指摘するように、3党がそろって統帥権創設規定説的な考えかたを持っていたわけではない。

なく、文民統制の原則を認めている。「自衛隊法第七条は、文民統制原則としての自衛隊の最高権を明示した創設的な規定である。」「この条文は、国会議員の中から国会の議決で指名された文民である内閣総理大臣が、自衛隊の最高権を有するという、議院内閣責任制度下における自衛隊に対する『文民統制の原則』に合致することを明示したものである。」[106]。

統帥権創設規定説の基礎に、通常の行政に対する自衛隊の部隊行動の特殊性論がある。「部隊行動においては、部隊指揮命令の統一、果断迅速、秘密確保、確実な実施のため命令服従の厳格性が要求され」る。「また防衛行動には戦闘による部隊隊員の生命の損失を予期する事態が含まれ」[107]。

(ii) 検討——行動と管理の分化

この統帥権創設規定説では「自衛隊の行動についての指揮命令権」と「自衛隊の管理についての指揮監督権」が区別され、自衛隊法7条は前者に関する。後者に関する指揮監督権は憲法72条と内閣法6における「行政各部を指揮監督する」とする規定に基づくとされるのであろう。自衛隊法7条によって創設された前者の指揮命令権に閣議決定を必要とするかどうかについて、宮崎は明言していない。しかし内閣法6条の適用を受けず、閣議決定を要しないとする立場だと理解されている[108]。「内閣総理大臣が内閣を代表して直接に自衛隊を指揮し得る」とするのは、その趣旨なのであろう。

確認規定説による統帥権創設規定説に対する批判のなかに、憲法72条による行政各部に対する指揮監督権と別の統帥権は、法律ではなく憲法の根拠を必要とすることを指摘する立憲主義的なものが少なくない。「内閣総

---

106) 宮崎（1977b: 105）。
107) 宮崎（1977b: 104）。
108) そのような宮崎説理解は多い。たとえば、安田（1979: 63）は統帥権創設規定説について、「内閣総理大臣は内閣を代表するという立場においてではあるが、内閣法第六条の規定の適用を受けることなしに、必要な行動命令を発することができる」とする。山中（2013: 65）など。さらに安田（1979: 64-65）は、防衛省昇格の場合に総帥権創設規定説が改めて検討の対象となる可能性があり、その場合にはドイツを参考にして内閣総理大臣が直接個人責任を負うべきものとするのが望ましいとする。

理大臣に閣議による制約を受けない権限を付与したとすると、問題は立憲主義の根幹に触れる。伝統的な憲法におけるように憲法に統帥条項を設けるのであれば別であるが、通常の法律でそういう定めをすることができるのかという疑問がある。」[109]。宮崎説では、「自衛隊の最高指揮監督権……を内閣総理大臣によって代表される内閣にその固有の権限として留保した」とされている。内閣の「固有の権限」論は、「行政権は、内閣に属する」とする憲法65条に憲法上の根拠を求めているのであろうか。そうだとしても、この抽象論はやはり立憲主義上の難点をかかえている。同じ論法で、65条から「統帥権」に限らず、あらゆる分野で適当な権限が引き出され得るからである。

　確認規定説は「最高」指揮監督権など自衛隊法7条の軍事的性格を説明できない。統帥権創設規定説には立憲主義的問題が含まれている。どちらにも問題がある。

　日本国憲法のもとで軍事を認めつつ、それに制約が加えられてきた。そのことは立法において実体面で個別的自衛権・自国防衛とされる自衛隊法3条1項、手続面で軍事的指揮に行政的「指揮監督」形式が与えられた自衛隊法7条に規定されている。法解釈において実体面で自衛力論、手続面で自衛隊法7条確認規定説に表現されてきたのであろう[110]。そのような問題状況が自衛隊加憲論のなかで表面化することになるので、別の柱を立てて検討することにしたい。

---

109) 安田（2004: 129）。山中（2013: 76）など。
110) 自衛隊法7条とその確認規定説に表れた防衛＝行政論という抽象的形式論は、明治憲法が日本国憲法に移行しつつ、明治憲法11条によって「陸海軍ヲ統帥」した「天皇」の戦争責任が問われなかったことが背景にあろう。また占領・安保体制におけるアメリカの再軍備要求と日米の軍事的分担にも規定されているであろう。防衛＝行政論はこれらの歴史的、政治的問題にカバーをかけている。

2　自衛隊加憲論における指揮監督規定

(1)　指揮監督規定論の展開——自由民主党自衛隊加憲案の形成

　自衛隊加憲論における自衛隊の組織論として指揮監督規定を見ていきたい。自民党の見解を中心に自衛隊加憲論を取り上げていく。

　ⅰ　安倍晋三による自衛隊加憲論の提起まで
　(ⅰ)　安倍の提起のまえ——組織論の例外性
　　a　多様な案

　2017年5月に安倍によって自衛隊加憲論が提起されるまえに出されていた加憲論について本書1章で検討したが、そこでは組織のありかたはどのように考えられていたであろうか。加憲の基本的な必要性や論点が論じられているが、加憲される自衛隊の指揮権など、組織のありかたにふれたものは少ない。

　まず条文として「自衛隊」を明記する[111]かどうかという問題があるが、「自衛隊」を明記する明確な条文案は見つからない。下記のように一般的な規定がなされている。①1981年10月21日の自主憲法期成議員同盟「第一次憲法改正草案〈試案〉」では、独立と安全を防衛するために「必要な実力（または武力）」[112]、②1993年4月24日の自主憲法期成議員同盟・自主憲法制定国民会議「日本国憲法改正草案」では、「自衛のために必要な限度の軍事力」[113]、③1999年9月の小沢一郎「日本国憲法改正試案」では「自衛権」のための「戦力」[114]、④2013年10月の枝野幸男「改憲私案」9条の2、3項では「自衛権に基づく実力行使のための組織」[115]、⑤2016年9月の伊藤哲夫・日本政策研究センター代表案では「自衛のための実力」[116]。

---

[111]　ここには憲法的、政治的問題があり、後述する。
[112]　渡辺（2015：上329）。
[113]　渡辺（2015：上387）。
[114]　小沢一郎（1999: 98）、渡辺（2015：上499）。
[115]　枝野（2013: 129）。
[116]　伊藤哲夫（2016: 22）。

b　公明党案

それに対して⑥安倍の提起の前提として重要と思われる公明党案のうち、2004年6月16日の「公明党憲法調査会による『論点整理』」には、「専守防衛、個別的自衛権の行使主体としての自衛隊」の文言がある[117]。しかし、これは「論点整理」であり、条文化を意識したものではない。とくに重要と思われる2006年9月30日の「公明党第6回全国党大会運動方針」では、改憲論議の対象テーマとして以下の記述が挙げられている。「現行憲法第9条の規定は、わが国の平和と独立並びに国及び国民の安全を確保するため、自衛のための必要最小限度の実力組織として自衛隊を保持することを妨げるものではないことを明確にするべきかどうか。」[118]この「2006年公明党検討項目」は改憲論議の対象であり、条文化したものではないであろう。しかしその内容は、そのまま条文化可能なものとして構成されている。そこに確かに「自衛隊」の文言が見られるが、条文化の場合にこの文言を入れるかどうかの検討まで行われていたかどうかは明らかではない。

結局、安倍の提起前の自衛隊加憲論には、加憲の対象となる組織の規定について明確な論議はなかったように思われる。

c　組織規定

「自衛隊」規定以外の他の組織問題は、次のように④の枝野案にのみ見られる。「内閣総理大臣は、前二項の自衛権に基づく実力行使のための組織の最高指揮官として、これを統括する。」(9条の2、3項)「前項の組織の活動については、事前に、又は特に緊急を要する場合には事後直ちに、国会の承認を得なければならない。」(同4項)これらは指揮権と文民統制に関するもので、組織論として通常の項目である。

しかし、もう少し内容を具体的に見ると、案9条の2、3項では、自衛隊法7条のように行政的解釈がなされてきた「指揮監督」権ではなく、軍事的性格がより明確な「指揮」官が使われている。案4項で「前項の組織の活動」と言われているが、軍事組織の活動全てに国会の承認が求められ

---

117) 公明党憲法調査会 (2004: 20)、渡辺 (2015：下42)。
118) 公明党 (2006: 17)。

ることは軍事的にはない。代表的には自衛隊法76条の防衛出動など、対象活動が一定のものに限定される。そのために自民党の自衛隊加憲案では「法律の定めるところにより」の文言が入っている。枝野案ではそこまでの立法技術的な検討はなされていないようであり、基本的な趣旨を条文の形にしたのであろう。

安倍の提起前の自衛隊加憲論では、全体として組織論はほとんど論議の対象になっていなかったように思われる。

(ii) 安倍の提起──組織論の未確定性

2017年5月3日の安倍による自衛隊加憲論の提起においても、組織論は見られないと思われる。改憲集会に寄せたメッセージによれば、「自衛隊を明文で書き込む」と言われている。文字通りには、「自衛隊」という文言を条文に規定することが考えられているように思われよう。しかし、そこで言う「自衛隊」は、現在「存在」する「自衛隊」のことである。「自衛隊」という文言を規定するかどうかは、明確には言われていない。同趣旨のインタビューでは、「自衛隊の存在を記述する。どのように記述するかを議論してもらいたい」と述べられている[119]。「自衛隊」という文言を規定するかどうかについては、断定されていないように思われる。このように、組織名を含めて、明確な組織論は出されていない。ただし安倍周辺で、組織論にわたる自衛隊加憲案が検討されていた可能性は否定できない。

ii 自由民主党憲法改正推進本部を中心とする論議の展開

その後の組織論の展開について、本書1章を参考にしつつ、自民党改憲推進本部の会議に沿いながら見ていきたい。

(i) 2017年6月12日の全体会合まで

2017年5月9日安倍は自衛隊加憲論を国会で出したうえで、次のように述べている。「同時に、例えばシビリアンコントロールについてしっかりと書き込んだ方がいいという方もおられるんだろうと思います。そのことを明記することによって、これ憲法に書かれるわけでありますから、自衛隊の存在が書き込まれていくわけでありますから、これはまさに憲法にお

---

119) 讀賣新聞2017年5月3日。

いて自衛隊の存在が認められるということになる」[120]。自衛隊加憲論として文民統制規定を置くことは、通常の判断である。しかし、このような国会答弁の背景に事前の検討の存在も感じられる[121]。「シビリアンコントロールについてしっかりと書き込んだ方がいいという方」がいた可能性がある。

　文民統制規定を置くことは、論理必然的に憲法によって自衛隊の存在を認めることになると指摘されている。また文民統制規定は自衛隊加憲の重要な要素になる。文民統制規定の中心は文民としての内閣総理大臣の指揮権の確認であり、指揮権規定は憲法における軍事力承認の基本である。その点では、明治憲法において天皇の統帥権規定としての11条が果たした意味と同様である。

　5月3日自民党の古屋圭司が9条3項として、「前項の規定にかかわらず自衛のための自衛隊を置ける（「置くことができる」か──浦田）」とする私案を早速示した[122]。これは「自衛隊」という文言を明記する案であるが、問題点を検討したうえかどうかはわからない。

　阪田雅裕元内閣法制局長官が、自衛隊加憲するとすれば、最高指揮官、軍法会議[123]、内閣の責任、憲法73条の内閣の職務[124]などの論点が存在することを指摘している。大石眞は自衛隊加憲を改憲の選択肢とし、「前項の規定は自衛隊の設置を妨げない」とする案を提示している。そのうえで、最高指揮権、文民統制の原則について書き入れる必要があるとする[125]。メディアからも、名称は自衛隊のままにするのかという論点が指摘されている[126]。

---

120) 安倍晋三193回2017（平成29）年5月9日参・予算18号25頁。
121) 検討があったとすれば、問題提起の5月3日と国会答弁の9日とのあいだに6日間しかないので、検討は5月3日の問題提起のまえになされていた可能性が大きい。
122) 讀賣新聞2017年5月4日。
123) 朝日新聞2017年5月9日。
124) 讀賣新聞2017年6月3日。
125) 讀賣新聞2017年5月24日。
126) 日本経済新聞2017年5月4日。

2017年6月12日の全体会合で保岡興治本部長から自衛隊加憲論が出されたが、石破茂が異論を述べた。

(ⅱ)　2017年6月21日の全体会合と（2017年6月案）

　この日の全体会合では、9条2項削除論などの異論が噴出し、当然組織論に至らず、結論は出なかった。

　本書1章でふれたように、翌日22日一部メディアによって自民党のたたき台として（2017年6月案）が報道された[127]。本当にたたき台かどうかは確認できないが、本部執行部の本命案である2018年3月15日の「『自衛隊』明記案」（本案）と基本的に同趣旨であることなど、一定の重要性を持っているように思われる[128]。

(ⅲ)　2017年9月12日の全体会合まで

　2017年7月19日高村はインタビュー[129]のなかで、自衛隊加憲案で文民統制の原則を明確化し、「文民統制」の言葉自体の明記も検討すると述べた。自衛隊は法律の範囲内で行動できるとの趣旨を盛り込む意向を表明した。自衛隊と内閣、国会との関係を書き込むべきで、「内閣の首長たる首相が最高指揮官」という書きかたでもよいとした。自衛隊の活動に対する国会承認は検討課題だと強調した。

　内容を検討してみると、法律の範囲内での行動の趣旨は、報道では文民統制の趣旨とされている。その文民統制の具体化として、自衛隊の活動に対する国会承認に関する規定のしかたが検討中とされている。自衛隊加憲論が単に9条の問題であるだけではなく、自衛隊と内閣、国会との関係に関する統治機構の問題でもあることが重視されている。この段階で、指揮権を有する内閣総理大臣の地位について、自衛隊法7条の「内閣を代表して」ではなく、「内閣の首長」たるとする案が出されていたことになる[130]。これは最終の自衛隊加憲案で採用される。指揮権について、同じく自衛隊法7条の「指揮監督」ではなく、「指揮」という文言が使われている。

　2017年9月12日の全体会合では自衛隊加憲案と9条2項削除案を並行して議論を進め、次の機会に条文案を提示する方針が確認された。

127）毎日新聞・沖縄タイムス2017年6月22日。

(iv) 2017年12月20日の全体会合まで

　2017年10月22日の衆議院選挙を含めて、この時期に自衛隊加憲をめぐる論議は活発ではなかった。そのなかで党首討論において自衛隊加憲論の組織論にかかわって小池百合子希望の党代表は、自衛隊明記によって自衛隊が防衛省より上位になるのではないかという指摘をした[131]。

　前述のように、政府見解では防衛省と自衛隊は同一の組織と説明されている[132]。そのなかで防衛省については、他の省庁と同様に加憲論の対象

---

128)（2017年6月案）について、のちに沖縄タイムス2017年7月12日、同年9月3日でも報道されたが、それを含めてこの案の組織規定について簡単に見てみたい。全体的な紹介・検討は本書1章で行った。

　9条の2、1項で、「我が国を防衛するための必要最小限度の実力組織として自衛隊を設ける」とされている。「我が国を防衛するための必要最小限度の実力組織」とする任務規定が置かれており、その内容は自衛力論の定式の忠実な表現である。「自衛隊」という名称も明記されている。大石眞はこの案について、「自衛隊」という固有名詞を入れると、国会、内閣、会計検査院のように独立した憲法上の機関として自衛隊が位置づけられる可能性を指摘している。「防衛のために必要な実力組織」と書けばいいとする（沖縄タイムス2017年7月12日）。ただし、大石の以前の発言について、前述の讀賣新聞2017年5月24日参照。

　2項前半で、「内閣総理大臣は、内閣を代表して自衛隊の最高の指揮監督権を有する」と規定されている。これは自衛隊法7条をそのまま条文化したものである（沖縄タイムス2017年9月3日）。本案2項後半で、「自衛隊は、その行動について国会の承認その他の民主的統制に服する」とされている。これは文民統制規定であり、「民主的統制」の内容とその対象「行動」の範囲を規定する法律が必要である。大石によれば、内閣総理大臣の指揮権は文民統制の一つの側面に過ぎず、同じ項に書くのは無理がある。「民主的統制」という表現も、文民統制との違いが問題にされる可能性がある（沖縄タイムス2017年7月12日）。

　この案で、組織論を構成する任務規定、「自衛隊」規定、指揮権、文民統制の規定が、全て揃えられている。

　「『自衛隊』明記案」（本案）（2018年3月15日）と「代替案2」＝「条文イメージ（たたき台素案）」（2018年3月22-25日）は、「自衛隊」規定を有している。指揮権に関して、（2017年6月案）の「内閣を代表して」が「内閣の首長たる」に変えられている。「指揮監督権を有」するが「指揮監督者とする」にされ、権限規定が地位規定に変えられている。文民統制に関して、「法律の定めるところにより」が明示されている。

129) 沖縄タイムス2017年7月20日。
130) この点で、（2017年6月案）と異なる。
131) 朝日新聞2017年10月8日。
132) 『防衛白書・平成30年版』（2018）309頁。

にはなっていない。それに対して自衛隊のみ加憲した場合、自衛隊が憲法上に位置づけられることによって、法律によって設置された組織である防衛省と異なる上位の組織とされる可能性を指摘しているのであろう。自衛隊加憲による自衛隊上位論は多くの論者から繰り返し出されているので、以下そのなかで特徴的なもののみふれることとする。

2017年12月20日の全体会合において、9条について①自衛隊加憲論と②9条2項削除論の両論が述べられたとされ、「なお、①及び②に共通する問題意識として、『シビリアンコントロール』も憲法に明記すべきとの意見が述べられた」とまとめられた[133]。7月19日高村は「文民統制」明記を検討すると述べていたが、12月20日の全体会合ではとくに異論は出されなかったようである。

(ⅴ) 2018年2月7日の全体会合まで

「自衛権」明記派[134]の動きのなかで、「自衛隊」を明記すれば、自衛隊が防衛省より上位になり、文民統制上問題が生ずるとの指摘が出された[135]。自衛隊が防衛省より上位になるとの議論が、「自衛隊」ではなく「自衛権」の明記論の根拠として使われている。文民統制上の問題とは、従来「行政各部」としての防衛省・自衛隊に対して文民統制が行われていたが、自衛隊明記によって自衛隊が国会・内閣と同様に憲法上の機関になり、国会・内閣による統制が弱まる可能性のことであろうか。そうなるかどうかは自衛隊と国会・内閣の憲法上の関係に関する具体的検討が必要であり、後述する。

阪田雅裕は、無規定で「自衛隊」を加憲すれば、「自衛隊」の名前を付けた組織は憲法上何でもできることになると指摘した。その点から、「自衛隊」の文言を入れず、「自衛のための必要最小限度の実力組織」などの任務や権限のみを規定した私案を出した[136]。しかしそこには、指揮権な

---

133) 自由民主党憲法改正推進本部（2017: 2）。
134) 本書1章で整理したように、「自衛隊」ではなく「自衛権」を明記しようとするグループは、9条1項、2項を維持しつつ、基本的に自衛戦力論の実現を目指している。
135) 毎日新聞2018年1月25日。

どの組織規定は見られない。

　2018年2月7日の全体会合では議論はまとまらなかった。議論のなかで、自衛隊を簡潔に加憲した場合、憲法上の自衛隊と法律上の防衛省のあいだで上下関係が逆転するとの懸念が出された[137]。結局、党所属議員から条文案を公募することになった。本部執行部としては、条文案の公募は不満をガス抜きするための表の形式と、当初考えられていたと思われる。

　ⅲ　条文案の公募——執行部の検討

　条文案の公募と並行して、本部執行部が条文案を調整していると報道された[138]。報道によれば、9条の2を新設し、その1項に自衛隊の定義、2項に文民統制を盛り込む案が登場している。自衛隊の定義として「必要最小限度の実力としての自衛隊」と明記する方針で、従来の政府解釈を踏まえた任務規定を示しつつ、「自衛隊」を明記する。「自衛隊」の明記には文民統制上問題があるとの指摘に対して、自衛隊と内閣・国会との関係を明確にすることによって、懸念を払拭したいと考えている。内閣総理大臣と自衛隊の関係について、内閣総理大臣を「最高指揮官とする」、「最高の指揮監督権を有する」などと明記する方向である。この際、「内閣の首長たる」など、内閣の代表であることにふれ、自衛隊が内閣に属する組織であることを明確にする。国会との関係については、「国会の統制に服する」と記す案や、武力行使の場合などに「国会の承認を得るものとする」などとする案を検討している。

　この報道を前提にすると、「『自衛隊』明記案」（本案）（2018年3月15日）と同様に自衛力論の定式を任務規定とし、「自衛隊」の組織名を明記する。

　内閣総理大臣の指揮権に関して、「最高指揮官とする」、「最高の指揮監督権を有する」など、条文案がこの段階では確定していない。しかも、「最高指揮官とする」案は、行政的性格を持つ憲法72条や自衛隊法7条の「指揮監督」の文言を使わず、より軍事的性格が明確な「指揮」という規定を行っている。このような案もこの段階では候補に挙がっていたことに

---

136) 朝日新聞2018年2月7日。
137) 讀賣新聞2018年2月8日。
138) 毎日新聞2018年2月25日。

なる。最終案では「最高の指揮監督者」として「指揮監督」が使われている。この報道では、「内閣の首長たる」も、憲法72条や自衛隊法7条の「内閣を代表して」も区別せず、ともに自衛隊が内閣に属することを示すものとされている。最終案では、「内閣の首長たる」になっている。「内閣の首長たる」も「最高指揮官」も、前述の2017年7月19日高村インタビューに規定の例として登場している。

「最高指揮」か「最高の指揮監督」か、また「内閣を代表して」か「内閣の首長たる」かの検討には、憲法・行政法・防衛法の専門的知識を必要とする。ここにも、公募の表の形式とは別に、当然のことながら改憲推進本部執行部において専門家を交えて裏の本格的な検討が進められていることが表れているように思われる。

2018年2月22日西修が自衛隊加憲案を提示した[139]。自衛隊法の規定の憲法化を基本的なスタンスとしつつ、私案を提示している。自衛隊法3条1項の目的規定を引きつつ、「自衛隊」の名称を明記している（案9条の2、1項）。指揮権に関しても、自衛隊法7条を援用して、「自衛隊の最高の指揮監督権は、内閣総理大臣に属し」としている（案2項前半）。しかし、「内閣を代表して」の規定が落とされている。無規定の内閣総理大臣の指揮規定は従来の自民党改憲案にあるが、これについては後述する。憲法（66条2項）の「文民」条項に言及しつつ、「文民統制の原則」という非常に抽象的な規定が言われている（案2項後半）。

公募に応じた条文案が本部執行部によって整理され、2018年2月28日の全体会合に提出された[140]。9条2項を維持するかどうかを基本にして、案が類型化されている。会合では2項維持派が優勢であり、執行部は2項維持案による意見集約を目指すとされた。

---

139) 産經新聞2018年2月22日。
140) 東京新聞2018年3月3日が詳しく報道している。

(2) 指揮監督規定論の構造

　ⅰ　資料「『自衛隊の明記』について（イメージ素案）」における組織規定

　2018年３月15日の自民党改憲推進本部全体会合に、９条改憲条文案が任務規定に基づき大きく４案に整理して提示された。本部執行部の本命案とされる「『自衛隊』明記案」（本案）（2018年３月15日）[141]に焦点を当て、検討していきたい。本書１章と同様に本章でも、会合で本部執行部から当日配布された資料「『自衛隊の明記』について（イメージ素案）」[142]（以下、「15日配布資料」と略）を活用したい。

　この資料は表になっており、横に大きく「９条２項を削除する案」と「９条２項を維持する案」を分けるなど、類型化された案が配置されている。縦に検討項目として、「趣旨」、「９条１項」、「９条２項」、「自衛隊（自衛権）の明記／設置目的・任務／シビリアン・コントロール①（内閣との関係）」、「シビリアン・コントロール②（国会との関係）」、「その他」、「課題」が立てられている。

　組織規定が「シビリアン・コントロール」として扱われ、軍事組織の指揮規定が「シビリアン・コントロール」のなかに埋め込まれている。「シビリアン・コントロール」が「①（内閣との関係）」と「②（国会との関係）」に分けて整理されている。「シビリアン・コントロール①（内閣との関係）」は「自衛隊（自衛権）の明記／設置目的・任務」とともに一つの枠の中に入れられ、言わば本体部分を構成している。そのなかに軍事組織の指揮規定が入っている。自衛隊法では３条の任務規定と７条の指揮監督権規定が分けて置かれているが、取り上げられている改憲案では全て任務規定と指揮規定が一つにされている。別枠として「シビリアン・コントロール②（国会との関係）」が置かれている。「①（内閣との関係）」＝軍事組織

---

141) その指揮監督規定は以下の通りである。「９条の２　……法律の定めるところにより、内閣の首長たる内閣総理大臣を最高の指揮監督者とする自衛隊を保持する。」この規定は、最終案である「代替案２」＝「条文イメージ（たたき台素案）」（2018年３月22-25日）でも変わらない。両案のあいだで任務規定が異なるが、そのことによって指揮監督規定の意味が変わるかについてはのちに検討する。

142) 自由民主党憲法改正推進本部（2018a）。

の指揮規定が本体部分であり、「②（国会との関係）」は外からの規律と位置付けられている印象を受ける。

　自衛隊の指揮監督規定について問題項目に分けて、「任務と『自衛隊』」、「内閣の首長たる内閣総理大臣」、「最高の指揮監督者」、「『責任』（憲法66条3項）体制」の順に見ていくこととする。

　ⅱ　任務と「自衛隊」規定
　（ⅰ）「『自衛隊』明記案」全体の問題――「自衛隊」と憲法上の機関
　「自衛隊」という名称を憲法に書き込むことをめぐる問題について、本書1章において別案を含めた「『自衛隊』明記案」全体に関してすでにふれたので、ここではそれを簡単に再確認しつつ補足的に検討したい。「自衛隊」規定の趣旨として、「15日配布資料」では合憲・違憲論争の決着と国民の理解が挙げられている。確かに合憲・違憲論争は実際上大幅に減少するであろう。しかし法的には、憲法に規定された憲法上の「自衛隊」と自衛隊法に基づく「自衛隊」やその実態の関係が問題になり、両者が合致するかどうかの合憲・違憲論争は継続する。政治的には、「自衛隊」の名称を持った実力組織が現状から変化しつつ連続的に正当化されるよう、国民の理解が求められる。

　さらに、「自衛隊」名加憲のうち、任務規定を置く場合とそうでない場合が考えられる。任務規定を置かず文字通り「自衛隊」名加憲のみ行えば、阪田雅裕が言うように「自衛隊」名の組織は憲法上何でもできることになる。しかしそのような規定は実際上ほぼあり得ず、本命案でも任務規定が置かれている。

　「自衛隊」名が規定される場合でも、任務規定を持った「組織」と規定される場合でも、どちらでもそれらの組織は憲法上の機関になる。「国会」（憲法41条）、「内閣」（65条）、「裁判所」（76条）や「会計検査院」（90条）などと並ぶことになる。憲法上の機関として位置づけられた場合、「内閣」など他の機関とは別の機関として敢えて規定されるのであるから、他の機関との関係が問題になる。その関係は、後述するように指揮権などの具体的な規定によることになる。

　憲法上の機関として位置づけられる場合の問題の一つとして、防衛省よ

り自衛隊が上位になるのではないかとの問題点が度々出されてきた。防衛省が防衛省設置法に基づく法律上の機関であるのに対して、自衛隊は自衛隊加憲規定に基づく憲法上の機関になるからである。「防衛省と自衛隊は、ともに同一の防衛行政組織である」が、防衛省は「管理・運営などを任務とする行政組織の面」、自衛隊は「部隊行動を行う実力組織の面」をとらえていると政府によって説明されてきた[143]。防衛省は財務省などと同様に憲法72条の一般の「行政各部」であるのに対して、自衛隊のみ憲法上の特別規定に基づく機関になる。「同一の防衛行政組織」について「行政組織の面」と「実力組織の面」が分化して、別扱いを受けることになる。軍事の特殊性がその分憲法上位置づけられ、強調されることになる。その具体的なありかたについては、具体的な指揮監督規定に即して検討する必要がある。

　なお、自衛隊加憲案において今後「自衛隊」規定を取りやめ、抽象的な「実力」規定に変えられる可能性は、あるが小さいと思われる。「自衛隊」規定への安倍や自民党多数派のこだわりが強いからである。「災害救助」を含めた任務を果たしている「自衛隊の姿」（2017年5月3日安倍メッセージ）をイメージさせるためには、抽象的な「実力」規定ではなく「自衛隊」規定が政治的に有効なのであろう。

　(ⅱ)　「『自衛隊』明記案」（本案）——自衛隊と防衛省
　「『自衛隊』明記案」のなかで別案を除いた「『自衛隊』明記案」（本案）における任務規定は、「我が国の平和と独立を守り、国及び国民の安全を保つための必要最小限度の実力組織」（9条の2、1項）である。これは自衛力論の定式を条文化したものである。

　それに続いて、指揮監督を中心にした組織規定として、「法律の定めるところにより、内閣の首長たる内閣総理大臣を最高の指揮監督者とする自衛隊を保持する」と規定されている。任務規定を置いたうえで、「自衛隊を保持する」として、「自衛隊」の名称を規定している[144]。「15日配布資

---

143)　『防衛白書・平成30年版』（2018）309頁。
144)　(2017年6月案) も自衛力論の定式を内容とする任務規定を置き、「自衛隊」名を規定している。

料」において「シビリアン・コントロール①（内閣との関係）」として整理されている。

「自衛隊」規定によって防衛省より自衛隊が上位になるとの批判に対して、「法律の定めるところにより」という文言を入れることによって答えようとしたと言われている。すなわち、加憲後も自衛隊は防衛省設置法や自衛隊法に基づくことになるので、現在と変わらないことを示すためだとされている[145]。

しかしながら、「自衛隊」加憲とは「憲法の定めるところ」を意味し、自衛隊は憲法上の機関になる。「法律の定めるところにより」という文言を入れても、憲法上の機関性は否定されない。後述のように、自衛隊加憲案の規定のしかたによって「法律の定めるところ」＝防衛省設置法・自衛隊法の規定が変わる可能性も予想される。すなわち「法律の定めるところ」により、現在と変わる可能性もある。「法律の定めるところ」＝根拠法律なしに自衛隊を設置することは現行法制上考えられないので、「法律の定めるところにより」という文言がなくても、「法律の定めるところ」によらなければならない[146]。「法律の定めるところにより」の文言は現在では法的には当然のことであり[147]、現状維持の印象を与える政治的効果を狙ったものと考えられる。

iii 「内閣の首長たる内閣総理大臣」――内閣の代表と首長の関係

「『自衛隊』明記案」（本案）における自衛隊の指揮権の主体は「内閣の首長たる内閣総理大臣」であり、内閣総理大臣の地位は「内閣の首長」である。自衛隊法7条では、「内閣を代表して」とされている。「内閣の首長たる」と「内閣を代表して」の関係について、どう考えるべきであろうか。この点に関する自民党による説明は、関連したわずかなものを除いて見当

---

[145] 毎日新聞2018年3月15日。

[146] 『防衛白書・平成30年版』（2018）214頁も文民統制として、「国会が、……主要組織などを法律……の形で議決」することを挙げている。

[147] 自衛隊法7条制定過程において1953年11月に保安庁内局において、「編成の大綱」も「法律」ではなく「政令事項」としたいとする考えが採られていた（宮崎（1977a: 102））。「法律の定めるところ」はこのような考えを否定する意味はある。

たらない。

(i) 自衛隊法7条の制定過程——「内閣の代表」規定の構想

経緯を簡単に追うと、1953年12月16日自由党、改進党、日本自由党が保安庁に提示した20項目の改正要点の(6)に、自衛隊は「内閣を代表する内閣総理大臣」が指揮監督することとする表現が見られる[148]。それを受けて、1953年12月30日衆議院法制局が作成した「保安庁法改正案要綱」の六⑽で、「内閣総理大臣は、内閣を代表して」自衛隊の最高の指揮監督権を有することとされた[149]。これを元にして、自衛隊法7条が成立した。

「内閣の代表」や「内閣の首長」に関わる論議を拾ってみると、①20項目の改正要点に対応するものに見られた[150]。②前述のように、佐藤達夫

---

148) 西沢（1953）。宮崎（1977a: 103）。
149) 佐藤達夫（1953-54）。宮崎（1977a: 105）。
150) 他方で、同じ20項目の改正要点の(5)で、「保安庁を独立省とするか否か」は「具体的に規定を立案しつつ研究決定すること」とされている。20項目の改正要点に沿って、その項目毎に要綱化した1953年12月19日付の「保安庁法改正要綱（二八・一二・一九）」がある（西沢（1953））。衆議院法制局が作成した可能性があるが、作成者不明である。そこで20項目の改正要点の(5)に対応して、その「五」の括弧の中で保安庁を独立省とする場合が扱われていると考えられる。そこで次のように言われている。「内閣総理大臣は、自衛隊の最高指揮官となり、省大臣は自衛隊指揮について最高指揮官の補佐官である。この場合の内閣総理大臣の地位は、内閣の首長でもなく、又、総理府の長でもない別個の地位である。即ち、内閣総理大臣は、自衛隊の指揮を分担管理する大臣である。これ以外の行政事務については、省大臣が分担管理する大臣である。」
　ここでは内閣総理大臣は保安庁・防衛庁が総理府に置かれた場合の「内閣を代表して」でもなく、独立省の場合に「内閣の首長」ではなく「自衛隊の指揮を分担管理する大臣」とされている。ここでは軍事的な「自衛隊指揮」と「これ以外の行政事務」が分化している。「自衛隊指揮」に関して内閣総理大臣は「自衛隊の最高指揮官」＝「自衛隊の指揮を分担管理する大臣」、省大臣は「最高指揮官の補佐官」とされている。「これ以外の行政事務」については、省大臣が「分担管理する大臣」になる。
　ここでは軍事的なものと行政的なものが分化し、それに応じて内閣総理大臣と省大臣が分担管理する。「自衛隊の最高指揮官」となる内閣総理大臣は、「内閣の首長」ではないとされている。「内閣の代表」や「内閣の首長」という憲法論ではなく、行政法論として「自衛隊の指揮を分担管理する大臣」と位置付けられているようである。そこにおける憲法解釈論や法律制定論はどのようなものか明らかではない。また自衛隊加憲論との関係で、軍事的なものと行政的なものが分化する思考は注目されるが、他の論理はどのような意味があるのであろうか。

法制局長官から西沢哲四郎衆議院法制局長に宛てたと思われるメッセージに関する1953年12月29日付の「内閣を代表しての意味」に関するメモがある。そこでは「内閣を代表しての意味」について一定の論点の存在が指摘されていた[151]。③また前述の1954年1月5日の保安庁局長会議において、「内閣を代表して」の意味が論点になっていた[152]が、議論の内容は明らかではない。

　防衛二法形成過程において、内閣総理大臣の地位について内閣の首長と総理府の長との関係は論点になったが、「内閣の首長」規定案はなかったと思われる。早い段階から「内閣を代表」する規定が構想されていた。経緯全体として、自衛隊加憲論における「内閣の首長たる」と「内閣を代表して」の関係に関わる論議は明確ではなく、少なくとも表面化していなかった。

　(ⅱ)　自衛隊法7条の解釈——統帥権創設規定説の可能性

　自衛隊法7条の法的意味について、前述のように解釈論として従来確認規定説と統帥権創設規定説が出されてきた。この説の対立は、一般的には自衛隊法7条全体に関するもので、とくに「内閣を代表して」に焦点を当てたものではない。本稿の叙述の必要性から、必要な限りでここでふれることとする。

　　a　確認規定説

　政府見解・通説である確認規定説から見ていくと、自衛隊法7条は憲

---

151)　佐藤達夫（1953-54）。「ａ　内閣に代つて総理大臣が統率」は違憲の疑いがあるとして斥けられている。そのうえで、「ｂ　(イ)　内閣の首長としての総理大臣が統率」、「(ロ)　内閣の代表者として」」が検討されている。(イ)について総理府の長としての地位との差異が不明とされているが、自衛隊加憲論とは関係のない論点あろう。(ロ)は憲法72条との区別がはっきりしないとされ、憲法72条との関係が意識されている。しかしこの佐藤の整理も自衛隊加憲論における「内閣を代表して」と「内閣の首長たる」の関係とつながるものはないであろう。

152)　宮崎（1977b: 94-95）。また1954年1月下旬の局長会議における問題点（宮崎（1977b: 95））のなかに、1953年12月19日付の「保安庁法改正要綱（二八・一二・一九）」の「五」と同趣旨の論点が挙がっている。「(ハ)　内閣の首長でもない総理府の長でもない内閣総理大臣を軍令の分担管理大臣にすることは理論上可能であるが、この場合は、やはり内閣の統括の下にあるので最高の軍令権者ではない。」

72条、内閣法6条の確認規定とされる。憲法72条によって、「内閣総理大臣は、内閣を代表して……行政各部を指揮監督する」とされている。そこでまず、前提となる憲法72条の解釈が問題になる。

　憲法72条に関する政府見解・通説では、内閣総理大臣は66条1項によって内閣の「首長」とされているので、外部に対して内閣を代表するのは当然だとされている[153]。「首長」性から「代表」性が生ずると説明されているように思われる。72条に掲げられた権限は内閣のものであり、また内閣総理大臣が代表する権限は72条に限らず、内閣の権限全てである。したがって、「内閣を代表して」は「議案を国会に提出」するなどとともに「行政各部を指揮監督する」にかかるとされている[154]。「内閣」と「行政各部」はともに行政機構に属するとはいえ、相互に別個の存在であり、内閣から言えば行政各部は外にあると考えられている[155]。

　それに対して72条に関する少数説の立場を示す中川剛によれば、内閣総理大臣の内閣の首長性を重視し、「日本国憲法の総理大臣はある程度において（明治憲法下の天皇の──浦田）大権を継承したことになる」[156]とされる。その具体化として国務大臣の任免権とともに行政各部の指揮監督権が指摘される。後者に関して文章構成などを理由に、「内閣を代表して」は「議案を国会に提出し」までしかかからないとされる。内閣総理大臣は「内閣を代表して」ではなく、単独の権限として「行政各部を指揮監督する」ととらえられる。このことによって、内閣総理大臣のリーダーシップの強化が帰結される[157]。大石眞の場合には、「『内閣を代表して』という文言は、対外的な関係を示すものであるから、国会との関係でのみ意味をもつと解し、内閣の下にある行政各部に対する指揮監督には係らない」とされる。そのうえで中川説が支持されている[158]。

---

153)「内閣總理大臣が内閣の首長であるということは、當然に、内閣を代表する權限を有することを意味する」（法學協會（1954: 1072））。佐藤功（1984: 867）、芦部（2019: 337）。
154) 法學協會（1954: 1072）、宮澤（1978: 551）、佐藤功（1984: 867）。
155) 法學協會（1954: 1076）。
156) 中川（1992: 149）。
157) 中川（1992: 150）。

72条に関する政府見解・通説によれば「内閣を代表して」は「行政各部を指揮監督する」にかかり、内閣法の立法者もその立場を前提にして6条を構成した。すなわち、「内閣総理大臣は、閣議にかけて決定した方針に基づいて、行政各部を指揮監督する。」自衛隊法7条の確認規定説では、自衛隊法7条の指揮監督権は「閣議にかけて決定した方針」に基づかなければならない。その対象は、管理・運営と部隊行動を含む、自衛隊に関する全ての行政に及ぶ。自衛隊法7条が憲法72条、内閣法6条と同趣旨のことを確認したのは、実力組織に対する文民統制の重要性に基づくとされる。その点で、軍事の特殊性は認識されている。

　b　統帥権創設規定説

他方で自衛隊法7条に関する統帥権創設規定説によれば、自衛隊に関する行政のうち、自衛隊の部隊行動についての指揮命令権である統帥権＝「指揮監督権」が自衛隊法7条によって創設された。管理・運営の行政については、憲法72条、内閣法6条に基づくのであろう。自衛隊法7条は、「内閣総理大臣が内閣を代表して直接に自衛隊を指揮し得る規定である」とされる[159]。内閣を代表するが、内閣法6条の適用を受けず、したがって閣議決定なしに統帥権を行使できると理解されている。この学説は自衛隊の部隊行動、すなわち軍事の特殊性をより強く認識している。

しかし前述のように、憲法上の根拠なく、法律によって「統帥権」＝軍事的指揮権を創設できるのかとする立憲主義的批判が寄せられてきた。しかしながらこの説は、憲法65条の「行政権」に憲法上の根拠を求め、憲法72条とは別ルートの憲法論を構想している可能性があろうか。自衛隊加憲によって、自衛隊の指揮監督権の根拠規定が憲法上与えられれば、統帥権創設規定説的思考は新たな意味を持つ可能性があるのであろうか。後述す

---

[158] 大石（2014: 186-187）。「内閣を代表して」が国会との関係で意味を持つとすれば、「一般国務及び外交関係について国会に報告し」にも係ることになる。明示されていないが、そうだとすれば、その点では中川説と異なることになる。なお大石は内閣法6条を直ちに違憲と断定すべきではなく、行政権行使のありかたについて法律で条件を付すことは可能だとしている。閣議決定の要否は立法に委ねられていると考えられているようである。

[159] 宮崎（1977b: 105）。

る。

　(iii)　従来の自民党の改憲案——内閣総理大臣の「専権事項」論

次に従来の自民党の改憲案を見てみることとする。

2005年と2012年の二つの改憲案は全面改憲案であり、9条2項削除を規定している。

　　a　2005年改憲案

まず2005年10月28日の「新憲法草案」[160]（以下、「2005年改憲案」と略）では、9条2項削除のうえ、9条の2、1項が置かれている。

「我が国の平和と独立並びに国及び国民の安全を確保するため、内閣総理大臣を最高指揮権者とする自衛軍を保持する。」

自衛隊法7条と異なり「内閣を代表して」がなく、また「内閣の首長たる」のような内閣総理大臣の地位に関する文言もない。内閣総理大臣は無規定である。「最高指揮権者」は「内閣」総理大臣ではあるが、9条の2、1項においては「内閣」と「内閣総理大臣」の関係を示す規定が除かれている。さらに行政権に関する65条に修正が加えられている。

「行政権は、この憲法に特別の定めのある場合を除き、内閣に属する。」

「この憲法に特別の定めのある場合」という例外が規定されている[161]。内閣総理大臣の職務として、72条は次のように規定されている。

「①　内閣総理大臣は、行政各部を指揮監督し、その総合調整を行う。

②　内閣総理大臣は、内閣を代表して、議案を国会に提出し、並びに一般国務及び外交関係について国会に報告する。」

2項の議案の国会提出と一般国務・外交関係の国会報告については「内閣を代表して」があり、1項の行政各部の指揮監督の場合にはない。「内

---

160) 渡辺（2015：下338-348）。
161) なお、65条について「この憲法に特別の定めのある場合」という例外が規定されていなくても、「この憲法に特別の定めのある場合」には例外が認められる。法文の構造から、「特別法は一般法に優先する」とする解釈原則に基づく。現在の65条でも同様である。「この憲法に特別の定めのある場合」という文言は、論理関係を明確化する意味を持つ。なお解釈原則のうち、「後法は前法に優先する」は、憲法の増補方式を除き、立法において意図的に使われることはない。それに対して、「特別法は一般法に優先する」は立法においてしばしば意図的に使われる。

閣を代表して」の文言がない場合は、内閣総理大臣単独の権限とされていると思われる[162]。そうだとすると、そのことは自衛軍の最高指揮の場合にもあてはまり、無規定の内閣総理大臣の単独の権限と考えられる。すなわち、9条の2、1項や72条1項の場合は、65条の「行政権」に当たるが、そこにおける「この憲法に特別の定めのある場合」として、「内閣」ではなく「内閣総理大臣」に「属する」ことになろう。また「行政各部を指揮監督」も「内閣を代表して」がないので、自衛軍に関して軍事的「最高指揮」ではない行政的「指揮監督」も、他の行政的「指揮監督」と同様に内閣総理大臣単独の権限に属することになる[163]。軍事行政に関する行政的「指揮監督」は他の行政的「指揮監督」とは実体的に違った特殊性を持とう。

　　b　2012年改憲案

2012年4月27日の「日本国憲法改正草案」[164]（以下、「2012年改憲案」と略）では、9条2項において自衛権を確認したうえで、9条の2、1項において以下のように規定されている。

「我が国の平和と独立並びに国及び国民の安全を確保するため、内閣総理大臣を最高指揮権官とする国防軍を保持する。」

これは、「自衛軍」が「国防軍」に、「最高指揮権者」が「最高指揮官」に変えられたほかは、2005年改憲案9条の2、1項と同文である。

2012年改憲案『Q&A』では、内閣の章における内閣総理大臣の権限強化の説明として、以下のように述べられている。「内閣総理大臣は、内閣の首長であり、国務大臣の任免権などを持っていますが、そのリーダーシップをより発揮できるよう、今回の草案では、内閣総理大臣が、内閣（閣議）に諮らないでも、自分一人で決定できる『専権事項』を、以下のとお

---

[162]　「内閣を代表して」が「行政各部」に係らないとする点で、日本国憲法72条に関する少数説と一致している。

[163]　舛添（2014: 154-155）によれば、自民党内の改憲案審議過程で「内閣」・「内閣総理大臣」論、関連して閣議不要論・必要論の両論があった。内閣総理大臣が主体となる行政権の場合、閣議不要論になると考えられるが、明らかにされているわけではない。

[164]　自由民主党（2012）。

り、3つ設けました。①行政各部の指揮監督・総合調整権、②国防軍の最高指揮権、③衆議院の解散の決定権」[165]。「国防軍の最高指揮権」も内閣総理大臣の「専権事項」とされている。内閣総理大臣の権限強化の根拠は「内閣の首長」性であり、そこから内閣・閣議によらない内閣総理大臣の「専権事項」が帰結されている[166]。

65条の行政権規定は2005年改憲案65条と同文で、「この憲法に特別の定めのある場合を除き」として例外を設けている。この例外として『Q&A』では以下の5項目が挙げられている。「①行政各部の指揮監督・総合調整権（72条1項）②国防軍の最高指揮権（9条の2第1項、72条3項）③衆議院の解散の決定権（54条1項）」、「④会計検査院による決算についての検査（90条1項）⑤地方自治体の地方行政に係る権限（第8章・地方自治）」[167]。①②③は「内閣総理大臣の『専権事項』」とされ、そのなかに「国防軍の最高指揮権」も入る。2005年改憲案と同様に、それは65条の「行政権」に入るが、「この憲法に特別の定めのある場合」として、「内閣」ではなく「内閣総理大臣」に「属する」ことになる[168]。

内閣総理大臣の職務に関する72条は以下のように規定されている。

「①　内閣総理大臣は、行政各部を指揮監督し、その総合調整を行う。

②　内閣総理大臣は、内閣を代表して、議案を国会に提出し、並びに一

---

165) 自由民主党（2013: 23）。
166) ただし、他の二つの権限が閣議にかけなくてもよいとされているのに対して、「国防軍の最高指揮権」については「法律に特別の規定がない場合には、閣議にかけないで国防軍を指揮することができます」と解説されている。逆に言えば、「法律に特別の規定」があれば、その具体的規定によって閣議にかけなければならないとすることもできるとされている。憲法上内閣総理大臣の「専権事項」ととらえられたものに、「法律に特別の規定」を設けて、閣議を要求することができると考えられている。他の2権と異なり、何らか軍事の特殊性が考えられているのであろう。
167) 自由民主党（2013: 24）。
168) ④⑤については、『Q&A』で以下のように説明されている。「なお、現行憲法下においても、例えば次のような権限などは、広い意味での『行政作用』に含まれる権限ではありますが、憲法上、明文規定をもって内閣以外の機関が行うこととされており、これについても、本条の『この憲法に特別の定めのある場合』に該当することになります。」「現行憲法下」で65条に「この憲法に特別の定めのある場合」とする例外規定はないが、「この憲法に特別の定めのある場合」として例外が認められるとされている。

般国務及び外交関係について国会に報告する。
　③　内閣総理大臣は、最高指揮官として、国防軍を統括する。」

　２項にのみ「内閣を代表して」の文言が置かれ、１、３項にはない。すなわち３項の国防軍の統轄権は、「内閣を代表して」ではなく、「内閣総理大臣の『専権事項』」であることが示されている。９条の２、１項の「最高指揮官」規定を前提にして、「内閣総理大臣の職務としてこの条（72条３項——浦田）でも再整理したものです」[169]と解説されている。また2005年改憲案と同様に、国防軍に関して軍事的「最高指揮」ではない行政的「指揮監督」も、他の行政的「指揮監督」と同様に内閣総理大臣単独の権限に属している。

　2005年改憲案でも2012年改憲案でも、自衛軍・国防軍に対する内閣総理大臣の最高指揮規定には「内閣を代表して」の文言がない。そのことは最高指揮権が「内閣総理大臣の『専権事項』」であり、閣議を必要としないことを示していると考えられる。2005年改憲案でもそう思われ、2012年改憲案では明確にそう解説されている。2012年改憲案の解説では、その「専権事項」性の根拠は内閣総理大臣の「内閣の首長」性（憲法66条１項）に求められている

　(iv)　自衛隊加憲論——「内閣の代表」から「内閣の首長」へ
　2017年の安倍による自衛隊加憲論提起以降の動きを見てみよう[170]。
　2017年７月19日高村正彦自民党副総裁はインタビュー[171]のなかで、自衛隊加憲案について「内閣の首長たる首相が最高指揮官」という書きかたでもよいとした。報道[172]によると、自民党改憲推進本部が条文案を公募していた2018年２月の段階で、並行して本部執行部が条文案を調整していた。そこでは自衛隊の指揮権について、「内閣の首長たる」など、内閣の代表であることにふれ、自衛隊が内閣に属する組織であることを明確にす

169）自由民主党（2013: 23）。
170）なお（2017年６月案）では、「内閣総理大臣は、内閣を代表して自衛隊の最高の指揮監督権を有」するとされ、「内閣を代表して」の文言が入っている。
171）沖縄タイムス2017年７月20日。
172）毎日新聞2018年２月25日。

る考えかたが採られていた。この報道では、「内閣の首長たる」も「内閣を代表して」も区別せず、ともに自衛隊が内閣に属することを示すものとされている。本命案に置かれる「内閣の首長たる」の文言が、その時点で改憲推進本部執行部のあいだで候補として挙がっていたことになる。

無規定案については、西修案[173]のように一般人のものはあるが、自民党内の案については明らかではない。

自民党内の自衛隊加憲論ではおそらく自衛隊法7条の「内閣を代表して」の規定から議論は出発したであろうが、改憲本部執行部では「内閣の首長たる」の規定案が早くから登場し、やがて有力化していったようである。

(v) 「『自衛隊』明記案」（本案）――行動と管理の分化の可能性

　a 「内閣の首長たる」の論理的意味

「内閣を代表して」から「内閣の首長たる」に変わることによって意味が変更しているとすれば、以下のような可能性が考えられる。

　(a) 内閣総理大臣のリーダーシップ

自衛隊の指揮権者の地位は自衛隊法7条では「内閣を代表して」、従来の自民党改憲案では無規定なのに対して、「『自衛隊』明記案」（本案）では「内閣の首長たる」とされている。その点で、「『自衛隊』明記案」（本案）は自衛隊法7条と従来の自民党改憲案の中間にある。各案にとって「内閣の首長たる」＝内閣の首長性は憲法66条1項に規定された共通の前提であると同時に、憲法72条の少数説や従来の自民党改憲案において内閣総理大臣のリーダーシップを強調する根拠とされてきた。後者に着目すると、「内閣を代表して」から「内閣の首長たる」に変えられたことは、一定の範囲で内閣総理大臣のリーダーシップを強調する意味を持ち得る。

　(b) 二つの理論的根拠の可能性

その理論的根拠として、まず憲法72条の少数説が注目される。この説によれば、内閣総理大臣の内閣の首長性を前提にしつつ、「内閣を代表して」は「行政各部を指揮監督する」にはかからないと解釈されている。内閣の

---

173) 産經新聞2018年2月22日。

首長性と内閣の代表性が切断されている。すなわち、内閣の首長だが、内閣の代表ではないルートが認められている。そこから「内閣の首長たる」の規定のもとで、自衛隊の「最高の指揮監督」（9条の2、1項）についても内閣総理大臣が単独で「指揮監督する」（72条）ことができる。そこから、閣議決定の排除も憲法上可能になるのであろう。しかし、この少数説による代表性の排除は、憲法72条の「内閣を代表して」がかかるとされる「議案を国会に提出」（あるいはさらに「一般国務及び外交関係について国会に報告」）を除いて、内閣に属する全ての行政権に及ぶ。このように影響の大きい解釈が政府によって採用される可能性は、その分小さくなろう。

　つぎに自衛隊法7条に関する統帥権創設説について考えると、この説に対して憲法上の根拠がないとする立憲主義的批判が出されてきた。しかし、9条の2、1項の「最高の指揮監督」規定が加憲されれば、この問題はクリアする。

　この説では、自衛隊に関する広義の防衛行政権が部隊行動関係と管理・運営関係に分けて考えられている。前者では内閣法6条の閣議決定が排除され、後者では課されると考えられていると理解されている。自衛隊加憲されれば、憲法上の根拠が前者では9条の2、1項、後者では72条ということになる。66条1項における「内閣」の「首長たる内閣総理大臣」の規定を共通の前提にして、9条の2、1項と72条が規定されていることになる。その構造のなかで、9条の2、1項による「内閣の首長たる」の再度の規定は、72条による「内閣を代表して」のコースを取らず、内閣総理大臣のリーダーシップを強調したものと理解されるであろうか。

　自衛隊加憲案において「指揮監督」という行政的形式が採られている枠組のなかで、この理解の方向を進めると、どうなるであろうか。管理・運営関係は72条によって論理的には内閣の権限として閣議決定が求められる。従来の自民党改憲案と異なり、行政的指揮監督権についても内閣総理大臣の専権事項とする規定（2005年改憲案・2012年改憲案72条1項）がないからである。しかし、部隊行動関係は自衛隊加憲案9条の2、1項により内閣総理大臣の専権事項とされ、閣議決定は不要とされよう。このように自衛隊について行政と軍事の分化が行われることになるのではないかと思われ

る。

(c) 結論

　自衛隊法7条に関する統帥権創設説を元にした憲法解釈変更の可能性は、憲法72条の少数説によるものより相対的に大きいように思われる。それによれば結論として内閣総理大臣の自衛隊に対する指揮監督のうち、管理・運営関係は「内閣を代表して」行われ、閣議決定が求められる。部隊行動関係は「内閣の首長たる」内閣総理大臣の専権事項とされ、閣議決定は不要とされることになろう。実現可能性は別にして、「内閣の首長たる」規定によって目指されているものは、これである可能性がある[174]。

b　「内閣の首長たる」理解の実際的可能性

(a) 従来の解釈変更の可能性

　以上のような理解が実際に行われるであろうか。このように理解された「内閣の首長たる」規定は、従来の解釈不変の自衛隊加憲論の原則的な説明に対して、「内閣を代表して」規定の排除によって例外を明示していることになる。それでも、「内閣の首長たる」の文言や自衛隊加憲後の憲法構造から自然なものとして、国民から受容されるであろうか。「指揮監督」という行政的用語が使われており、現状維持の安心感を与えるかもしれない。なお、自衛隊加憲案が自衛戦力論によって行われたり自衛戦力論に解釈変更されたりする可能性は、論理的には想定され得るとしても実際に大きいとは思われない。しかし、自衛隊加憲案における自衛隊の任務・活動が自衛戦力論になるかどうかと、その指揮監督権が内閣総理大臣の専権事項になるかどうかは別の問題である。自衛隊の任務・活動が自衛力論であ

---

174) なお、極限的な論理として、自衛隊加憲案9条の2は72条の例外規定と見る解釈があろうか。そうすれば、部隊行動関係か管理・運営関係かを問わず、自衛隊に関して全面的に「内閣の首長たる」規定が及び、閣議決定が不要になる。自衛隊加憲案9条の2において行政的形式としての「指揮監督」規定が置かれ、「内閣の首長たる」規定によって内閣と内閣総理大臣の関係が規定されていても、これらを形式として実質的に無視することになる。そうすれば、内容的に2012年改憲案と同様の帰結になろうか。自衛隊の任務・活動関係で「必要最小限度」規定による自衛力論が採られていても、自衛力論・「必要最小限度」規定の内容が実質的に自衛戦力論になると解釈するのと同様の極限的論理である。

っても、その部隊行動関係の指揮監督権が内閣総理大臣の専権事項になることはあり得よう。自衛隊法7条に関する統帥権創設規定説が想定していたことである。指揮監督権が内閣総理大臣の専権事項になることは、自衛隊の任務・活動が自衛戦力論になることより、実現可能性が相当に大きい。

　自衛隊の任務・活動と異なり、指揮監督などの組織問題は今後もあまり注意が払われないかもしれない。あるいは自衛隊加憲とともに組織面における軍事の特殊性論は受け入れられるのであろうか。その場合、自衛隊法7条は自衛隊加憲案9条の2、1項に合わせて、「内閣を代表して」から「内閣の首長たる」に変えられる可能性が大きい。形式的には、法律規定を憲法規定に合わせることだからである。実質的には、統帥権創設規定説が基礎に置かれているとすれば、自衛隊法7条は部隊行動関係のみを規律しているからである。

　(b)　従来の解釈維持の可能性

　上記のように理解された案が実際には困難になる可能性もあろう。この理解は従来の指揮監督や統治構造に関する憲法解釈を相当に変えている。自衛隊加憲論において従来の憲法解釈は変わらないと説明してきた[175]のであり、変える態度を見せれば、自衛隊加憲の実現はより困難になろう。結論として、自衛隊の部隊行動＝軍事関係の指揮監督権を閣議決定によらない内閣総理大臣の専権事項とする改憲案が、国会で発議され国民投票で賛成が得られる見通しが立っているであろうか[176]。

　その見通しが立たない場合、自衛隊加憲案の審議段階では、「内閣を代表して」も「内閣の首長たる」も変わらないと説明される可能性があろう。その場合にはともに内閣と内閣総理大臣の結合関係を示すものとされよう。その場合「内閣を代表して」を「内閣の首長たる」に変えた理由の説明は問題になる。内閣の代表性の基礎に内閣の首長性があるとして、同じこと

---

175)　自衛隊加憲によって憲法解釈は変わらないと、自民党はくりかえしてきた。たとえば、自由民主党憲法改正推進本部事務局（2019：2）では、「9条の下で構築されてきたこれまでの憲法解釈についても全く変えることなく」と言われている。

176)　なお、自衛隊関係について全面的に「内閣の首長たる」規定を適用し、閣議決定を一切不要とする極限的解釈は、その実現可能性がさらに小さくなる。

を基礎から表現したと説明するのであろうか。この理解のもとでは、内閣総理大臣のリーダーシップが自衛隊加憲規定の運用として追求されることになる。

　加憲案が成立したとして、運用の当初は審議過程における答弁に拘束されて、従来の解釈の変更は困難であろう。しかし、時間の経過のなかで、加憲規定の解釈変更によって従来の解釈の変更が実現されようか。この解釈変更は憲法の法文に沿っている。

　　(c)　自衛隊加憲案変更の可能性

　さらに、自衛隊加憲案の検討段階において「内閣の首長たる」を「内閣を代表して」に戻す可能性は、ある程度あるように思われる。従来の憲法解釈を変更しないことを強調して、公明党や野党の同意を取り付けるための取引材料になり得る。それでも、自衛隊加憲の基本的な効果、すなわち「自衛隊」の憲法化や複数段階改憲構想を確保することができるからである。閣議決定の有無は原理的には大きな問題であるが、内閣法6条が適用されても、技術的には「閣議にかけて決定」されるのは「方針」だけなので、ある程度柔軟な運用が可能とされている[177]。

　結局、①「内閣を代表して」（憲法72条）は管理・運営関係、内閣の権限、閣議決定必要、②「内閣の首長たる」（自衛隊加憲案9条の2、1項）

---

[177]　自衛隊法7条の制定過程に関して前述したように、佐藤達夫法制局長官19回1954（昭和29）年5月24日参・内閣42号5頁は、「方針を閣議決定できめておいて、その実施は総理大臣に任す」場合を指摘していた。さらに、「閣議にかけて基本的な方針を定めた上で、これに従って内閣総理大臣が指揮監督を行う」（茂串俊内閣法制局第一部長77回1976（昭和51）年8月26日衆・内閣15号（閉）25頁）。ここで「方針」は「基本的」なものにされている。内閣法6条の法文では、「方針」は「基本的」なものに限定されていない。杉村（1958: 36）。山中（2013: 64-65）。内閣法制局（2018: 345-350）。

　方針の閣議決定はさらに柔軟に解されている。「ロッキード・丸紅事件判決におきましては、……正式な意味における指揮監督ではなく、行政各部に対する指導助言等の指示を与える権限というものにつきましては、閣議にかけて決定した方針がない場合であっても、内閣の明示の意思に反しない限り行うことができるということを規定しております」（大森政輔内閣法制局長官136回1996（平成8）年6月11日衆・内閣8号4頁）。ロッキード事件丸紅ルート最大判1995（平成7）年2月22日刑集49巻2号1頁。軍事的指揮の分野における「指導助言等の指示」の適用が問題になる。

は部隊行動関係、内閣総理大臣の専権事項、閣議決定不要とされる可能性が論理的にある[178]。このように理解された案は実際には実現が容易ではないが、当初の段階あるいは加憲後一定期間経過ののち追求される可能性があろうか。

　ⅳ　「最高の指揮監督者」[179]

　（ⅰ）　従来の経緯――「最高の指揮監督」と「最高指揮」

　自衛隊の指揮権について自衛隊法7条では、内閣総理大臣は、内閣を代表して自衛隊の「最高の指揮監督権」を有するとされている。それを元にしたと考えられる「『自衛隊』明記案」（本案）9条の2、1項において、内閣の首長たる内閣総理大臣を「最高の指揮監督者」とする自衛隊を保持すると規定されている。権限規定と地位規定の違いはあるが、同旨である。

　自衛隊法7条の制定過程を再確認すると、明治憲法11条に近い用語を求める改進党と、指揮権規定を置くこと自体に消極的な保安庁のあいだの妥協として、1953年12月30日衆議院法制局によって自衛隊法7条の元が作られた。それは、実質的に軍事組織である「自衛隊」について、行政的性格を有する「指揮監督権」の用語を使用することによって、憲法9条のもとで自衛隊の指揮権を行政として位置づけようとしている。防衛＝行政論である。しかし、「最高」という文言は一般の行政組織法にはなく、最高指揮権の決定が死活的に重要である軍事的性格が表面化している。防衛＝行政論は、当然のことながら矛盾を抱えている。

178）内閣総理大臣のリーダーシップは、実際には専門家である日米の軍事当局の権限強化を帰結する可能性が大きい。内閣総理大臣のリーダーシップの軍事合理性や日米同盟との関係は論点になろう。

179）軍事組織の指揮に関して権限規定と地位規定の両者が見られる。明治憲法11条の「天皇ハ陸海軍ヲ統帥ス」は権限規定であろうか。自衛隊法7条や（2017年6月案）9条の2、2項では自衛隊の「最高の指揮監督権」として権限規定とされている。アメリカ憲法2条2節1項で大統領は合衆国の陸海軍などの「最高司令官」、2005年自民党改憲案9条の2、1項で内閣総理大臣は自衛軍の「最高指揮権者」、2012年改憲案9条の2、1項で国防軍の「最高指揮官」、「自衛隊」明記案（本案）9条の2、1項で自衛隊の「最高の指揮監督者」のように、地位規定になっている。各種の自衛隊加憲案にも両者がある。地位規定から権限を引き出すことは立憲主義と緊張関係にあるが、本稿ではこの問題に立ち入らないことにしたい。

成立した自衛隊法7条の解釈として、確認規定説と統帥権創設規定説がある。前者は「最高の指揮監督権」の行政的形式を重視し、後者は「最高の指揮監督権」に実質的に正面から「統帥権」＝軍事的指揮権を読み込もうとする。これについては「内閣を代表して」の意味のところでふれたので、ここでは省略したい。

　従来の自民党の改憲案を見ると、2005年改憲案9条の2、1項で内閣総理大臣は「自衛軍」に関して「最高指揮権者」とされ、72条1項では「行政各部を指揮監督」することとされている。「自衛軍」と「行政各部」のあいだで「最高指揮」と「指揮監督」の区別がなされている。「最高指揮」は軍事的なもの、「指揮監督」は行政的なものとする用語使用であろう。

　2012年改憲案9条の2、1項において内閣総理大臣を「最高指揮官」とする「国防軍」を保持するとされ、72条3項で内閣総理大臣は、「最高指揮官として、国防軍を統括する」と規定されている。他方で72条1項において「行政各部を指揮監督」するとされている。ここでも2005年改憲案と同様に「最高指揮」と「指揮監督」の区別がなされている。『Q&A』によれば、「最高指揮」権は「国防軍を動かす最終的な決定権」[180]とされ、軍事に特殊な「最高指揮」権の重要性が示されている。なお「統括」は行政法上の一般的な用語であり[181]、とくに軍事的意味を持っているわけではない。

　従来の二つの改憲案では、行政各部は「指揮監督」、自衛軍・国防軍は「最高指揮」と書き分けられ、行政と軍事の分化が明示されている。

　自衛隊加憲論における自衛隊の指揮権を考えると、安倍による2017年5月の提起前、提起、提起後もしばらく指揮権規定論はほとんど見られない。2017年7月19日高村はインタビューのなかで、「最高指揮官」の可能性を指摘した[182]。2012年改憲案が念頭に置かれていたのであれば、軍事的性

---

180) 自由民主党（2013: 23）。防衛大臣ではなく、内閣総理大臣にあると解説されている。
181) 「行政機関の長等が、その所掌の下にある行政事務を総合的にすべつつ、締めくくること」（角田（2016: 582））である。国家行政組織法10条参照。
182) 沖縄タイムス2017年7月20日。

格が表れている。報道[183]によると、2018年2月の段階で自民党改憲推進本部執行部が調整していた条文案では、「最高指揮官」や「最高の指揮監督権」などの規定が候補に挙がっている。そうであれば、2012年改憲案と自衛隊法7条によると思われる案、すなわち軍事的性格が表に出たものと行政的形式に収めたものなどが、検討されていたことになる。

(ⅱ)「『自衛隊』明記案」(本案)──「最高の指揮監督」と「内閣の首長」

結局、「『自衛隊』明記案」(本案)では「最高の指揮監督者」規定が採られることになった。自衛隊法7条を元にして、軍事的性格を有する「最高」と行政的形式である「指揮監督」が結合されている。行政と軍事の分化によらないスタンスが採られている。

より根本的な問題は、内閣総理大臣の地位について「内閣を代表して」から「内閣の首長たる」に変わったこととの関係である。これに伴い、当初からあるいは時間の経過のなかで「最高の指揮監督」の意味が変わる可能性がある。すなわち、行政と軍事が分化する可能性である。憲法72条の「行政各部」の「指揮監督」と加憲案9条の2、1項の「自衛隊」の「最高の指揮監督」が分化するであろうか。すなわち具体的に自衛隊について言えば、部隊行動関係は9条の2、1項の「最高の指揮監督」、管理・運営関係は72条の「指揮監督」に分化することになろうか。

ⅴ 「責任」(憲法66条3項)体制──内閣・内閣総理大臣・国会

以上のような組織規定を持った「『自衛隊』明記案」(本案)では、どのような責任体制[184]が採られることになるのであろうか。憲法66条3項において、「内閣は、行政権の行使について、国会に対し連帯して責任を負ふ」とされており、その「責任」について考えてみたい。

(ⅰ) 現在の責任体制──内閣の責任

　a　責任体制の一般論

　(a) 責任体制の原則

まず現在の状態を見ると、政府見解では「立法、行政、司法の三権以外

---

183) 毎日新聞2018年2月25日。
184) 前述のように、防衛二法の制定過程において1954年1月5日保安庁局長会議でも、内閣の責任の問題が論点になっていた(宮崎(1977b: 94))。

の国家権力というものはあり得ない」[185]とされている。そして65条の「行政権」は実質的意味であり、それについて控除説が採られている[186]。

それに対して、「内閣が、その統括下にある行政各部を指揮監督する」[187]として、72条における内閣総理大臣の指揮監督の対象となる「行政」各部は、「内閣」の「統括下にある」ものとされている。「憲法第七十二条の規定は、憲法第六十五条によって内閣に属するものとされておりますする行政権の行使につきまして、終局的に内閣が国会に対して責任を負うという憲法第六十六条第三項の義務を全うすることができるようにいたしますために、内閣の首長たる内閣総理大臣にこのような権限を付与いたしまし」[188]た。66条3項における内閣の行使責任の対象となる「行政権」は、「内閣に帰属する行政権」である[189]。すなわち、72条や66条3項における「行政」は、結論的には内閣に属する権限として形式的意味になる。結局、「内閣」の「統括下にある」「行政各部」全体に内閣総理大臣の指揮監督権が及び、「内閣に帰属する行政権」全体について内閣は国会に対して責任を負う。

以上が責任体制の原則である。

(b) 責任体制の問題

イ 会計検査院

そのうえで、自衛隊加憲によって自衛隊も会計検査院と同様に憲法上の機関になるとの指摘がしばしばなされるが、両者は同様の責任体制にあるのであろうか。国会や内閣と関わりつつ内閣の外にある憲法上の機関とし

---

185) 吉國一郎内閣法制局長官75回1975（昭和50）年3月6日参・予算3号11頁。
186) 「控除説」では、内閣に帰属する全ての権限を65条の「行政権」によってカバーしようとする発想を持っているので、65条の「行政権」は結果的には形式的意味と一致するようになっている。なお私は、65条の「行政権」が実質的意味であることを再確認し、フランス憲法史をふまえて、法ではない「法律」の執行内控除説を採っている（浦田（1995: 197-199））。
187) 内閣法制局（2018: 345）。
188) 吉國75回1975（昭和50）年6月27日参・本18号34頁。65条の控除説を前提として論を進めている。
189) 津野修内閣法制局第一部長126回1993（平成5）年3月5日衆・予算・一分2号5頁。

て、憲法90条に基づく会計検査院の場合について少しふれておこう。政府見解では、「行政」に関する「控除説」を前提にして、会計検査院の権限は「行政権」である[190]。65条の例外として、90条が設けられていることになる[191]。その90条による会計検査院は、「幾分國會ト獨立性……又内閣トモ獨立性ヲ持ツベキ立場」にいる[192]。会計検査院法１条も、「会計検査院は、内閣に対し独立の地位を有する」と定めている。「此ノ會計檢査ハ政府ノ行爲自體ヲ國會ガ監督スル其ノ一ツノ現ハレ」である。「政府ハソレ（政府ノ行爲―浦田）ニ對スル責任ヲ……取ラナケレバナラヌ」[193]。これは、会計検査の対象となった政府の行為に関して、政府が国会に対して負う責任の問題である。このように、会計検査院は議院内閣制の責任体制において重要な役割を果たしている。

しかし会計検査院自体の責任の問題は、学説を含めて、あまり論じられていないように思われる[194]。たとえば会計検査院の判断ミスなどの責任は、どうなるのであろうか。

会計検査院は「内閣」の「統括下にある」「行政各部」ではないので、内閣総理大臣の指揮監督権は及ばない。

ところで政治的中立性などの要請から65条の例外として独立性の認められる機関として、憲法上会計検査院、法律上公正取引委員会などの独立行政委員会が挙げられる。公正取引委員会違憲論からの質疑に対して、次のような政府答弁がなされた。公正取引委員会は内閣総理大臣の所轄に属し、

---

190) 江田五月法務大臣177回2011（平成23）年２月21日衆・予算15号35頁。
191) 前述のように、2012年改憲案の解説のなかで「現行憲法」の問題として同趣旨の指摘がなされていた（自由民主党（2013: 24））。
192) 金森徳次郎國務大臣・帝國90回1946（昭和21）年９月23日貴・憲法改正特別20號36頁。安田（1979: 61-62）は、会計検査院のような独立性と否定している点で、憲法72条のもとにある自衛隊に関して自衛隊法７条の確認規定説の意義を説いている。
193) 金森・帝國90回1946（昭和21）年７月５日衆・憲法改正６回89頁。
194) 三権分立のなかで会計検査院をどう位置付けるかは、責任論の前提となる。この位置づけに関して、学説による試みが見られる。甲斐（1985: 94）は、「抽象的存在の国民から直接受託された独立機関」としている。甲斐（2001: 192-193）は、狭い立法概念に依拠して、90条による内閣からの独立性を説明しようと試みている。また石森（1996: 234-235）は、国会、内閣、裁判所の援助機関と説明している。

人事、予算、委員の罷免権について内閣総理大臣のコントロールを受ける。しかし、職権行使については内閣総理大臣の指揮監督を受けない。「権限がないところには責任はない、法律上の責任は。政治的な責任は別でございますが」[195]。「六十六条三項……は、……七十二条の指揮監督権とうらはらをなす」。独立に合理性があれば、内閣は「責任は国会に対しては負えない」[196]。「憲法自身が、七十二条なり六十六条三項の例外をみずから許しておる。」[197]内閣の国会に対する責任の外にあるとする論理は、法律上の独立行政委員会より憲法上の会計検査院のほうにより強く当てはまるであろう[198]。

会計検査院の責任体制は、結論として不明確である[199]。内閣総理大臣の指揮監督は会計検査院には及ばないが、自衛隊加憲案における自衛隊は受ける。したがって、会計検査院の責任体制は自衛隊の責任体制には直結しない。会計検査院と自衛隊加憲案における自衛隊が、同様の責任体制のもとに置かれるわけではない。しかし自衛隊の責任体制を検討するうえで、会計検査院の責任体制は議論を整理する意味を持っていると思われる。

　ロ　国務大臣の任免権

同じく自衛隊加憲論に対する関心との関係で、内閣のうちにある内閣総理大臣の単独の権限に関する責任の問題にもふれておきたい。憲法68条における内閣総理大臣による国務大臣の任免権について、内閣総理大臣の権限に関する臨時代理との関係ではあるが、「内閣組織の権限……は一身専属的なもの」であり、「その代表的なものは国務大臣の任免権」とする答

---

195) ここで言われている「法律上の責任」と「政治的な責任」の区別は、曖昧である。66条3項の「責任」内容が法的か政治的かの問題ではなく、法的議論と政治的議論の区別であるように思われる。
196) 真田秀夫内閣法制局長官80回1977（昭和52）年5月19日参・商工10号30頁。
197) 真田80回1977（昭和52）年5月19日参・商工10号31頁。
198) 66条3項の「行政権」に関する少数説では実質的意味から広げて理解されている。実質的意味によれば、会計検査院の行為についても、内閣は責任を負うことになろうか。実質的意味説として、小嶋（1988: 357）。小嶋（1988: 347）には、会計検査院への言及がある。
199) あるいは、憲法90条1項で会計検査院の検査報告が国会に提出されることになるので、検査報告のありかたを通して国会に直接責任を負うのであろうか。

弁がなされている[200]。学説上も憲法68条の国務大臣の任免権は内閣総理大臣の専権に属し、68条2項の罷免の場合でも閣議決定は不要とされている[201]。

しかし66条3項で、「内閣は、行政権の行使について、国会に対し連帯して責任を負ふ」とされ、連帯責任が課されている。「閣僚も国務大臣の一員として行動しているわけでございますので、国務大臣の行動につきましても、内閣は一体として責任を国会に対して……負う」[202]。内閣総理大臣の単独の権限についても、連帯責任論から内閣が責任を負うと考えられているのであろう。

b　防衛における責任体制

防衛について言えば、すでに見てきたように、政府見解では「行政」の枠組でとらえられてきた。防衛省≒自衛隊は憲法72条の「行政各部」の一つとされている。その枠組のなかで政府見解・通説のように、72条の「内閣を代表して」は行政各部の指揮監督にかかり、自衛隊法7条について確認規定説を採れば、原則どおり防衛省・自衛隊の全ての行為について内閣が国会に対して責任を負う。

72条の「内閣を代表して」は行政各部の指揮監督にかからず、したがって内閣総理大臣の指揮監督権は内閣総理大臣の単独の権限だとする少数説を採った場合、責任体制がどうなるか論じられていないように思われる。65条の「行政権」に関する控除説を前提にすると、内閣総理大臣の単独の権限も「行政権」に属する。66条1項により内閣総理大臣は内閣の「首長」として内閣の構成員とされているので、内閣総理大臣の指揮監督について内閣が国会に対して責任を負うことになるのであろうか。自衛隊法7条について少数説の統帥権創設規定説を採った場合は、どうなるのであろうか。自衛隊法7条は統帥権を「内閣総理大臣によって代表される内閣にその固有の権限として留保した意味の規定」[203]とされている。内閣が有し、

200) 林修三内閣法制局長官46回1964（昭和39）年10月5日衆・予算21号（閉）7頁。
201) 清宮（1979: 313）など。
202) 吉國一郎内閣法制局長官75回1975（昭和50）年5月15日参・法務9号15頁。
203) 宮崎（1977b: 105）。

内閣総理大臣が行使する。文民統制との関係でも「議院内閣制度」が確認されている[204]。内閣が国会に対して責任を負うことが考えられているのであろう[205]。

　結局、政府見解・通説でも少数説でも、防衛省・自衛隊の全ての行為について内閣が国会に対して責任を負うことになるように思われる。

(ii)　従来の自民党の改憲案——内閣総理大臣の責任？

　　a　議院内閣制の可能性

　従来の改憲案のうちまず2005年改憲案では、内閣総理大臣の地位についてすでに検討したところによれば、9条の2、1項における無規定の内閣総理大臣による自衛軍の「最高指揮権」は、内閣総理大臣の単独の権限である。現行規定と同様の66条1項により、内閣総理大臣は内閣の「首長」として内閣の構成員とされている。内閣のなかにある憲法上の機関である。内閣総理大臣の単独の権限に関する内閣の責任の問題として国務大臣の任免権にふれたが、自衛軍の指揮権についても内閣が責任を負うことになるのであろうか。また内閣の外にあり内閣総理大臣の指揮監督権が及ばない会計検査院の責任論は、当てはまらないであろう。

　さらに改憲案では、内閣総理大臣の単独の権限は、65条によって「行政権」が「内閣に属する」原則に対して、「この憲法に特別の定めのある場合」という例外に当たると明記されている。責任に関する66条3項は現行規定と同文であり、「内閣は、行政権の行使について国会に対し連帯して責任を負う」とされている。内閣総理大臣の単独の権限に関する責任規定がない。66条3項の「行政権」を実質的意味に解せば、内閣総理大臣によ

---

204) 自衛隊法7条は、「国会議員の中から国会の議決で指名された文民である内閣総理大臣が、自衛隊の最高権を有するという、議院内閣責任制度下における自衛隊に対する『文民統制の原則』に合致することを明示したものである。」(宮崎 (1977b: 105)) なおここで、内閣総理大臣が、自衛隊の最高権を「有する」とされているので、「その説明は一貫性を欠く」山中 (2013: 87注 (28)) とも指摘されている。しかし、基本的な趣旨は議院内閣責任制度の確認であり、おそらく内閣への帰属の法的論理を否定するものではないであろう。

205) 山中 (2013: 61-62) も、この点で確認規定説と統帥権創設規定説のあいだに違いはないとする。

る自衛軍の「最高指揮権」もそこに入り、内閣が責任を負う可能性がある。政府見解・通説では「行政権」に関する実質的意味と形式的意味の区別は実際上結果的にほとんどされず、66条3項の「行政権」も広く解する基本的な姿勢が採られている。そうであれば結論として、内閣が責任を負うと考えられていることになる。

しかし責任に関する明文の規定は不明確であり、したがって内閣総理大臣の権限が強化されるとともに、責任体制は実質的に不安定、弱化することになるのではないであろうか。

 b 責任体制分化の可能性

国務大臣の任免権も自衛軍の指揮権もともに閣議決定不要と考えられている。自衛軍の指揮権は改憲案65条の例外として「内閣総理大臣」の専権事項であり、「内閣」に帰属しない。

ここで改憲案66条3項の「行政権」について形式的意味を徹底させれば、内閣は責任を負わないことになる。しかしその場合でも、9条の2、2項-4項における自衛軍の活動・組織に関する「法律」・「国会」による統制規定を考慮すると、内閣総理大臣による自衛軍の「最高指揮権」に関して国会に対して責任を負わないとは考えにくい。すなわち議会統制のない統帥権の独立的なものは考えられていないであろう。ところで安田は、自衛隊法7条に関する総帥権創設規定説の可能性として、内閣総理大臣の「直接個人責任」を示唆していた。そうすると、66条3項の内閣の責任とは別に、内閣総理大臣単独責任のルートが作られたとする論理的推論はあり得るであろうか。その場合には内閣・国会のコントロールではなく、国会単独のコントロールになる。責任体制は現在から大きく変更し、おそらく実質的に責任体制は弱化する可能性が大きい。

以上の考察は、2012年改憲案にもそのまま、あるいはより明確に当てはまる。

 (iii) 「『自衛隊』明記案」(本案)——内閣の責任と内閣総理大臣

以上の考察をふまえて、「『自衛隊』明記案」(本案)を見ると、9条の2が加憲されるが、責任体制を含む他の規定は維持されている。したがって、防衛省・自衛隊の全ての行為について内閣が国会に対して責任を負う

ことから、議論は出発する。責任体制は変わらないのが原則とされるであろう。

　そのうえで問題のポイントは、「自衛隊」の「最高の指揮監督者」とされた「内閣総理大臣」に付けられた「内閣の首長たる」の意味との関係である。憲法72条の「行政各部」の「指揮監督」と加憲案9条の2、1項の「自衛隊」の「最高の指揮監督」、すなわち行政と軍事が分化する可能性がある。その場合に具体的には自衛隊の「指揮監督」について管理・運営の行政関係と部隊行動の軍事関係が分けられる。閣議決定が前者では必要であるが、後者では不要になる。そのようなありかたが採られるとすると、それが従来の二つの改憲案にどこまで接近するかが問題になる。従来の二つの改憲案でも議院内閣制の基本的な責任体制は、形式的には維持されるのではないかと思われる。しかし「『自衛隊』明記案」（本案）が従来の二つの改憲案の接近の程度に応じて、責任体制は実質的に弱化していく可能性がある。

　以上のように「『自衛隊』明記案」（本案）について、「自衛隊」の憲法機関性、「内閣の首長たる内閣総理大臣」の地位、「最高」の「指揮監督」の内容、「責任」体制について考察してきた。従来と明確に変わったのは、憲法機関となった「自衛隊」と「内閣の首長たる内閣総理大臣」の関係であり、これが中心的な問題である。「内閣の首長たる」は自衛隊の「指揮監督」について行政と軍事を分化し、後者について閣議決定を不要とする可能性がある。そのことによって実質的に内閣総理大臣のリーダーシップが強化され、そのことを通して事実上自衛隊の軍事専門家の権力が増大していく可能性である。

　以上、「『自衛隊』明記案」（本案）（2018年3月15日）を基礎において自衛隊の指揮監督について考察してきた。しかし任務規定について「『自衛隊』明記案」（本案）における「必要最小限度」が削除され、「必要な自衛の措置」を加えた「代替案2」が採用された。それが「代替案2」＝「条文イメージ（たたき台素案）」（2018年3月22-25日）になり、自民党の一応の案とされている。両者のあいだで組織規定に変化はなく、任務規定の変化によって組織規定の意味が変化したと考える必要はないであろう。した

がって、前者について検討したことは、後者にも当てはまると考えてよいと思われる。

「必要な自衛の措置」規定による後者は、「必要最小限度」規定のある前者に戻る可能性が大きい。その場合に、自衛隊加憲案の意味が「内閣の首長たる」を中心にして本格的に展開していくまえに、複数段階改憲構想に沿って9条2項削除改憲を目指す動きが進む可能性がある。しかし、かりに「必要最小限度」規定が復活しなかった場合、自衛戦力論的解釈が生まれる可能性がある。それは自衛隊加憲案の内容を従来の二つの改憲案と同様なものと考えることを意味し、したがって指揮権についても改憲案と同様になろうか。そうであれば「行政各部」関係と「自衛隊」関係が分化し、後者について全面的に閣議決定が不要になろう。しかしこのように理解された自衛隊加憲案は、その分実現可能性が小さくなる[206]。

---

[206]「指揮監督」の実質についてまず自衛隊に関して見ると、前述のように現実には自衛隊の有事の指揮は事実上アメリカに服することとされてきた。2015年4月27日の「日米防衛協力のための指針」では、「新たな、平時から利用可能な同盟調整メカニズム（a new, standing Alliance Coordination Mechanism）を設置し、運用（作戦——浦田）面の調整（operational coordination）を強化し、共同計画の策定を強化する」とされている。「このメカニズムは、平時から緊急事態までのあらゆる段階において（in all phases from peacetime to contingencies）……運用面の調整を強化する。」（「日米防衛協力のための指針」（2015: 468）。Guidelines（2015: 2））具体的な行動として最も現実的に重要だと考えられるのは、「日本以外の国に対する武力攻撃への対処行動」である。その場合、「共同対処（Bilateral responses）は、政府全体にわたる同盟調整メカニズムを通じて調整される。」（「日米防衛協力のための指針」（2015: 471）。Guidelines（2015: 9））

「調整」（coordination）が話し合いを意味するなら、軍事活動は不可能であろう。圧倒的な軍事力を有するアメリカが、実際にはやはり指揮するのであろう。

つぎに日本における「実力組織の統御」を考える場合、駐留米軍を見なければならない（青井（2019: 36））。日米同盟の深化、米軍・自衛隊の共同化が進行する安保体制のもとで、駐留米軍と自衛隊を合わせた軍事に関して日本のコントロールの及ばない領域が増えている。そのうえで（青井（2018a: 68））、（青井（2018b: 75-76）は、このような事実は機能面で統帥権の独立と似ていると指摘している。

おわりに

　以上を要約すると、「『自衛隊』明記案」(本案)(2018年3月15日)における組織規定のうち最も重要な指揮監督規定は、自衛隊法7条を元にして修正したものと考えられる。自衛隊法7条では、「内閣総理大臣は、内閣を代表して自衛隊の最高の指揮監督権を有する」とされている。そこで、この規定の形成過程を検討した。この規定は、自由党、改進党、日本自由党の3党の協議に基づき、衆議院法制局が1953年12月30日に作成した「保安庁法改正案要綱」から来ている。自衛隊の指揮権について「指揮監督権」とするなど、通常の行政の論理形式を可能な限り採ろうとした。

　しかしその軍事的性格は、このような指揮監督権規定を置くこと自体、とくに「最高」規定に表れているように思われる。このような規定は、自衛隊法7条以外のどの個別行政組織法にも見られない。「最高の指揮監督権」規定が置かれたのは、軍事において最高指揮権の所在の確定は死活的に重要だからである。行政的論理形式と軍事的実質が矛盾して、存在してきた。

　「自衛隊」明記によって、「自衛隊」は憲法上の機関になる。その機関を規定する最も重要な問題は、自衛隊の指揮監督を行う内閣総理大臣の地位が、自衛隊法7条の「内閣を代表して」から自衛隊加憲案の「内閣の首長たる」に変えられていることである。同じ憲法66条1項の「内閣」の「首長」規定のもとで、「内閣を代表」するコースと「内閣の首長たる」コースが分化する可能性がある。「内閣の首長たる」が再度規定された後者が、「内閣を代表」しないコースになる可能性である。その場合には、「指揮監督」の内容も行政と軍事に分化し、自衛隊の「指揮監督」についてその管理・運営関係は72条に、部隊行動関係は9条の2に分化する。内閣総理大臣のリーダーシップを強調して、後者では閣議決定が不要とされよう。66条3項の議院内閣制の「責任」体制も形式的に維持されながら、実質的に弱化していく可能性がある。

　ただし、このように重大な変更をもたらすと理解された指揮監督規定が、

自衛隊加憲案として実現する可能性には問題がある。

　従来から自衛隊の指揮監督規定において軍事的性格と行政的形式が矛盾していたが、自衛隊加憲によってその矛盾が顕在化することになる。今のところ自民党案とされている「代替案2」＝「条文イメージ（たたき台素案）」（2018年3月22-25日）について、かりにその任務規定に今後「必要最小限度」の文言が復活したとしても、以上の指揮監督規定の問題は存続する。その先に9条改憲派にとって、軍事的性格と行政的形式の矛盾を解消するために、2項削除改憲が必要とされていると思われる。

第3章

自衛隊加憲論の構造──政府解釈を基礎に

はじめに

　自衛隊加憲論の展開について1章では自衛隊の任務・活動、2章では自衛隊の指揮監督から見てきたうえで、3章で自衛隊加憲論の構造を考えたい。その中心になるのは、論理的にも実際上も自衛隊の任務・活動関係である。

　その構造分析の基礎に置かれるべき案は、「『自衛隊』明記案」(本案)(2018年3月15日)であって、「代替案2」＝「条文イメージ(たたき台素案)」(2018年3月22-25日)ではない。前者は自衛力論＝「自衛のための必要最小限度の実力」論の定式を条文化しており、後者は自民党改憲推進本部執行部の説明では自衛力論を当然の前提にしているが、文言上自衛戦力論解釈が可能である。前者は最終的に採用されなかったが、安倍と自民党改憲推進本部執行部の本命案である。後者は一応自民党案とされているが、党内合意の形式のために便宜的に採られた案である。前者はいずれ復活することが目指され、後者は与野党によって修正されることが予定された「条文イメージ(たたき台素案)」である。自衛隊加憲論に実現可能性があるとすれば、その案は前者である。後者が与野党の審議を通して、改憲案として実現する可能性は小さい。そこで前者を基礎において検討し、そのあとで後者について考えたい。

　自衛隊加憲論から2項削除改憲論に至る複数段階改憲構想が重要であり、自衛隊加憲された憲法を長期にわたって運用することは想定されていないように思われる。そのことを念頭に置きつつ、自衛隊加憲論として言われていることを確認する必要がある。そこでまず加憲の対象となる自衛力論に含まれる問題、つぎに自衛隊加憲によって生ずる効果、政府解釈が自衛力論から変更される論理的可能性と実際、最後に現在における自衛隊加憲論を検討していくこととしたい。

1 自衛力論に含まれる問題

(1) 自衛力論の軍事力拡大的要素と抑制的要素

そこで、自衛隊加憲論の基本的な内容と想定される自衛力論を分析する必要がある。安倍によれば、自衛隊加憲しても、「今まで受けている憲法上の制約」を受け、それについて「砂川判決において自衛のための必要最小限度の措置」が言及されている[1]。ここで言われていることは自衛力論であり、自衛隊加憲論分析の出発点としてまず自衛力論の分析が必要である。自衛隊加憲論では自衛力論に問題はないという前提が採られているが、そうなのであろうか。そのうえの問題として、憲法9条1項、2項のもとで形成された自衛力論は、加憲されて9条1項、2項＋加憲規定のもとで運用されると意味が変わっていく。その点について自衛力論の分析のあとで検討したい。

自衛力論には軍事力正当化の要素と軍事力制約の要素が論理の表裏の関係としてある。自衛力論は自衛力の範囲内の軍事力を合憲として正当化し、範囲外の軍事力を違憲として制約しているからである。正当化と制約の関係は、他の多くの法解釈と同様の問題である。

ところで、自民党の正式で本来の9条改憲案は、2項削除を含む2012年改憲案である。そこでは個別的自衛権・集団的自衛権・集団安全保障の全面解禁が目指されている。そこに至る複数段階9条改憲構想の一部として、自衛隊加憲論が位置づけられている。自衛隊加憲の目的として少なくとも自衛隊違憲論の排除が明示されている。これらの点から、自衛隊加憲によって自衛力論の軍事力正当化の要素が強化され、軍事力制約の要素が弱化されることが想定される。そこで、自衛力論にそのような正当化の強化と制約の弱化による軍事力拡大の可能性がどのように含まれているか、見ていきたい[2]。すなわち、自衛隊加憲論に利用されやすい要素を検討してい

---

1) 安倍晋三内閣総理大臣193回2017（平成29）年5月9日参・予算18号24頁。
2) その点に関する自衛力論の問題について概括的に整理したものとして、浦田（2012: 41）。

くことにする。自衛力論における軍事力拡大的要素と抑制的要素の両面性のうち、前者に焦点を当てたい[3]。

その場合、自衛力論全体について見る必要があり、集団的自衛権限定容認などを帰結した2014-15年解釈変更[4]の前と後に分けて分析したい。

(2) 2014-15年の解釈変更前の政府解釈
　i　自衛力論の成立[5]、基本的構造と理念
　(i)　自衛力論の成立と基本的構造

本書序章において、憲法制定議会における吉田茂首相の自衛戦争放棄答弁[6]から、自衛隊正当化のための1954年12月22日答弁による政府統一見解[7]における自衛力論の定式化[8]に至る歴史的経緯について簡単な整理を行った。また憲法9条と国家固有の自衛権などの対置による自衛力論の基本的構造についても要約的な検討を行った。戦争放棄の憲法のもとで自衛隊を発足させた自衛力論成立の歴史的経緯と、9条2項の違憲の「戦力」から合憲とされる「自衛力」を「黒地から白抜き」（内閣法制局幹部）[9]した自衛力論の基本的論理構造が対応している。合憲にしたいもの＝自衛力

---

3) 従来自衛力論に基づく現状に対して、軍事力拡大を目指す解釈変更や明文改憲が試みられてきた。そこで軍事力の拡大を阻止し縮小・廃絶を目指す私の問題意識から、主として自衛力論における軍事力抑制的要素に分析の焦点を当てることが多かった。本書では逆の要素に焦点を当てることになる。
4) 集団的自衛権限定容認などを目指す憲法解釈変更の方針を2013年のうちに政権中枢で事実上決定し（浦田（2016a: 36-37, 124-125））、2014年にその閣議決定を行い、2015年に安保法制によってそれを立法化した。私は事実上の決定を重視し、解釈変更の時期を2013-15年と表記したこともある。しかし、本書では正式の決定に焦点を当て、2014-15年とすることにしたい。
5) 自衛力論の前史と成立史について、浦田（2012: 221-332）。
6) 吉田茂内閣総理大臣・帝國90回1946（昭和21）年6月26日衆・本6號3頁。
7) 大村清一防衛庁長官21回1954（昭和29）年12月22日衆・予算2号1頁。
8) そこにおける自衛力論では、「自衛のための……必要相当な範囲の実力」として、「相当」という言葉が使われていた。「相当」が「最小限度」に変えられたのは、翌年1955年6月である。「相当」では「相当程度保持できる」との理解が生ずるおそれがあり、それを避けるために「最小限度」に変えられたとの説明もなされた。その説明と客観的な背景を含めて、定式変更の事情について、浦田（2012: 319-322）。
9) 中村（2009: 75）。

に合わせて、違憲とされる「戦力」が定義されている[10]。このように違憲とされるものを削り、合憲にしたいものを増やす自衛力論の歴史と論理は、基本的に軍事力拡大を招きやすい。

　序章における検討に付け加えると、自衛力論では国家主権の軍事的実現＝抽象的自衛を想定しつつ、憲法9条のもとで自衛力＝「自衛のための必要最小限度の実力」しか認められない。その隙間は安保体制・駐留米軍によって埋められることが予定されている[11]。

　9条2項で禁止された「戦力」は古くから日本のものとされ、駐留米軍は9条の規律から外されてきた[12]。そのことにかかわって、「現在日本の自衛のための最小必要限度といえば、むろん米軍の実力を包含して」いるのではないかとする質疑が出されたことがある。それに対する答弁として、「私が、自衛権を裏づけるに必要な最小限度の実力と、こう申しておるのは、これは日本の自衛隊の持つ実力だけを意味しておる」と言われた[13]。同じ問題について砂川事件最高裁判決は次のように述べている。「自衛のための措置」に関する「防衛力の不足」を補うために、「他国に安全保障を求める」ことができる。したがって、憲法9条2項の「戦力」は「わが国自体の戦力」を指し、「外国の軍隊」は「わが国に駐留する」としても、「戦力には該当しない」[14]。

　「戦力」について日本と外国が分けられ、日本について「戦力」と「自衛力」の関係が論じられている。自衛力論は独立した国家論の形式を採りつつ、実質的には安保体制を前提にする構造になっている。客観的に言えば当然のことながら、安保体制のなかに自衛隊・自衛力が位置づけられている。そのことが自衛力論に関する政府見解や最高裁判決によって公式に

---

10) 禁酒を誓った『酒』とは「日本酒より濃度の高いアルコール」であると定義して、日本酒を飲むようなことであると、講演ではしばしば話してきた（浦田（1995: 10）参照）。
11) 浦田（2012: 322-323）。
12) 代表的定式化として、1952年11月25日法制局見解6項（浦田（2012: 242-243））。
13) 八木幸吉議員・岸信介内閣総理大臣28回1958（昭和33）年4月21日参・内閣31号16頁。
14) 砂川事件最大判1959（昭和34）年12月16日刑集13巻13号3225頁。

承認されている。「戦力」＝日本の実力論は自衛力論の本質的な構成要素である。

このようにして、消極的に自衛力・自衛隊は9条に違反しないとする論理形式を採ったとしても、自衛力・自衛隊に関する積極的な憲法上の根拠は存在しない。軍事力を持つ場合、憲法にその根拠・統制規定[15]を置くのは立憲主義憲法において通常のことであり、外見的立憲主義の明治憲法すら置いていた。日本国憲法に軍事力の根拠・統制規定が存在しないまま、自衛力・自衛隊という軍事力を認めることは、自衛力に関する立憲主義的解釈にとって最大の困難である。その点について、保安庁において防衛庁設置法・自衛隊法案の起案に当たった加藤陽三・保安庁人事局長も意識し、苦慮していた。「憲法には……自衛隊について積極的な規定は少しもない」が、「憲法には違反しないものであるということをご諒解願わなくてはなりません。」[16]

実力を有する最終的な権力である軍事力が、憲法上の根拠なく認められてきた。このことは軍事力だけではなく権力全体について日本における立憲主義を不安定なものにしてきた[17]。

以上のような自衛力論は、政権にとって必要と判断される軍事力を、消極・積極両面から拡大しやすいものになっている。

(ⅱ) 自衛力論の理念――専守防衛

自衛力論の理念は専守防衛[18]であるが、現実には軍事力制約的側面と正当化的側面の両面を持っている。理念として前者が強調されるが、機能としては後者もある。その理念も当初は憲法的性格が明確であったが、そ

---

15) 軍事力の根拠規定は実体規定、統制規定は手続規定と言えるであろう。両者は同じ問題を別の面からとらえたもので、両者を切り離すことはできない。
16) 加藤（1964: 86）。浦田（2012: 299-300）。
17) 2017年5月3日の安倍メッセージにおいて、「多くの憲法学者や政党の中には、自衛隊を違憲とする議論が、今なお存在しています」とされている。その大きな根拠の一つはここにある。この問題に対して自衛隊加憲によって軍事力の根拠・統制規定が置かれれば、この問題が解決すると形式的には言い得る。しかし、自衛隊加憲に基づく軍事力の根拠・統制規定によって、軍事力の正当化、拡大が進められる可能性がある。そこから実質的に新たな大きな問題が生まれることについて、自衛隊加憲の効果として後述したい。

の後政策的性格が加味され、性格が曖昧になっている[19]。

軍事力拡大に当たって、専守防衛という抽象的な歯止めがあるとして、専守防衛論が軍事力拡大の正当化にしばしば使われてきた。国防費のGNP１％枠突破を決めた1986年12月30日の閣議決定に関する内閣官房長官談話[20]、冷戦後の自衛隊の役割変化や安保体制の強化・緊密化などを示す1996（平成８）年度以降に係る防衛計画の大綱[21]などに見られる。

さらに、専守防衛と安保体制はワン・セットであり、そのことは前述のように自衛力論の基本的構造に規定されている。現在の専守防衛論を定式化した政府答弁において、「安保条約と相まって専守防衛をやっていく」と述べられている[22]。米軍は「矛」、自衛隊は「盾」の軍事分担論のなかに、専守防衛論は位置づけられてきた。安保条約に基づく安保体制は、アメリカの核抑止力を構成要素としている。1972年度から５か年を対象とする第４次防衛力整備計画に関わり、「核の脅威に対しては、米国の核抑止力に依存する」とされ[23]、現在に至っている。核抑止は核兵器による威嚇と核兵器の使用の可能性を含んでおり、専守防衛と安保体制を含めた日本の防衛体制全体は、疑いもなく攻撃的である[24]。

ⅱ 自衛力論の内容

自衛力論の内容について、その構成要素に分けて、見ていくことにした

---

[18] 専守防衛の定義は、政府解釈変更直前の『防衛白書・平成25年版』（2013）103頁によれば、以下のようになっている。「専守防衛とは、相手から武力攻撃を受けたときにはじめて防衛力を行使し、その態様も自衛のための必要最小限にとどめ、また、保持する防衛力も自衛のための必要最小限のものに限るなど、憲法の精神に則った受動的な防衛戦略の姿勢をいう。」

[19] 専守防衛の意味と性格について、浦田（2012: 45-54, 81-97）。

[20] 浦田（2012: 89）。

[21] 浦田（2012: 90）。

[22] 大村襄治防衛庁長官94回1981（昭和56）年３月19日参・予算13号10頁。

[23] 「第４次防衛力整備５か年計画の策定に際しての情勢判断および防衛の構想」（1972: 99）。浦田（2012: 85）。

[24] 専守防衛を軍事力抑制の理念として積極的に活用しようとする試みが、しばしばなされる。その場合は、安保体制との関係を意識し、積極的活用の根拠や方法を示す必要がある。「日米安保体制によって『専守防衛』以外の攻撃的任務を米軍にやらせる、というのでは国際的に通用しない。日本の安全保障政策の枠組全体が『専守防衛化』されなければならない。」（梅林宏道（2017: 259））

い。

(i) 「自衛のため」

序章で簡単に整理したように、自衛力論の定式における「自衛のため」は政府によって明確に説明されてこなかったが、結果的、具体的には個別的自衛権と理解されてきた。そこで、武力行使は個別的自衛権の場合には認められ得るが、集団安全保障や集団的自衛権の場合には認められない。安保条約5条による日本の領域における日米共同防衛は個別的自衛権の共同行使であって、集団的自衛権には踏み込んでいないと説明されている[25]。安保条約において6条の基地使用のほうが軍事的により重要であるが、アメリカが日本を守るという政治的説明の法的根拠として5条は重要である。5条は個別的自衛権論を活用して、正当化されている。

(ii) 「必要最小限度」

個別的自衛権に基づく武力行使の場合であっても、個別的自衛権は全面的には認められず、「必要最小限度」要件により交戦権、海外派兵、攻撃的兵器の保有などは認められない。

a 交戦権の否認

政府解釈によれば、「交戦権とは、戦いを交える権利という意味ではなく、交戦国が国際法上有する種々の権利の総称であつて、相手国兵力の殺傷及び破壊、相手国の領土の占領、そこにおける占領行政、中立国船舶の臨検、敵性船舶のだ捕等を行うことを含むものであると解している。他方、我が国は、自衛権の行使に当たつては、我が国を防衛するため必要最小限度の実力を行使することが当然認められているのであつて、その行使は、交戦権の行使とは別のものである。」[26] その結果「相手国領土の占領、そこにおける占領行政など」は、自衛力を超え認められない。自衛力のために認められる権利として、そのための「相手国兵力の殺傷及び破壊等」[27]

---

25) 浦田（2012: 126）。
26) 稲葉誠一議員提出自衛隊の海外派兵・日米安保条約等の問題に関する質問に対する答弁書（93回6番）（1980（昭和55）年10月28日衆議院提出）。
27) 森清議員提出憲法第九条の解釈に関する質問に対する答弁書（102回47番）（1985（昭和60）年9月27日衆議院提出）。

のほか、敵国船舶に対する臨検等[28]が挙げられてきた。

　学説の多数説による交戦権から、自衛力関係を除いている。自衛力論の基本的構造と同様に「黒地から白抜き」されている。自衛力として合憲にしたい軍事活動によって、違憲とされる交戦権が削られる構造になっている。しかも、その自衛力の要素として必要最小限度性があり、その一つとして交戦権の否認があり、その交戦権は自衛力によって決まる。すなわち、自衛力と交戦権が相互規定的になっており、これは循環論法になっているきらいがある。その分、交戦権の否認は不安定である。

　b　海外派兵の禁止
　(a)　海外派兵禁止の内容

　「必要最小限度」の問題として、海外派兵の禁止[29]もある。これは、自衛隊発足直前の1954年6月2日参議院で出された海外出動禁止決議を出発点とする。その後、武力行使目的を持つ海外派兵は禁止されるが、武力行使目的を持たない海外派遣は許されると説明されるようになった。前者についても、その武力行使の地理的範囲が問題にされるようになっていった。個別的自衛権に基づく武力行使は日本の領域でなされるのが原則であるが、個別的自衛権のために例外的に公海・公空でもなされ得るとされ、その例外性も弱められていった。

　そのうえで、他国の領域に武力行使目的で海外出動することは、「一般に」自衛力を超え、許されないとされている。現在はこれのみが「海外派兵」と呼ばれている。「一般に」に対する例外として、敵基地・策源地攻撃は許されるとされている。具体的にはミサイルなどの基地に対するミサイルなどによる反撃が想定されており、他国の領土への上陸は許されないと考えられている。

　(b)　海外派兵の禁止と自衛権の関係

　敵基地攻撃論に関する有名な答弁では、次のように言われている。「①わが国に対して急迫不正の侵害が行われ、その侵害の手段としてわが国土

---

[28] 角田禮次郎内閣法制局長官94回1981（昭和56）年3月11日参・予算6号20頁。
[29] 浦田（2012: 58-59, 73-80）。

に対し、誘導弾等による攻撃が行われた場合、座して自滅を待つべしというのが憲法の趣旨とするところだというふうには、どうしても考えられないと思うのです。そういう場合には、②そのような攻撃を防ぐのに万やむを得ない必要最小限度の措置をとること、たとえば誘導弾等による攻撃を防御するのに、③他に手段がないと認められる限り、誘導弾等の基地をたたくことは、法理的には自衛の範囲に含まれ、可能であるというべきものと思います。」[30]（①、②、③は浦田）

序章で紹介した自衛権発動の3要件と照らし合わせると、上記敵基地攻撃答弁の①は自衛権発動の第1要件、②は第3要件、③は第2要件に対応する形になっている。このことを論理的に突き詰めれば、自衛権発動の3要件を充たせば武力行使できるということであり、武力行使の場所が海外であるかどうかは問題ではないことになる可能性がある。すなわち海外派兵の禁止には独自の実質的意味がないことになろうか。

この敵基地攻撃答弁にも言及しつつ、海外派兵と自衛権に関する質疑、答弁が行われたことがある。前川旦議員から海外派兵の定義を求められ、高辻正巳内閣法制局長官は確立された定義はないとしつつ、「自衛権の限界を越えた海外での武力行動」が「一つの基準的な言い方」ではあるまいかと答えた。参考のためと述べて、その例として「何らかの武力行使を行う目的をもって外国の領土に上陸すること」を挙げた。それに対して前川は、このような解釈では、「海外派兵というものも、自衛権の範囲であれば許されることもあるということになってしまう」のではないかと批判した。そこで高辻は、先ほどの定義によれば、「自衛権の限界を越えないものはよろしいし、こえるものこそが海外派兵になる」と応じた。さらに、敵基地攻撃論について、「要するにそれが自衛権発動の三要件に該当する場合であるかないかだけにかかる問題であろう」と説明した[31]。

海外派兵の禁止は自衛権発動の3要件に規定されるが、自衛権発動の3要件の基礎にある自衛力論、とくに第3要件に「必要最小限度」性があり、

---

30) 船田中防衛庁長官24回1956（昭和31）年2月29日衆・内閣15号1頁。
31) 前川旦議員・高辻正巳内閣法制局長官61回1969（昭和44）年3月10日参・予算9号13頁。浦田（2012: 59, 74-75）。

その必要最小限度性の一つとして海外派兵の禁止がある。すなわち、ここでも循環論法になっているのではないかということである。そうであれば、許されることと許されないことに関して、論理的に確定的な原理はないことになる。しかし、海外派兵の禁止と自衛権との関係を調整しつつ、実際の論議の積み重ねのなかで、ミサイルによる敵基地攻撃は許されるが、敵地上陸は許されないとされてきたのであろう。

(c) 敵基地攻撃のための能力・装備

敵基地攻撃が法理論的に許されるとしても、そのための能力・装備については政策的に持たないとされてきた。そこでは、アメリカ軍の攻撃能力が想定されている。敵基地攻撃論について、「日本の防衛の考えかた、これは日米安全保障条約のもとにおいて、専守防衛を基本とする、……。日米間でやはりそこに役割分担がある」。「米軍は、……攻撃力を有する部隊の使用を考慮する」[32]。しかし敵基地攻撃のための能力・装備を持つように、政策を変更する模索が行われてきた[33]。

海外派兵の禁止も循環論法になっているきらいがあり、不安定である。とくに、敵基地攻撃論は極限状態に限った論理として出された形になっているが、海外派兵の禁止原則自体を無意味にする可能性がある。防衛のためとなれば海外派兵の禁止のような憲法原則を言っていられないとする思考が、含まれているきらいがあるからである[34]。

c 攻撃的兵器保有の禁止

憲法上保有が禁止される攻撃的兵器は、1959年には「他国を攻撃するような、攻撃的な脅威を与えるような兵器」とされていた[35]。ところが

---

32) 大野功統防衛庁長官162回2005（平成17）年5月12日衆・安保10号3頁。
33) 半田（2019: 91-92）は、以前からF15以降の戦闘機への空中給油機、空中警戒管制機（AWACS）の導入などによって、航空自衛隊は既に米軍に近い敵基地攻撃能力を持っているとする。
34) なお、敵基地攻撃の結果がどうなるかが論じられていない。防衛の段階として現在では敵基地攻撃論の次の段階としてミサイル防衛論があるが、ミサイル防衛は一定の条件の重なりのもとで一定の確率で想定される軍事技術である。反撃のリスクのないミサイル防衛技術は存在せず、それは防衛手段があることにしなければならない政治的必要から作られたイメージである。
35) 伊能繁次郎防衛庁長官31回1959（昭和34）年3月19日衆・内閣21号16頁。

1969年には「性質上相手国の国土の潰滅的破壊のためにのみ用いられる兵器」[36]とされ、それ以降これが現在の政府見解とされている。禁止される攻撃的兵器が極度に狭められ、保有できる兵器が広げられている[37]。

「必要最小限度」の問題として、攻撃的兵器保有の禁止との関係で、核兵器についてふれておきたい。自衛力の範囲内における核兵器の保有・使用は、憲法上可能だと説明されてきた。これは憲法論であり、非核三原則などにより政策的に核兵器は保有、使用しないとされている。これは防御的で小型の核兵器が開発された場合の理論的な仮定の問題であり、現実の問題ではないと言われてきた。しかし、この論議は鳩山一郎政権下で始まり、岸信介政権下で盛んに論じられた。核技術の発展が背景にあり、岸は政策として核保有を示唆したこともある[38]。近時核武装論がときに見られるようになっている[39]。

自衛力論のなかでも、とくに必要最小限度性は不安定である。

(iii) 「実力」

「実力」は武力とほぼ同視され、武力行使は憲法9条の規律の対象になるが、基地提供、経済援助や後方支援など、武力行使でないとされるものは規律から外されている[40]。ただし一体化論として、それ自体は武力行使でないものも、他国の武力行使と一体化する場合には認められない。

常識的、軍事的には軍事活動に他ならない基地提供、経済援助や後方支援は、古くから正当化されてきた。このようにして、とくに1960年安保条約6条による基地提供・基地使用の承認は合憲とされ、6条の言う「日本国」と「極東」と実際上無関係に、日本の基地はアメリカの世界戦略に使

---

36) 松本善明議員提出安保条約と防衛問題等に関する質問に対する答弁書（61回2番）（1969（昭和44）年4月8日衆議院提出）。
37) 浦田（2013a: 688）。
38) 大日向（2003: 197）。浦田（2012: 324-325）。
39) 日本のような一定の有力国が核武装すれば、核不拡散体制は崩壊する。
40) この政府解釈によれば、侵略戦争のように国際法上違法な戦争のための基地提供、経済援助や後方支援なども、9条の武力禁止には抵触しないことになる。実際にも、ベトナム戦争やイラク戦争のために基地提供や後方支援が行われてきた。そのことを通して、日本は加害者になってきた。

われてきた[41]。一体化論は1990年代以降精緻化し、武力行使に接近した自衛隊の各種の海外活動を基礎づけてきた。

　日本の「戦力」を違憲としつつ、外国の「戦力」に対する基地提供、経済援助や後方支援を認めている。そこに法的思想として一貫性があるか疑わしいので、それは安保体制によって政治的に説明されるしかないのであろう。したがってこのような「実力」論には不安定さがある。

　以上のように、2014-15年の解釈変更前の政府解釈にすでに相当の軍事力拡大的要素が含まれ、不明確で不安定なところがある。そのため、拡大的要素がさらに展開する可能性がある。

(3)　2014-15年の解釈変更後の政府解釈

　2012年末に発足した第２次安倍内閣によって、2013年２月の第２次安保法制懇の発足などとともに憲法解釈変更の取組みが始まった。2014年７月１日の閣議決定において政府解釈の変更が示され、それに基づいた安保法制が2015年９月19日に成立した。安保法制が成立したあと、安保法制の運用が行われてきた。そこには重大な問題も含まれている。この安保法制の運用も、ここでの検討の対象にしなければならない。集団的自衛権限定容認を中心にして、軍事力拡大のポイントを見ていくことにする。

　ⅰ　解釈変更の論理

　これについては序章で整理したので、ここではその結論のみ再確認したい。2014年７月１日の閣議決定はそれまでの政府解釈の「基本的な論理」を維持したうえで、「安全保障環境」の厳しさから「当てはめ」だけ変えたと説明した。この変更は、解釈変更前の自衛力論に含まれていた抽象的自衛＝国家主権の軍事的実現という発想を基礎にして制約を軽視し、確定不可能な「国の存立」論によって解釈変更が行われた。以前は「国の存立」のために限定された個別的自衛権が認められていたが、現在では同じ「国の存立」のために限定された個別的自衛権・集団的自衛権・集団安全

---

41) 世界戦略のための軍事力行使であれば当然のことながら、アメリカの戦争の多くは国際法上の合法性が疑われ、日本の基地を使ったベトナム戦争やイラク戦争は世界のほとんど全ての国際法学者によって違法と判断されてきた。

保障が認められるとした。その結果認められるものが「自国防衛」であり、認められないものが「他国防衛」と呼ばれる。具体的には「武力行使の3要件」が示される。このようにして自衛力＝「自衛のための必要最小限度の実力」論の形式は維持されている[42]。

2014年閣議決定において、「この基本的な論理は、憲法第9条の下では今後とも維持されなければならない」[43]とされている。ここでは、より抽象的な「基本的な論理」として①武力行使の根拠論と②武力行使の範囲論は「今後とも維持され」るが、より具体的な「当てはめ」として③武力行使の要件論＝「武力行使の3要件」は「維持され」ない可能性が示されている。代表的には、集団的自衛権限定容認論は変更可能性があるということである。このことによって、政府の憲法解釈が「維持され」るものと「維持され」ないものという、2段階構造を持つことになった。2段階構造論によって2014年の解釈変更がなされたので、同様にして今後も解釈変更があり得ることになる。

この2段階構造論は直接には武力行使に関して言われているが、間接的には2014年閣議決定全体に及ぶ可能性がある。たとえば、「武力行使との一体化」論は基地提供などそれ自体は武力行使でないとされるものであり、「今後とも維持され」ると言われなかったので、維持されない可能性があることになる。最終的には、政府解釈全体について「今後とも維持され」る「基本的な論理」的なものと、そうでないものの2段階構造が論理的に生じ得る。「今後とも維持され」ると言われないものについて、逆に変更可能性が強調され、「法的安定性」を欠く結果になっているように思われる。

---

42) 日本の「国の存立」の観点から個別的自衛権だけではなく、集団的自衛権や集団安全保障もとらえられている。その点について政府解釈変更閣議決定（2014: 378）は、「国際法上の根拠と憲法解釈は区別して理解する必要がある」と述べている。「国の存立」論は確かに国際法と別のものであり、安保体制下の日本国民の現在の意識に適合すると政権によって判断されたのであろう。

43) 政府解釈変更閣議決定（2014: 378）。

ⅱ 変更後の自衛力論の内容

(i)「自衛のため」

「自衛のため」あるいは「我が国の防衛」などの意味が、解釈変更前の個別的自衛権から解釈変更後は自国防衛に読み替えられている。自衛隊法3条1項において「直接侵略及び間接侵略に対し」が削除されたが、「我が国を防衛することを主たる任務とし」の規定は変更されていない[44]。防衛白書における「憲法と自衛権」の項目による自衛力論の説明も、解釈変更前と一字一句変わっていない[45]。専守防衛についても、解釈変更以前の定義がそのまま維持され[46]、その内容は自国防衛論によって説明されている[47]。このように、解釈変更前に言われた「自衛」や「防衛」について、自国防衛論によって再解釈が行われている。自衛力論における「自衛」概念の不明確性について前述したが、それが2014-15年の解釈変更に利用されたように思われる。

(ii)「必要最小限度」

　a　交戦権の否認

交戦権とは、「交戦国が国際法上有する種々の権利の総称」であるが、自衛力の行使は別のものとされてきた。2014-15年の解釈変更後も変わらないとしたうえで、次のように述べられている。2014年閣議決定で示され、

---

[44] その意味変更について、浦田（2016a: 131）。

[45] 2014年解釈変更前最後の『防衛白書・平成25年版』（2013）101頁、解釈変更直後の『防衛白書・平成26年版』（2014）119頁、最新の『防衛白書・平成30年版』（2018）212頁。

[46] 『防衛白書・平成30年版』（2018）214頁。

[47] （自衛隊法等の）「改正法案の下においても、憲法第九条の下で許容される『武力の行使』は、あくまでも、『国の存立を全うし、国民を守るための切れ目のない安全保障法制の整備について』（平成二十六年七月一日閣議決定）でお示しした『武力の行使』の三要件に該当する場合の自衛の措置としての『武力の行使』に限られており、我が国又は我が国と密接な関係にある他国に対する武力攻撃の発生が前提であり、また、他国を防衛すること自体を目的とするものではない。このように、『専守防衛』は、引き続き、憲法の精神にのっとった受動的な防衛戦略の姿勢をいうものであり、政府として、我が国の防衛の基本的な方針である『専守防衛』を維持することに変わりはない。」（藤末健三議員提出自衛隊法第三条からの「直接侵略及び間接侵略に対し」の削除と専守防衛の関連に関する質問に対する答弁書（189回165番）（2015（平成27）年6月22日参議院提出）。

2015年安保法制に明記されている「『武力の行使』の三要件を満たす『武力の行使』は、あくまでも我が国の存立を全うし、国民を守るため、すなわち我が国を防衛するためのやむを得ない自衛の措置であって、我が国を防衛するための必要最小限度の実力の行使にとどまるものであるから、その行使は、先に述べたとおり交戦権の行使とは別のものであって、憲法第九条第二項の交戦権否認の規定に抵触するものではない。」[48] 交戦権の否認が、「自国防衛」論によって説明されている。

  b 海外派兵の禁止

「海外派兵」に関する「従来からの考え方は、新三要件のもと、集団的自衛権を行使する場合であっても全く変わらない」とされている[49]。しかしながら、「武力行使の三要件」を充たす「存立危機事態における『武力の行使』が、基本的に公海及びその上空において行われる」[50]とされており、公海・空公における武力行使の実際の可能性は当然増大する[51]。

他国の領域における海外派兵の一般的禁止原則に対する例外として、敵基地攻撃論は集団的自衛権にも当てはまるとされている。「敵基地攻撃」に関する「従来の考え方は、法理上……新三要件のもとでも変わりはない」。ただ、そのための「装備体系は保有をしていない、個別的自衛権の行使としても敵基地を攻撃することは想定しない」。「ましてや、……集団的自衛権の行使として攻撃することはそもそも想定していない」[52]。ミサイル攻撃が他国に対してなされ、日本になされていない場合に、加害国の基地を攻撃をする論理が出された。

敵基地攻撃能力の保有を模索する動きが以前から進められてきた。政府解釈の変更を反映させたものとして、2017年3月30日自民党政務調査会「弾道ミサイル防衛の迅速かつ抜本的な強化に関する提言」[53]が注目され

---

48) 小西洋之議員提出憲法第九条の定める交戦権の否認と集団的自衛権行使との矛盾に関する質問に対する答弁書(189回375番)(2015(平成27)年10月6日参議院提出)。
49) 安倍189回2015(平成27)年5月27日衆・平和安全特別3号4頁。
50) 内閣官房(2015: 100)。
51) 政府が挙げた事例について、朝日新聞2014年5月28日。
52) 安倍189回2015(平成27)年6月1日衆・平和安全特別6号41頁。

る。その「2．わが国独自の敵基地反撃能力の保有」は、次のように書かれている。

「政府は、わが国に対して誘導弾等による攻撃が行われた場合、そのような攻撃を防ぐのにやむをえない必要最小限度の措置として、他に手段がない場合に発射基地を叩くことについては、従来から憲法が認める自衛の範囲に含まれ可能と言明しているが、敵基地の位置情報の把握、それを守るレーダーサイトの無力化、精密誘導ミサイル等による攻撃といった必要な装備体系については、『現在は保有せず、計画もない』との立場をとっている。朝鮮の脅威が新たな段階に突入した今、日米同盟全体の装備体系を駆使した総合力で対処する方針は維持するとともに、日米同盟の抑止力・対処力の一層の向上を図るため、巡航ミサイルをはじめ、わが国としての『敵基地反撃能力』を保有すべく、政府において直ちに検討を開始すること。」

この前半が従来からの政府見解に関するものであり、「わが国に対して……攻撃が行われた」として、個別的自衛権の場合についてまとめられている。それに対して、後半は提言に関するものであり、「わが国としての『敵基地反撃能力』」を保有すべきだとされている。すなわち、「わが国に対して」の文言が除かれ、集団的自衛権の場合を含むように構成されている。さらに、個別的自衛権と集団的自衛権のどちらの場合であっても、「保有」された「わが国独自の敵基地反撃能力」は、「日米同盟全体の装備体系を駆使した総合力」のなかに位置づけられる。自衛隊はアメリカ軍の指揮に事実上服するので、「わが国独自の敵基地反撃能力」も同様である。「わが国独自」の判断で行使することはあり得ない。

2018年決定の防衛計画の大綱・中期防衛力整備計画において「相手方の脅威圏の外から対処可能なスタンド・オフ・ミサイル」＝長距離巡航ミサイルの導入が明記された[54]が、事実上の敵基地攻撃能力の取得ではないかとして注目された。

---

53) 自由民主党政務調査会（2017）。
54) 防衛計画の大綱（2018: 68）、中期防衛力整備計画（2018: 82-83）。

ホルムズ海峡の機雷掃海が他国の領域における海外派兵禁止の新たな例外として示されたことは、注目を受けた。これも外国の領域において行う武力の行使であるが、「受動的な行為」であることを理由に、武力行使の３要件の第３要件としての「必要最小限度」性を充たすとされた。

  c 攻撃的兵器保有の禁止

安保法制案の審議のなかで、法案における武器の輸送の対象に核兵器などの大量破壊兵器が含まれるかどうかが問題にされた。それに対して政府側から、法文上輸送できるが、現実には想定していないとの答弁がなされた。法案成立後、前提として核兵器の保有・使用が問題にされ、政府側は前述のように憲法上自衛力の範囲内で法的に可能だが、非核三原則などの政策から持たないと答弁した。その点について、政府解釈変更後の武力行使の「新三要件の下で……武器使用の基準、考え方……は変わっていない」とされた[55]。そこで、使用の場所はどこかが問題にされ、自国の領域内での使用は考えられないとされ、したがって海外派兵禁止の問題になる。その例外における使用が考えられることになろうが、明確な論議はなされなかったように思われる[56]。なお政界に非核三原則検討論が見られる[57]。

保有が禁止される攻撃的兵器の例として、大陸間弾道ミサイル（ICBM）、長距離戦略爆撃機、攻撃型空母が挙げられてきた[58]。ところが2018年中期防衛力整備計画において、「海上自衛隊の多機能のヘリコプター搭載護衛艦（「いずも」型）の改修を行う」とされ、「多機能の護衛艦」と位置付けられた。「なお、憲法上保持し得ない装備品に関する従来の見解には何らの変更もない」[59]とされた。「攻撃的空母」の限定的な再定義が行われ[60]、「多機能の護衛艦」はそれに当たらないと説明された。軍事的必要

---

[55] 横畠裕介内閣法制局長官190回2016（平成28）年３月18日参・予算17号15頁。
[56] 核兵器と海外派兵の関係について、浦田（2016c: 35-38）。
[57] たとえば、石破（2017: 48-51）。
[58] 瓦力防衛庁長官112回1988（昭和63）年４月６日参・予算18号３頁。『防衛白書・平成30年版』（2018）212頁。
[59] 中期防衛力整備計画（2018: 82）。

に合わせて再定義を繰り返すことによって、攻撃的兵器の禁止原則を実際上削っていくことが行われた。

(ⅲ)「実力」

安保法制は、10本の法改正に関する平和安全法制整備法と国際平和支援法からなり、多様な論点を含む。すでに論じたことを除き、重要な点のみ確認しておくことにする。それらは、自衛力の要素である「実力」に関わり、「実力」でないとされているものである。

武力行使との一体化の回避原則が維持されたが、そのために「後方地域」（周辺事態法）や「非戦闘地域」（テロ特措法等）の枠組は採らず、「現に戦闘行為が行われている現場」では活動を行わないこととされた（重要影響事態法、国際平和支援法など）[61]。そのことによって、戦闘現場に接近し得ることになった。

周辺事態法における「わが国周辺の地域における」という部分が削除され、重要影響事態法が作られた。地域的限定がなくなり、支援対象も米軍から多様な組織に拡大された。武器等防護の対象が自衛隊だけではなく、米軍等に広げられた（自衛隊法95条の2）。この規定を使って、2017年5月1日海上自衛隊の護衛艦が米海軍の貨物弾薬補給艦を護衛した。この活動は法的には警察活動と説明されるが、実際には武力行使に至る可能性の大きいことが一般に指摘されている。

国際平和協力（PKO）法改正により、参加5原則のもとで宿営地の共同防護、駆け付け警護、安全確保業務のための武器使用権限が認められた。南スーダンPKOへの陸上自衛隊派遣に関して、2016年11月15日の閣議決定によって実施計画の変更を行い、改正PKO法に基づく新任務が与えられ、2017年5月31日に任務が終了した。この活動は日常用語の戦闘の近辺

---

60)「攻撃型空母とは、例えば極めて大きな破壊力を有する爆弾を積めるなど大きな攻撃能力を持つ多数の対地攻撃機を主力とし、さらにそれに援護戦闘機や警戒管制機等を搭載して、これらの全航空機を含めてそれらが全体となって一つのシステムとして機能するような大型の艦艇など」（小野寺五典防衛大臣196回2018（平成30）年3月2日参・予算5号28頁）

61) その運用に関して、浦田（2017c: 50）。場所の指定に関して、戦闘行為発生の見込み期間の運用変更がなされた。

で行われ、そのことを伝える日報が組織的に隠蔽された。この問題に関する「特別防衛監査の結果について」（2017年7月27日）は、2017年2月13日の稲田朋美防衛大臣、統幕総括官、陸幕副長の会合について明らかな論点ずらしの記述をしている[62]ので、逆に防衛大臣の一定の関与を強く示唆する結果になっている。軍事組織を管理する姿勢と能力を、防衛省・政府は持ち合わせていないのではないかと疑われる結果になった。

　以上のように、2014-15年の解釈変更を経て、集団的自衛権の限定容認をはじめ、各種の重大な軍事力の拡大が行われた。

(4) 小括

　自衛力論全体について見ると、1954年と2014-15年の2段階の大きな解釈変更が行われてきたことがわかる。前者で初めて憲法解釈上軍事力を認める解釈改憲が、後者でその軍事力を質的に拡大する解釈変更が行われた。自衛力論には、軍事力正当化の要素を強化し軍事力制約の要素を弱化することを通して、軍事力拡大の可能性のあることが確認される。指揮権を含めた対米従属、安保体制の加害性などの問題を伴ってきた。このような自衛力論は、問題のないものとして加憲の前提にするわけにはいかない。

　しかしながら、自衛力論には軍事力に制約を課す要素もあり、①憲法的制約、②政策的制約、③事実上の制約、④社会的・文化的制約などの層をなしている[63]。

　①憲法的制約は、自衛力論に入らない軍事力は違憲とされていることであり、本稿で焦点を当てたことの反対にある問題である。制約の定式は抽象的にまとめられるが、それを具体化した答弁の積み重ねが重要な力を発揮している。たとえば、「海外派兵は一般に許されないという従来からの原則も全く変わりはありません。自衛隊が武力行使を目的として、かつての湾岸戦争やイラク戦争での戦闘に参加するようなことは、これからも決してない」[64]とされている。

---

62) 防衛監察本部（2017: 7-8）。
63) 浦田（2012: 42）。

②政策的制約は政府によって憲法的なものとはされていないが、政府が政策として制約しているものである。非核三原則が代表的なものである。③事実上の制約は、憲法的にも政策的にも政府が制約としてはいない制約であり、多様なものがある。軍事法制が不完全であることが、その代表例である。土地収用法3条の対象事業として、防衛事業に関する明文規定が削除されていることも挙げられよう[65]。④社会的・文化的制約は、軍事的価値に肯定的でない社会や文化が成立していることである。

このような制約は、憲法の平和主義規定、非軍事平和主義学説[66]、軍事力拡大に対抗する学説、平和と憲法を結合させた市民運動、9条削除に好意的でない国民世論[67]などが背景にある。

集団的自衛権の容認が限定的なものにとどまるなど、各種の制約が軍事力に課されているので、その突破を目指して明文改憲への取組みが本格化することになった。その一つとして、自衛隊加憲論がある。安倍個人の改憲に対するこだわりはあるが、9条改憲派における軍事力拡大の要求が自衛隊加憲論の主たる要因である。

---

64) 安倍186回2014（平成26）年7月14日衆・予算18号（閉）10頁。「政府の『基本的方向性』」（2014）。「アフガン戦争」も同様（安倍186回2014（平成26）年7月14日衆・予算18号（閉）17頁）。これらの戦争は、一般的に「武力行使の3要件」を充たさない戦争の例として挙げられている。したがって、具体的に「武力行使の3要件」を充たせば、これらの戦争に参加し得る法的論理になっているはずである。「ようなこと」の内容の仕分けが行われることになろう。

65) ただし、自衛隊の施設については本法3条31号の「国又は地方公共団体が設置する……直接その事務又は事業の用に供する施設」として運用されることになっている（小澤（2003: 104））。

66) 固有の自衛権などが対置されるまえの憲法の戦争放棄規定は、論理的には非軍事平和主義によって解釈されているはずである。そうではなく最初から一定の武力が認められるように解釈されていれば、固有の自衛権などを対置する必要がないからである。政府解釈変更閣議決定（2014: 378）において「憲法第9条はその文言からすると、国際関係における『武力の行使』を一切禁じているように見える」と言われているのは、以上のことを意味していると思われる。

67) 境家（2017: 89-90）は、9条維持派が優勢になるのは再軍備とともに1950年代半ばからであり、その意味は自衛隊の軍隊化に対する反対であると評価している。そこでは、世論調査の方法、世論の歴史的変化、世論の理解のしかた、集団と個人の関係など多面的な問題が指摘されている。

2 自衛隊加憲の効果

　自衛隊加憲論の中心部分が以上のような自衛力論だとした場合、加憲によってどのような効果が生じるかを考えたい。その場合、自衛力論の枠組が維持される場合と、自衛力論の枠組が変更されていく場合を法的には分けて、考察する必要がある。この「2　自衛隊加憲の効果」では前者を扱い、後者については次の「3　政府解釈変更の論理的可能性と実際」で見ていくことにしたい。自衛隊加憲論では可能な限り早期の2項削除改憲への移行が目指されていると思われるので、その前提のもとで重要なのは2の「(1)　9条複数段階改憲構想」と「(2)　自衛隊違憲論の排除」である。「(3)　自衛力論の枠・『当てはめ』内における憲法解釈の展開」と「(4)　事実上の軍事力拡大の可能性」は論理的にあり得ることであり、2項削除改憲への早期の移行が困難になった場合には実際の問題にもなり得る。「(1)　9条複数段階改憲構想」は自衛隊加憲論の客観的、全体的構想の問題であり、「(2)　自衛隊違憲論の排除」は自衛隊加憲論の建前上の中心的な問題である。

(1)　9条複数段階改憲構想
　　i　改憲の経験
　日本国憲法は1947年施行以来70年以上一度も改憲されていない。改憲がなされていないなかで、何らかの改憲が行われれば、他の改憲のハードルも事実上下がるという効果が生じる。国民が改憲を経験し、改憲に慣れる効果が生じる。このような効果を利用したものとして、「お試し改憲」と言われるものや、もっと意図的なものとして複数段階改憲構想があろう。そこでは改憲の内容が何であるかは、問題ではない[68]。これを本書第1章で「オーソドックスな複数段階改憲構想」と呼んでいる。9条複数段階

---

68) 個別の改憲論を主張する場合、それ自体の意義と、それが9条改憲論など他の改憲論のハードルを下げる効果との関係について判断する必要が生じる。

改憲構想にも改憲の経験という要素はある。自衛隊加憲論を提起した伊藤哲夫・日本政策研究センター代表はそのことの重要性を指摘している。「一度憲法改正を経験すれば、国民の憲法改正への見方は多分決定的に変わろう。」[69]

ⅱ 9条複数段階改憲構想の提示

しかし自衛隊加憲論における9条複数段階改憲構想は改憲に国民を慣らすという一般的な意味だけではなく、自衛隊加憲と9条2項削除改憲の複数段階として内容が特定化され、明示的、戦略的に複数段階改憲構想が出されている。2項削除の改憲が実現困難だとして、複数段階改憲構想の一段階として自衛隊加憲が位置づけられている。従来の複数段階改憲構想とは異なる。本書第1章で「新しい複数段階改憲構想」と名付けた。自衛隊加憲は目的ではなく、手段であることが明確に意識されている。

安倍自身が9条複数段階改憲構想を述べている。前述したように、2016年秋に安倍は側近議員らと以下のようなやりとりを交わした。9条「2項は変えるべきだが、各党がテーブルにつかない」ので、自衛隊加憲もあり得る[70]。また2017年5月9日参議院予算委員会において安倍は以下のように答弁した。自民党の改憲論は2項削除改憲論であることを前提としつつ、それと大きく違うことを考えなければ、「三分の二の発議は難しいし、ましてや国民の過半数を取ることは難しい」[71]。さらに2017年10月の衆議院選挙のあと、安倍は自衛隊加憲論について以下のように説明したと報道されている。「できるだけ多数派を得るためには、2項も残さなければ難しいだろう。」これについて、本音は削除だが、それは選挙では問わず、改憲への方便として2項維持を提案したと告白したようなものだと、コメントされている[72]。

また、安倍の自衛隊加憲論の基礎に複数段階改憲構想があるとの見かたが自民党内にもあり、さらにそれに賛同する意見が出されてきた。佐藤正

---

69) 伊藤哲夫（2017: 12）。
70) 朝日新聞2017年6月4日。
71) 安倍193回2017（平成29）年5月9日参・予算18号24頁。
72) 朝日新聞2017年10月26日。

久参議院議員は次のように述べた。自分は2012年改憲案作成時に「国防軍」を強く主張した立場だが、「改正実現のためにはぐっとのみ込んで、現実と折り合いをつけるのが政治です。ホップ・ステップ・ジャンプで言えば、まずホップしなければジャンプもできない」[73]。佐藤は8月1日の自民党改憲推進本部の全体会合でも、自衛隊加憲をまずは優先させ、2項削除は2回目以降の改憲で実現させればいいとの考えをにじませた発言をした[74]。船田元衆議院憲法審査会幹事は講演のなかで以下のように述べた。自衛隊加憲実現後、「次は2項をなくす2段階論を深めるのが首相の考えだ。」[75]。

公募条文案集約後2018年2月7日の改憲推進本部全体会合で、「まずは一歩目として、2項を残して自衛隊明記を」などの意見が出され、2項維持案支持が多数を占めた[76]。2018年2月15日船田元改憲推進本部長代行は国会内の集会にビデオ出演し、次のように述べた。「1回目の憲法改正では9条2項を残したままで自衛隊を書く。しかし2回目以降で、国民もわれわれも憲法改正手続きに慣れてきたところで将来は9条2項を外し、そして自衛隊を書くことにしたらどうか」。この発言について、日本会議国会議員懇談会の幹部の一人は次のように語った。「本当はそういう手の内は分からないようにしておきたい。その意味では、船田さんが『2段階論』を暴露しちゃったのは余分だった。」[77]党外でも、自衛隊加憲論を複数段階改憲構想によって理解し、支持する発言は少なくない[78]。

事柄の性質上、複数段階改憲構想は本来公然とは言えないはずのことである。にもかかわらず、安倍自身の発言を含めて、このように多数言われている。本質的なものとして、否定しがたいことが示されている。

---

73) 産經新聞2017年7月1日。
74) 朝日新聞2017年8月2日。
75) 毎日新聞2017年9月2日。
76) 朝日新聞2018年2月8日。
77) しんぶん赤旗2018年2月19日。
78) 橋下徹（讀賣新聞2017年6月4日）。櫻井（2017: 41）。伊藤哲夫（朝日新聞2018年1月10日）。百地（2018: 33）。八木（2018: 30）。

ⅲ　9条複数段階改憲構想の論理と実際

　以上のように、自衛隊加憲論が9条2項削除改憲を目標とする複数段階改憲構想のなかに位置づけられていることは明らかである。そこでは自衛隊加憲が第1段階で、2項削除改憲は目標である。

　したがって軍事的要求が第1段階の自衛隊加憲論段階では限定され、目標である2項削除改憲論で全面化する。その軍事的要求を法的に表現すれば、自衛隊加憲論では基本的に自衛力論、2項削除改憲では自衛戦力論と考えられている。自衛隊加憲論の内容が自衛力論なので、自衛戦力論を内容とする2項削除改憲を目指す複数段階改憲構想が必要になっている。複数段階改憲構想にとって、自衛隊加憲論の内容が自衛戦力論になる必要はない。自衛隊加憲論の内容が自衛戦力論である場合には、複数段階改憲構想は論理的には不必要になる。2項削除改憲論は実際上の考慮から念のために求められることになる。また自衛隊加憲論の内容が自衛戦力論と見られた場合には、それに対する国民の警戒心から2項削除改憲や複数段階改憲構想は困難になる。2項削除改憲に対する国民の警戒心から、自衛隊加憲論が出されている。

　自衛隊加憲論の内容が自衛力論であることと、複数段階改憲構想はワン・セットである。

　論理的に突き詰めれば、かりに自衛隊加憲段階で従来の9条下の自衛力論と何も変わらなかったとしても、複数段階改憲構想によって2項削除改憲に橋渡しができれば、9条改憲派にとって目的は達せられる。実際には後述するように、自衛隊加憲論が自衛力論の憲法化であっても、自衛隊違憲論の排除だけではなく相当の変化が生じる可能性がある。

　かりに自衛隊加憲が実現した場合には、その後どうなるであろうか。2項削除改憲に向かうことも、そこに向かわず自衛隊加憲だけにとどまることも、論理的には選択肢として国民に残されていることになる。しかしもちろん自民党は前者に取り組む。2項削除改憲の2012年改憲案と自衛隊加憲論の2018年党大会決定は、複数段階改憲構想によって位置づけられている。2項削除改憲は取り下げられていない。自衛隊加憲から2項削除改憲に向かうことが、党議決定されている。自民党は複数段階改憲構想のなか

で自衛隊加憲実現のあと2項削除改憲運動を展開することになるが、これは自衛隊加憲論とは論理的には別の次の段階の問題である。

実際面を考えると、自衛隊加憲によって自衛隊・防衛・安全保障が憲法に位置付けられれば、それになお制約を課している2項の削除へ国民の意識が向かうことが期待されているのであろう。自衛隊加憲によって自衛隊の「権能」は変わらないが、「自衛隊を中心とする国民の安全保障に対する考え方もまた根本的に変わる」。「こうした国民の安全保障に対する認識の変化を前提としてこそ、……二段階目の本来の議論＝次のステップも可能となっていく」[79]。国民が自衛隊加憲だけで満足して、次のステップに進もうとしないことがないように、2項削除改憲運動が全力で取り組まれることが想定されていよう。そこでは、途中下車できないように、あらゆる工夫がなされる。

(2) 自衛隊違憲論の排除
  i 自衛隊違憲論排除の提起と前提
 (i) 自衛隊違憲論排除の提起

自衛隊加憲論の客観的、全体的な目的は、複数段階改憲構想のもとで2項削除改憲実現に向けて一歩を踏み出すことにある。それに対して自衛隊加憲論の建前上の中心的な目的は、自衛隊違憲論の排除とされている。2017年5月3日の安倍ビデオ・メッセージで、「『自衛隊が違憲かもしれない』などの議論が生まれる余地をなくす」と、言われている通りである。条文案としては、「『自衛隊』明記案」（本案）（2018年3月15日）では、「9条の2　我が国の平和と独立を守り、国及び国民の安全を保つための必要最小限度の実力組織として、……自衛隊を保持する」とされている。「代替案2」＝「条文イメージ（たたき台素案）」（2018年3月22-25日）では、「第9条の2　前条の規定は、我が国の平和と独立を守り、国及び国民の安全を保つために必要な自衛の措置をとることを妨げず、そのための実力組織として、……自衛隊を保持する」となっている。これらの条文案によ

---

79) 伊藤哲夫（2017: 12）。

って自衛隊違憲論の排除が図られている。そこで自衛隊違憲論の排除とその影響を考えてみたい。

(ⅱ) 軍事力の正当化

その前提を見ると、軍事力の拡大は軍事力の正当化の強化によってもたらされるが、その正当化は実質的なものと憲法的なものから成り立っている。自衛隊は実質的に正当なものであることを前提にして、憲法的にも正当化されるべきことが自衛隊加憲論によって主張されている。安倍ビデオ・メッセージにおいて、「災害救助を含め、」「日本人の命を守り抜く」自衛隊に対して国民の信頼は9割を超えているとされているのは、自衛隊の実質的正当性のことであろう。しかし、「自衛隊を違憲とする議論」が存在し、自衛隊に「命を張って守ってくれ」というのは、「無責任」だとされている部分は、自衛隊に対する憲法的正当化の要求である。

しかし自衛隊は問題のないものとして、実質的に正当なものと見てよいのであろうか。その前提が問題になるはずである。自衛隊は、帝国軍隊と断絶か連続か、対米独立か従属か、防衛的か攻撃的か、文民統制の有無、政治的か非政治的か、自衛官の人権の保障か侵害かなどの問題がある。これらの点について市民が問い続けることは、日本に健全な市民社会を形成していくうえで不可欠である。自衛隊加憲論はこのような実質的に重要な問題に国民の注意が向かないようにする働きをしているように思われる。

(ⅲ) 組織の存在と任務

もう一つの前提として、組織の存在と任務の関係を見ておく必要がある。ビデオ・メッセージでは「自衛隊の存在を憲法上にしっかりと位置づけ」、自衛隊違憲論を排除することが提案されている。一般的にも「自衛隊の存在」が合憲か違憲かという形で、問題が出されている。しかし、組織が合憲か違憲かは、その組織に与えられる任務との関係によって決まるはずである。任務と無関係に、組織の合憲・違憲を論じることはできない。たとえば、自衛隊について言えば、その任務が災害救助のような警察権か、個別的自衛権か、集団的自衛権か、集団安全保障かが問題になるはずである。

しかしながら、任務と無関係に組織の合憲・違憲を論じるような議論が行われている。それはなぜなのであろう。少なくとも政治的には、今のよ

うな自衛隊に賛成か反対かを問う結果になっているように思われる。「自衛隊の存在」合憲論は、自衛隊の任務や権限が変化しても、そのことを人に意識させない働きをしている。また、自衛隊が合憲か違憲かの問題を、それに賛成か反対かの問題に置き換える傾向がある。そのことを意図的に利用しようとする取組みもある[80]。「自衛隊の存在」合憲論は、災害救助[81]を含めて何らかの意味で自衛隊に賛成したりその必要性を認めると、自衛隊合憲論を導く効果を生み出しているように思われる。

そこで、「自衛隊の存在」合憲・違憲論を可能な限り具体的な任務との関係で考えていきたい。

自衛隊合憲・違憲論は、自衛隊が9条に適合するかどうかということと、自衛隊の根拠が憲法上にあるかないかということの、両者から成り立っている。両者を分けて、見ていくことにする。

ⅱ　自衛隊の9条（・9条の2）適合性

（ⅰ）　自衛隊合憲論の基礎——合憲性と限定性

序章で整理したように、従来の政府解釈によれば、9条は国家固有の自衛権などを否定するものではなく、そこから限定された軍事力として自衛力が認められ、自衛隊はそのための実力組織である。このような構造の一環として、2項で禁じられた「戦力」や「交戦権」は、自衛力を超えたものとされる。すなわち、自衛力と適合するように、「戦力」や「交戦権」の意味が定義され、削られている。以上の論理形式は、2014-15年の解釈変更の前後を通して変わらない。このような自衛隊の9条適合性論は、1項、2項からなる9条を前提にしている。また、国家固有の自衛権などが対置されるまえの9条は、論理的には非軍事平和主義解釈を前提にしている。

---

[80]　「現状維持派は自衛隊反対ではない。……改正派になり得る」。「ですから、九条改正の議論は、自衛隊に賛成か反対か、……という視点から整理すれば、もっと改正議論を深めていける……。その意味で、自衛隊を憲法に明記しようという提案は、議論を整理する上で意味がある」（伊藤哲夫ほか（2017: 128）〔岡田発言〕）。

[81]　自衛隊による災害救助の問題点について、選択（2018: 110-111）参照。災害救助のほうから見れば、当然のことながら軍事組織は向いていない。

以上のように、自衛力・自衛隊の合憲性論・限定性論は、9条、非軍事平和主義解釈を論理的出発点としているところから来ている。

(ⅱ) 自衛隊合憲論の影響――政府解釈変更の可能性

　a　変化の要素

以上のような解釈論を憲法化する影響は大きい。

①従来の政府解釈では、自衛力・自衛隊の限定性は、まず9条1項、2項から来ている。加憲によって、論理的出発点が9条と9条の2に変わる。

②また、従来の政府解釈の論理構造に内在している非軍事平和主義解釈は、加憲によって排除され、不可能になる。2014年閣議決定の文言を借りれば、憲法9条＋9条の2は「その文言からすると、国際関係における『武力の行使』を一切禁じているように見え」[82]なくなる。

③さらに、集団的自衛権限定容認を中心とする2014-15年の解釈変更に基づく自衛隊についても、違憲論の禁止が言われている。すなわち、解釈変更前の自衛力論による自衛隊合憲論によりつつ、それを超える解釈変更に基づく自衛力・自衛隊違憲論、拡大任務付与違憲論についても、排除が目指されている。この点は、一般によく指摘されているところである。

④なお、解釈変更に基づく集団的自衛権限定容認などの内容には必ずしも反対ではないが、それが明文改憲によらずに解釈変更によってなされた点について、立憲主義に反し違憲とする手続論もあり得る。この立場では一方で、このような立憲主義を尊重しない姿勢を持ったまま、与党が明文改憲を進めることに、反対することが考え得る。しかし他方で、自衛隊加憲によって解釈変更が合憲化されるので、違憲性は治癒されることになる可能性がある。

以上のような変化によって、自衛力・自衛隊の限定性が弱められる。

　b　不変化論とその問題

自衛隊加憲論では、従来の政府解釈を憲法に取り入れるだけなので、変化はないことが強調されている。9条「一項、二項を残すということでありますから、当然今まで受けている憲法上の制約は受けるわけでございま

---

82) 政府解釈変更閣議決定（2014: 378）。

す。」[83] その場合は、9条1項、2項は自衛力論に基づいて解釈され、9条の2は自衛力論を定式化したものとされているのであろう。9条1項、2項と9条の2は自衛力論によって統一的に解釈され、そのあいだに形式的には矛盾がないと考えられている。

　しかし、9条1項、2項は、文言上非軍事平和主義を規定している。政府自身が認めるように、少なくともそう見える。また、2014-15年の政府解釈変更前の自衛力論を支持しつつ、集団的自衛権限定容認などを帰結する変更後の自衛力論・自国防衛論を違憲とする解釈も出されてきた。このような解釈論が国民のあいだに生ずることは、実際上否定することができない。加憲論が排除しようとしたものの基礎に、これがある。すなわち、9条と、一定の任務を与えられてきた自衛隊とのあいだに、実質的にある種の緊張関係が存在する。安倍メッセージが言うように、「多くの憲法学者や政党の中には、自衛隊を違憲とする議論が存在しています。」その通りであり、これは不可避であり、実質的な理由がある。そのために自衛隊加憲論が出されている。

　そして従来の緊張関係は、憲法9条と、それに関する政府解釈に基づいた自衛隊法などの法律・実態のあいだにある。したがって、上位法として憲法9条1項、2項の規制力は加憲後より相対的に大きい。それに対して自衛隊加憲による場合には、緊張関係はまず9条と9条の2のあいだに生ずる。同じ憲法規範相互の問題として、9条1項、2項の規制力は加憲前より相対的に小さくなる。したがって、9条1項、2項の規制力は弱められていこう。

　その規制力のなかで自衛力論の軍事力限定的要素は、9条の規定だけではなく、その非軍事平和主義的解釈からも来ている。非軍事平和主義的解釈を論理的出発点にしているので、全面的な軍事力ではなく、自衛力のみが認められるからである。したがって自衛隊加憲によって、非軍事平和主義的解釈を排除すると、自衛力論の軍事力限定的要素も弱められていく[84]。

---

83) 安倍193回2017（平成29）年5月9日参・予算18号24頁。

なお、自衛隊加憲論が提起されるだけで、実際に自衛隊加憲を行わなくても、変化は起こっている。自衛隊加憲論に警戒する側のなかで、自衛隊はすでに合憲と考えられているので、自衛隊加憲は不要だとする反論も生じている。公明党が代表的であるが、ほかにも一定の広がりがある。自衛隊加憲論に対する対抗から、自衛隊合憲論が強化されている[85]。

(ⅲ) 自衛隊違憲論の可能性

以上のような自衛隊違憲論の排除とその影響が、自衛隊加憲論の基本的な側面である。自衛隊加憲論の具体的内容として自衛力論の憲法化を想定すれば、論理的に自衛力違憲論は排除されるが、それは自動的に自衛隊合憲論を意味するものではない。現実の自衛隊が憲法上の自衛力・「自衛隊」に適合するかどうかが問題になり得るからである。そこで具体的に考えれば、9条1項、2項が存続することによって、一定の解釈の可能性が生じる。

政府の立場では、9条と9条の2は自衛力論によって統一的にとらえられている。とくに9条2項の「戦力」、「交戦権」は、自衛力に抵触しないように解釈されている。また逆に、9条の2の自衛力・「自衛隊」規定は、戦力不保持・交戦権否認を意識して構成されているのであろう。

さらに、9条の2を再確認すると、安倍と自民党改憲推進本部の本命案と考えられる「『自衛隊』明記案」（本案）（2018年3月15日）では、「我が国の平和と独立を守り、国及び国民の安全を保つための必要最小限度の実力組織として、……自衛隊を保持する」である。このなかで中心的に重要なのは、「我が国の平和と独立を守り、国及び国民の安全を保つための必要最小限度の実力組織」である。この条文案における「自衛隊」規定は、

---

84) 政府による現在の解釈論において、自衛力論は非軍事平和主義解釈を論理的な出発点としつつ、結論として非軍事平和主義解釈を排除している。したがって、政府の自衛力論を支持すると、自衛力論の軍事力抑制的要素が弱められていく。自衛力論を支持すると、自衛力論は変化していく。そのように考えてきたが、解釈論で生じている問題が、自衛隊加憲によって改憲の場面で大規模に決定的に生じる。

85) 2014-15年の政府解釈変更に対抗するなかで、変更前の政府解釈合憲論が増大したのと似ている。変更に対抗するために、現状を実際以上に正当化しているからである。

「我が国の平和と独立を守り、国及び国民の安全を保つための必要最小限度の実力組織」として設置される組織には、「自衛隊」という名称が与えられるべきことを意味している。この憲法上の「自衛隊」概念は、現在自衛隊法に法律上の基礎を置いている現実の自衛隊を意味しているわけではない。自衛隊法上の現実の自衛隊と考える立場は、憲法上の概念を法律や実態によって解釈することになり、立憲主義に反する。

したがって、自衛隊法上の現実の自衛隊が憲法上の「我が国の平和と独立を守り、国及び国民の安全を保つための必要最小限度の実力組織」であるかどうかは、問われ続けることになる。

このような可能性のなかで、政府と異なる解釈や自衛隊違憲論が出される可能性がある。現実の自衛隊は、2015年ガイドラインで示されたように、実際には平時・有事にわたってアメリカ軍の指揮のもとにあるので、「我が国」の平和と独立を守り、国及び国民の安全を保つための組織ではないとする違憲論が、出される可能性がある。また、「我が国の平和と独立を守り、国及び国民の安全を保つ」ことは政府解釈では自国防衛を意味しているが、個別的自衛権ととらえる解釈は出されるであろう。そこから、2014-15年の憲法解釈変更によって個別的自衛権・集団的自衛権・集団安全保障のために限定された武力行使が認められている自衛隊は、違憲だとする解釈の出現は予想される。さらに、自衛隊の実態を問題にして、現実の自衛隊は「必要最小限度」の実力組織を超えていて、違憲だと見る議論もあり得る。

以上のような違憲論の可能性を否定できないが、自衛隊加憲は基本的に自衛隊違憲論を排除する効果を有する。

iii 自衛隊の憲法上の根拠

かりに自衛隊が憲法9条に違反しないと言えたとしても、自衛隊に憲法上の根拠が存在するかの問題が残る。憲法上の根拠なしに、自衛隊が設置、運用されてきた。憲法上の根拠がないことは、その正当性を大きく制約し、軍事力を抑制する大きな実質的役割を果たしてきた。具体的な軍事力根拠規定のありかたがどうであれ、加憲によって憲法上に何らかの軍事力の根拠規定が置かれた場合、その軍事力の正当化を強め制約を弱める影響は非

常に大きなものになる[86]。

(3) 自衛力論の枠・「当てはめ」内における憲法解釈の展開

以上のように複数段階改憲構想のもとで自衛力論が憲法化され、自衛隊違憲論が排除されると、どうなるか。その可能性について具体的に考察するために、ここ「(3) 自衛力論の枠・『当てはめ』内における憲法解釈の展開」において憲法解釈の展開について法的側面から整理し、次の「(4) 事実上の軍事力拡大」でそれ以外の問題を扱うことにしたい。従来の自衛力論の枠・「当てはめ」内で、解釈の不明確な部分について、解釈の展開可能性がある。これらは論理的には自衛隊加憲されなくても起こる可能性があるが、自衛隊加憲によって実際上強く推進される。気になる点について、いくつか指摘したい。自衛力=「自衛のための必要最小限度の実力」論について、基本的にその構成要素に沿って、見てみることにする。

ⅰ 自衛力論の基本的問題

2014-15年の解釈変更後は「自衛」は「自国防衛」のこととされ、「他国防衛」に対置されている。「自国防衛」は合憲で、「他国防衛」は違憲とされている。「自国防衛」は「我が国の存立を全うし、国民を守るための自衛の措置」であり、「他国防衛」は「外国の防衛それ自体を目的とする武力行使」である[87]。「自国防衛」は広げて解釈・運用される可能性があるように思われる。

まずこの議論のしかたから、自国の防衛と他国の防衛が重なる場合は、

---

[86] 軍事力に対する制約を憲法に規定し、立憲主義を確保しようとする主張がある。しかし、制約規定と根拠規定は表裏の関係にあり、制約を憲法に規定することは根拠を置くことを意味する。また制約の理念として専守防衛を想定する傾向が見られる。しかし前述したように、政府の専守防衛論は安保体制や核抑止とセットになっており、またその軍事力抑制的効果は不安定である。また専守防衛理念の軍事力抑制的効果は、9条やその非軍事平和主義解釈と軍事力根拠規定の不存在によって形成されてきたことを軽視している。制約を規定しようという主張は自衛隊加憲論の一種であり、同じ自衛隊加憲論のなかで安倍・自民党の自衛隊加憲論に対抗するより、それへの橋渡しを事実上することになる可能性のほうが基本的に大きいように思われる。

[87] 安倍（2014: 1）。浦田（2016a: 83-84, 105-106）。

「自国防衛」として武力行使が正当化される。排除される「他国防衛」は、外国の防衛「それ自体」を目的とする武力行使だからである。「他国防衛」以外のものは、「自国防衛」として正当化される構造になっている。「自国防衛」と「他国防衛」を対置した形が採られ、「自国防衛」の限定性が強調されているが、実際には形式ほど対置、限定になっていない。

またこの「自国防衛」論のもとで、「武力行使の三要件」が定められている。これらの3要件が相当の解釈の幅を持ち[88]、拡大解釈される可能性が広く指摘されてきた。抽象的な「自国防衛」論によれば「我が国の存立を全うし、国民を守るための自衛の措置」になると想定されるが、具体的には武力行使の3要件を充たさない場合がある。この場合は、論理的には武力行使は認められないことになる。このとき「自国防衛」論は、武力行使が可能になるように、3要件の解釈を緩める傾向を持っているように思われる。抽象的には「我が国の存立を全うし、国民を守るための自衛の措置」と考えられるのに、具体的には武力行使できないことを受け入れない論調を生み出す可能性がある。加憲によって自衛力・自衛隊の正当性が強められれば、このような可能性が大きくなり得る。

ⅱ 「自衛」

安保条約をめぐって論議が進められる可能性がある。現行1960年安保条約は集団的自衛権否認解釈のもとで締結された[89]が、2014-15年の政府解釈の変更によって集団的自衛権が限定容認されたからである。

（ⅰ）安保条約5条と個別的自衛権・集団的自衛権

安保条約5条の日本の領域における日米共同防衛の問題は、安保法制論議のなかでほとんど議論されなかった[90]が、今後積極的に論じられる可能性があるように思われる。

---

88) 浦田（2016a: 113-122）。
89) 安保条約改定時における政府の集団的自衛権解釈について、浦田（2016a: 17-23）。
90) ちなみに、国会の主な答弁を収録し、年1回加除される内閣法制局『国会答弁抄』の中で9巻（Ⅲ 諸法 (6)）・「二五 安保条約改定」において、安保条約5条関係の収録答弁は、憲法解釈変更の論議がなされた2014-15年で5件である。そのなかに、共同防衛の法的性格に関するものはない。

安保条約5条の共同防衛は政府によって個別的自衛権の共同行使として説明されてきた。ところが、2014-15年の憲法解釈変更によって集団的自衛権の限定容認がなされたので、在日米軍基地に対する攻撃の場合は、集団的自衛権によって説明することが可能になり、そのほうが自然に思われる。この場合は存立危機事態だと、政府によって認定されるであろう。説明のしかたが変われば、個別的自衛権の共同行使によって説明しにくいが、存立危機事態における集団的自衛権ととらえられるケースも想定し得る。すなわち、安保条約5条の適用場面が拡大される可能性もある。

　(ⅱ)　安保条約5条と6条のアンバランス論
　　a　バランス論の変化の可能性

　安保条約5条におけるアンバランスと6条のアンバランスによって、5条と6条は全体としてバランスが取れていると説明されてきた[91]。しかし、5条の日米共同防衛において日本による集団的自衛権が限定的にせよ行使されることになれば、従来の説明による5条と6条のバランス論は変わっていく可能性がある。5条において日本の役割が増大すれば、6条において日本の基地負担は減少するという論理が出され得る。そこでは、基地負担の減少のためということを理由にして、日本の役割増大を主張する議論が進められる可能性がある。「集団的自衛権の行使を認め、より対等な形の条約に改定することで、米軍基地を減らすことができる可能性が高くなる」[92]。

---

91)「日米安保条約は、第5条で米国の日本防衛義務を規定する一方、第6条でわが国の安全と極東における国際の平和と安全の維持のため、わが国の施設・区域の使用を米国に認めており、総合的に日米双方の義務のバランスを取っている。」(『防衛白書・平成30年版』(2018年) 281頁。この説明の5条論では、日本の領域内における「いずれか一方」に対する武力攻撃のうち、アメリカ、典型的には在日米軍基地の防衛に自衛隊が使われることが除かれている。6条論では、アメリカは基地提供義務を負わないこと、すなわちアメリカには自衛隊の基地が存在しないことが無視されている。わかりきった基本的、圧倒的な対米従属のもとで、5条・6条バランス論=日米バランス論？が政治的に作られている。

92) 石破 (2014: 159)。アメリカは日本の基地を使用したうえで、日本に集団的自衛権行使をとくに2000年代以降本格的に要求している。上記の対等論・基地減少論は政治的に作られた議論であろう。

b　トランプ「安保不公平論」と安保条約の目的論
(a)　トランプと日本政府の見解

　関連して、トランプ大統領は2016年大統領選挙で、安保条約は不公平で、在日米軍の駐留経費を日本が全額負担しなければ、米軍撤退もあり得ると発言した[93]。近時トランプは不公平論を繰り返し、2019年 6 月29日の記者会見でアメリカは日本のために戦うが、日本はアメリカのために戦う義務がないと述べた[94]。これは安保条約 5 条論である。そのうえで、在日米軍駐留経費の日本側負担について現状の 5 倍に増加することを日本側に打診した[95]。これは 6 条関係の問題であり、日本のために米軍は駐留しているとする前提に立った主張である。

　 6 条によれば駐留の目的は、「日本国の安全に寄与し、並びに極東における国際の平和及び安全の維持に寄与するため」であり、日本の安全に限定されていない。日本の安全を含むが、そのために駐留しているわけではない。そこで 5 条と 6 条のバランス論が出されてきた。さらに実際には「極東」と無関係にアメリカの世界戦略のために在日米軍基地は使われてきた。そこで全体として不公平ではないとする反論が日本側から出されている[96]。

(b)　安倍の「双務性」論

　ところが安倍はトランプに近い主張をしてきた。安倍によれば、まず旧1952年安保条約について「あまりにも一方的な条約」であったので、「双務性を高めるべき」だという考えが、祖父の岸信介にあった。その努力の結果が現行1960年安保条約 5 条、 6 条だとする[97]。そこで問題になっていることは、1952年安保条約では日本の基地提供義務のみが規定され、アメリカの日本防衛義務が定められていないことである。日本のみが義務を

---

93)　しんぶん赤旗2019年 6 月27日、朝日新聞2019年 6 月30日。
94)　朝日新聞2019年 6 月30日。
95)　朝日新聞2019年 7 月31日夕刊。なお 5 倍は駐留米軍経費の実費総額を超える（朝日新聞2019年 8 月 1 日）。
96)　朝日新聞2019年 6 月30日。
97)　安倍ほか（2004: 62）。

負うという意味で「あまりにも一方的な条約」であったので、アメリカも義務を負うことによって「双務性を高めるべき」だという議論である。

そして、われわれの「新たな責任というのは、この（1960年——浦田）日米安保条約を堂々たる双務性にしていくということです」とする。「軍事同盟というのは"血の同盟"です。」日本が攻撃されたときに米軍が血を流すが、アメリカが攻撃されたときに自衛隊は血を流すことはない。そこで「双務性を高めるということは、具体的には集団的自衛権の行使だと思いますね。」[98]

ここで1960年安保条約について安倍によって言われていることは、6条の基地提供義務にはふれず、5条について集団的自衛権によって日本の防衛義務を強めることを通して「双務性を高める」ことである。基地提供義務を無視することによって、1952年安保条約と1960年安保条約について「双務性」の意味を逆転させ置き換えている。同じ「双務性」の言葉を使って、岸は対米従属を縮小させる主張をしたことにされているが、安倍は対米従属を増大させる主張をしていることになる。基地提供したうえに、集団的自衛権を行使すべきだと言っているからである。そのことが、「たじろがずに堂々とその責任を果たす」[99]と表現されている。

2019年7月7日フジテレビの党首討論会で、この記述における責任を果たすことが自衛隊加憲論の目的ではないかと問われて、安倍は次のように憲法の制約論を述べた。「憲法の制約があって、（日米安保条約を）完全な双務性にすることはできない。いわば集団的自衛権のフル（全面的）な行使はできませんというのが今の私の考え方だ。」[100] 今までの考察からすれば、集団的自衛権全面行使の目標を持って、政府解釈変更による集団的自衛権限定容認→自衛隊加憲→9条2項削除改憲が考えられているということである。これは単に安倍個人の考えかたであるわけではなく、自民党に広く共有され、複数段階改憲構想のなかで自衛隊加憲論が推進されている。日本を守るために米軍が駐留しているかのような自民党政治の説明が、ト

---

98) 安倍ほか（2004: 63）。
99) 安倍ほか（2004: 63）。
100) しんぶん赤旗2019年7月10日。朝日新聞2019年7月15日。

ランプ発言を招いた[101]。トランプ発言にはディールがあるとしても、日米の軍事関係の大きな流れのうえにある。

この流れのうえで自衛隊加憲がなされれば、対米従属がさらに進められることになろう。

(iii) 安保条約と日米防衛協力ガイドラインの関係

さらに、安保条約と日米防衛協力ガイドラインの関係について、ガイドラインは政治的文書であり、安保条約に根拠はないが、安保条約に違反していないと説明されてきた[102]。この論理をつきつめれば、日米の軍事関係をガイドラインのみによって形成、規律することが可能になり、安保条約は不要になる可能性があるのではないか。政治的には、集団的自衛権否認解釈を前提にして作られた安保条約のもとで、安保体制・日米同盟強化を図ろうとする路線に対応しているように思われる。政府解釈の変更による集団的自衛権の限定容認は、この安保条約・ガイドライン論のもとで行われた。同じ集団的自衛権の限定容認・解禁でも、それを憲法化した自衛隊加憲の段階において、安保条約について何らかの変化があるかは不明である。ない可能性が大きいように思われる。しかし、9条2項削除改憲による集団的自衛権全面解禁の段階では、安保条約は改定されることになろう。

iii 「必要最小限度」

(i) 交戦権の否認

交戦権は自衛力とは別のものとされている。すなわち、自衛力が拡大すれば、交戦権の否認は縮小する関係にある。したがって、加憲によって自衛力論の解釈・運用が展開していけば、交戦権否認の意味が実質的に縮小していく可能性がある。交戦権と自衛力のための権利の区別に関する具体例として挙げられてきたものや、具体例以外ものについて、議論が展開す

---

101) 石破は、「日本に基地がないと米国の戦略なんて絶対に成り立たない」ということを、安倍はトランプに言わなければならないとする（朝日新聞2019年7月2日）。しかしこの問題は、他の自民党政治家以上に石破にあてはまるのではないか。石破は、日本が集団的自衛権を行使すれば在日米軍基地の縮小があり得るかのように述べて、アメリカにとっての基地の必要性を見えなくしてきたからである。

102) 浦田（2016a: 98-99、142-143）。

る可能性がある。

(ⅱ) 海外派兵の禁止

　a　基本的な問題

とくに海外派兵の禁止は、具体的事例における答弁の積み重ねによって形成されてきた。しかし、前述のように、海外派兵の禁止論の原理、基準、具体化のそれぞれに不安定なものもある。海外派兵禁止の原則には、2014-15年の解釈変更前の「自衛権発動の3要件」、解釈変更後の「武力行使の3要件」に該当すれば、海外で武力行使ができるとする思考方法がある。この論理は循環論法になっているきらいがある。しかし実際には、具体的な答弁の積み重ねがあり、循環論法による論理の突き詰めは行われていない。しかしながら、9条1項、2項のもとで積み重ねられてきた答弁は、自衛隊加憲によって基礎の条文が変わったとして、軽視され得る。このような傾向が強まれば、海外派兵禁止原則の無意味化に向かって進んでいく可能性はあるように思われる。

　b　具体的な問題

その答弁の積み重ねの代表的なものとして、前述のように、湾岸戦争、アフガニスタン戦争、イラク戦争のような戦争で自衛隊が戦闘を行うことは、「武力行使の3要件」における第3要件の必要最小限度性から憲法上できないとの答弁が、憲法解釈変更論のなかで繰り返されてきた。どのような意味で必要最小限度性に反するのか、「ような戦争」の範囲は何か、戦闘を行うとは何かなどをめぐって、論議が展開していく可能性がある。

自衛隊の海外出動の機会が増えれば、個別的自衛権に基づく公海・公空における武力行使の可能性は大きくなる。PKOや武器等防護など武力行使目的ではないとされる活動でも、日本が武力攻撃を受けたと認定されれば、個別的自衛権が成立する可能性がある。存立危機事態における武力行使は公海・公空におけるものと想定されており、そのようなものとして武力攻撃を受けている米艦の防護などの事例が政府によって示されてきた。それらの事例は集団的自衛権限定容認の正当化のために政治的に作られたものが少なくないが、そのなかの武力攻撃を受けている米艦の防護、弾道ミサイル発射警戒時の米艦防護、アメリカに向け日本上空を横切る弾道ミ

サイルの迎撃などは、偶発的状況などによってあり得ないことはない。ミサイル防衛のように技術的に疑わしいことが、政治的判断や判断ミスで実行される可能性もあろうか。

　海外派兵禁止原則の例外としての敵基地攻撃論は、この原則の循環論法化・無内容化の点で実際上重大な働きをしつつある。朝鮮情勢とその政治的利用のもとで、自衛隊加憲による軍事力の正当化によって、敵基地攻撃論の政治的役割は大きなものになろう。日米の複雑な関係の変化のなかで、敵基地攻撃能力保有の問題が展開する可能性がある。集団的自衛権における敵基地攻撃論の展開も、劣らず可能性があろう。

　ホルムズ海峡における機雷掃海論は、海外派兵禁止原則の新たな例外として2014-15年の解釈変更のなかで出された。ホルムズ海峡以外は考えていないとされた[103]ので、ホルムズ海峡は例であり、機雷掃海は他の場所についても今後は考え得る。機雷掃海が海外派兵禁止原則の例外とされたのは、それは「受動的な活動」だからである。そうだとすれば、「受動的な活動」であることを理由に、機雷掃海以外の活動が海外派兵禁止原則の例外として認められていく可能性も想定し得る。

　(iii)　攻撃的兵器保有の禁止

　保有の禁止される「攻撃的兵器」の内容は、歴史的に縮小されてきて、逆に保有できる兵器は拡大する論理的結果になっている。「攻撃的兵器」は現在では「性質上専ら相手国国土の壊滅的な破壊のためにのみ用いられる」兵器とされている[104]。ところで政府解釈において、政策としての敵基地攻撃能力の保有論は、攻撃的兵器の保有に至らないという憲法上の制約下にある。朝鮮に対するミサイルなどの保有が論じられているが、そこには朝鮮に対するミサイルなどは攻撃的兵器ではないとする前提がある。敵基地攻撃能力の保有論が展開していけば、それに合わせて「攻撃的兵器」の内容がさらに縮小する可能性がある。また核兵器保有論が公然と言われる社会状況が展開すれば、「攻撃的兵器」の内容の縮小にさらに圧力

---

103) 浦田 (2016a: 120)。
104) 『防衛白書・平成30年版』 (2018) 212頁。

が加わるであろう。

　ⅳ　「実力」

　「実力」は、「実力」によらないとされる活動を合憲化し、とくに安保条約6条によるアメリカへの基地提供を正当化してきた。その積極的な解釈・運用の可能性があることは、すでに述べた。「実力」ではないとされるものに課せられてきた一体化論は、2014-15年の憲法解釈変更でも維持されている。この原則のもとで、重要影響事態法などにおいて「現に戦闘が行われている現場」では活動は行わないとされているが、そこに運用上課せられている前述の制約はさらに変わっていく可能性がある。その場合には、自衛隊は戦闘現場に接触し、戦闘に至る可能性が大きくなる。加憲によって、重要影響事態法、米軍等の武器等防護、PKOによる武器使用の拡大が積極的に運用されれば、そこから戦闘に至る可能性も大きくなる。集団的自衛権の限定容認による武力行使ではなく、これらの活動から武力行使へ進む可能性も現実には大きい。

　以上のように、自衛力論の枠内でも、従来そこに含まれている軍事力拡大の要素が、自衛隊加憲に基づく憲法解釈の展開によって積極的に展開、加速され得る。その結果、相当の軍事力展開の可能性があり、武力行使に至る様々な可能性も増大する。

(4)　事実上の軍事力拡大の可能性

　ⅰ　前提的考察——自衛隊合憲論・憲法的正当化の段階的展開

　以上、自衛隊加憲によって自衛隊・自衛力が合憲化された場合に、憲法解釈展開に関する法的な側面を扱った。ここでは、以上のことに関わりつつ、それ以外の問題を事実上の軍事力拡大としてその可能性について見てみたい。

　自衛隊を合憲なものとして憲法的に正当化することは、①憲法解釈、②自衛隊加憲、③9条2項削除改憲の段階に沿って考察する必要がある。

　①9条1項、2項のもとで1954年から60年以上にわたって憲法解釈として自衛力論によって自衛隊合憲論・憲法的正当化が行われてきた。その結果自衛隊は世界有数の軍事組織となり、政府解釈では代表的には集団的自

衛権を限定的にせよ行使できるとされ、「国民の信頼は9割を超え」ていると言われている。しかし、「多くの憲法学者や政党の中には、自衛隊を違憲とする議論」が存在している。②自衛隊加憲によって憲法上の「自衛隊」は論理的に合憲とされ、憲法的正当化が行われる。しかし、戦力不保持・交戦権否認の9条2項がある限り、自衛隊違憲論存続の可能性があり憲法的正当性は不安定である。③そこで9条2項削除改憲が目指され、自衛戦力論のもとで自衛隊に対する憲法独自の制約がなくなると論理的に想定されている。しかしながら、「戦争」を「永久に……放棄する」9条1項が存続する限り、実際には自衛隊合憲論・憲法的正当化は完全なものにならない[105]。したがって、さらに④9条（1項）削除改憲が控えている可能性がある。

　以上のように各段階において自衛隊合憲論・憲法的正当化が一定程度行われ、しかし同時にその自衛隊合憲論・憲法的正当化は不完全なものである。①の憲法解釈段階と②以降の明文改憲段階では画期的な差が生ずるが、なお各段階の自衛隊合憲論・憲法的正当化の範囲が問題になる。

　そのうえで事実上の軍事力拡大の可能性について、直接に軍事的な問題と社会的、文化的問題をわけて整理したい。

　　ⅱ　直接に軍事的な問題

　この問題を最も網羅的に検討しているのは山内敏弘[106]であり、「自衛隊加憲が市民の生活・人権に及ぼす影響」として整理している。複数段階改憲構想に関する段階的考察の立場から、そのうち直接に自衛隊加憲段階のものとしてあり得ると思われるのは以下のような点であろう。業務従事命令に対する罰則の規定、土地収用法における土地収用事業への自衛隊施設の明文化、軍事秘密法制の強化、自衛官の軍事規律の強化、自衛隊関連訴訟への影響、軍事費の増大と生存権保障の形骸化、軍産学複合体の危険性

---

105) 政府は9条1項を国際法上違法な戦争の放棄の意味で解釈してきたが、そのように解釈されるイタリア憲法11条などと異なる歴史的経験を日本はしてきた。日本の学説では全面戦争放棄説も有力に採られてきた。私見について、浦田（1995: 38-43, 72-81, 151-153）。
106) 山内（2019: 49-83）。

などである。これらは9条下の自衛力論解釈の枠内ですでに進められ、あるいは法的にはその可能性のある政策が、自衛隊加憲よって自衛隊合憲論・憲法的正当化が格段に強化されることに伴う問題である。そのほか、改憲項目として自衛隊加憲とともに緊急事態条項が出されており、自衛隊加憲に伴ってそれが強化、整備される可能性が大きい。

ただし、これらの可能性は自衛隊加憲論の段階で、とくに国会審議のなかで問題にされる。複数段階改憲構想のもとでまず自衛隊加憲を実現するために、自衛隊加憲の実現にとって障害となるようなことを改憲派は言わず、聞かれれば否定する可能性がある。最大限に抽象化した答弁がなされるであろうが、その答弁がその具体性に応じて自衛隊加憲後の政策を拘束する可能性もある。

iii 社会的、文化的問題

以上は直接に軍事活動に関わる問題であるが、その背景には軍事的価値に関わる社会的、文化的問題がある。日本では戦争責任が明確化されないまま、占領体制のなかで憲法に9条の戦争放棄が定められ、占領・安保体制のもとで9条が運用されてきた。複雑な様相を帯びながら、軍事的価値に肯定的でない特殊な社会や文化が形成されてきた。

それは、早くは再軍備とともに、1954年の自衛隊の設置、自衛力論の形成、2014-15年の憲法解釈変更の段階を経て、変容してきた。1954年の自衛力論は限定された個別的自衛権、また2014-15年の憲法解釈変更は限定された個別的自衛権・集団的自衛権・集団安全保障を承認し、軍事による問題解決の可能性を社会や文化に受容させる画期となってきた。自衛隊加憲はさらに決定的な画期になるであろう。軍事による解決を憲法に明記し、軍事による解決を違憲とする解釈を排除するからである。軍事に関わる社会や文化の変容[107]が、最も基底的で重大な問題である。

---

107) 安倍は自衛官募集に協力的でない自治体があり、その背景に自衛隊違憲論による「ある種の空気」の醸成があると指摘した。そのうえで、「自衛隊を憲法に明記するということによってそういう空気は大きく変わって行く」と述べた（安倍198回2019（平成31）年2月13日衆・予算6号15頁）。これは軍事に関わる社会や文化の変容の一例であろう。

3 政府解釈変更の論理的可能性と実際

(1) 政府解釈変更の論理的可能性――「当てはめ」・「基本的な論理」の変更

　自衛力論の憲法化としての自衛隊加憲について、今までの自衛力論の解釈枠組によってここまで考察を進めてきた。しかし、自衛隊加憲によって憲法化された自衛力論の解釈枠組が、変更されていく論理的可能性も検討しなければならない。実際に2014-15年に自衛力論に関する解釈変更が行われたので、加憲後の自衛力論も解釈変更される可能性を想定する必要がある。

　ⅰ　「当てはめ」の変更――「武力行使の３要件」など

　解釈変更を定式化した2014年の閣議決定は、「基本的な論理は、憲法９条の下では今後とも維持されなければならない」と述べていた。基本的論理の維持論は、基本的論理でない「当てはめ」としての「武力行使の３要件」が変更され得ることを、政府自身が認めていることを意味する。「当てはめ」は変更可能だとして、実際に「自衛権発動の３要件」から「武力行使の３要件」への変更を正当化したのであるから、「武力行使の３要件」も変更され得る。自衛隊加憲されなくても、「当てはめ」の変更は法的論理としてはあり得る。しかし、2014-15年に「当てはめ」の変更を行ったばかりで、同じ条件のもとで数年後に行うことは実際には困難である。具体的には「武力行使の３要件」の変更を直ぐに行うことはできない。自衛隊加憲なしに「当てはめ」の変更を行うことは、実際には容易でないであろう。

　「武力行使の３要件」の変更可能性は、閣議決定で抽象的に示唆されていたととらえれば、この可能性も従来の解釈枠組に入っていると論理的に整理できないことはない。しかし安倍は、９条１項、２項の存続による「基本的な制約」があり、そのなかに「新三要件のもとでの集団的自衛権」を入れている[108]。「新三要件」＝「武力行使の３要件」の変更まで従来の

108）安倍196回2018（平成30）年２月14日衆・予算11号19頁。

解釈枠組に入っているとは言っていない。ただ、政府が加憲後に「武力行使の3要件」を変更する場合、その可能性は2014年の閣議決定で示唆していたと言いだすことも論理的には想定し得る。

　武力行使でないとされるものについて、武力行使との一体化の禁止という原則は維持されてきた。この一体化論も「今後とも維持されなければならない」「基本的な論理」とはされていないので、加憲のもとで変更、放棄される可能性を想定し得る。実際にも、2014年5月15日の第2次安保法制懇報告書において一体化の合憲化、一体化論の政策化が提言されている[109]。一体化論は、基地提供など武力行使でないとされるものでも、外国の武力行使と一体化してはならないとするものである。その一体化論が放棄されれば、基地提供など武力行使でないとされるものであれば、外国の武力行使と一体化することが憲法上可能になる。代表的には安保条約6条の基地提供の解釈・運用が変わり、それにかかっていた制約が外されていく可能性がある。

　ⅱ　「基本的な論理」の変更——自衛力論の自衛戦力論化

　以上は自衛力論の解釈枠組を前提にしているが、加憲された自衛力論のもとで解釈枠組としての「基本的な論理」が変わる可能性も論理的には想定し得る。閣議決定では、「基本的な論理は、憲法9条の下では今後とも維持されなければならない」とされている。この文言では、「基本的な論理」が「今後とも維持されなければならない」ことについて、「憲法9条の下」という条件が付いている。1項、2項からなる「憲法9条の下」でなくなり、自衛隊加憲規定が加われば、「基本的な論理」も「維持されな」い可能性を表現しているとも言える。自国防衛論に基づく武力行使の根拠・範囲論は「基本的な論理」とされているが、これも変更される可能性がある。これは、「基本的な論理」維持解釈から「基本的な論理」変更解釈へ、9条＋加憲規定に関して自衛力論の解釈変更を行うことを意味する。

　変更の極限的な論理的可能性は、個別的自衛権・集団的自衛権・集団安全保障の全面解放を自衛力の内容ととらえる解釈である。すなわちこれら

---

109)　安保法制懇（第2次）（2014: 25-27）。

の武力行使を、条文案で言えば、「我が国の平和と独立を守り、国及び国民の安全を保つための必要最小限度の実力」の行使と見ることである。これは、さきほどの第2次安保法制懇報告書が採った立場であり、次のように述べている。9条2項では、「自衛やいわゆる国際貢献のための実力の保持は禁止されていないと解すべきである。『(自衛のための)措置は、必要最小限度の範囲にとどまるべき』であるというこれまでの政府の憲法解釈に立ったとしても、……『必要最小限度』の中に集団的自衛権の行使も含まれると解すべきである。」[110] この報告書に対して即日政府は、個別的自衛権・集団的自衛権・集団安全保障の全面容認は自衛戦力論であり[111]、従来の政府の立場である自衛力論から集団的自衛権などの限定容認を帰結した。しかし、自衛戦力論と自衛力論の区別は「憲法9条の下」で形成されてきたものである。自衛隊加憲後に自衛力論に関する解釈変更が行われ、極限的には実質的に自衛戦力論を内容とする自衛力論が形成される可能性もあるであろうか。この解釈変更は、「必要最小限度」規定削除の明文改憲に等しく、解釈改憲と言うべきであろう。

その場合には、「戦力」不保持・「交戦権」否認の実質的内容はなくなり、「戦力」不保持・「交戦権」否認の文言だけが残ることになる。これは、2項の空文化としばしば言われる問題である。それでも、自衛隊は「陸海空軍その他の戦力」であってはならず、「交戦権」を持ってはならないと言われ続けることになる。たとえ無内容でも、このように言われ続けること自体が一定の制約になる。結局やはり2項削除改憲論が要求されることになる。

自衛隊加憲後の軍事力拡大の可能性全体を法的論理構造として整理すると、①「当てはめ」内の変更、②「当てはめ」の変更、③「基本的な論理」の変更に分けて考察してきたことになる。

---

110) 安保法制懇(第2次)(2014: 36)。
111)「政府の『基本的方向性』」(2014))は、「いわゆる芦田修正論」=自衛戦力論は採用できないと述べた。

(2) 政府解釈変更の実際

　以上の議論は法的論理として整理したものであり、それを前提にして政治的な検討も必要である。その場合、時間の要素を考慮に入れるべきであろう。時間の要素のなかに、自衛隊加憲実現までの論議の時間と、自衛隊加憲実現後の2項削除改憲までの時間の、二つのものがある。

　ⅰ　加憲論議の期間と内容——論議の限定

　安倍は、2020年に改定された憲法を施行したいとした気持ちに変わりはないとしている[112]。2019年7月21日の参議院選挙のあとのテレビ番組で、自民党総裁の任期中に改憲に取り組みたいとして、事実上目標時期を後ろ倒ししたと見られている[113]。任期は2021年9月までである。それにしても、窮屈な政治日程のなかでかなり短期間のうちに改憲を行うことが目標とされているので、国民が議論し国会が審議する期間は相当に限定される。

　議論する期間が長ければ、多様な議論が出てくる可能性がある。しかし、期間が短ければ、実際上議論も限定される。この短期間では、すでに見た加憲論の論理的可能性のうち、安倍らは従来の政府解釈＝自衛力論によって加憲内容を説明する可能性が大きいと思われる。それ以外のこと、とくに自衛隊の基本的な任務の変更を主張すれば、この短期間で多数派の合意を形成し改憲を実現することは困難であろう。自衛力論に含まれている軍事力拡大的要素やその展開可能性も、言わないか否定する方針が採られるように思われる[114]。

　ⅱ　加憲後の論議の可能性——2項削除改憲論への移行

　国会審議を中心にして加憲論のなかで、与党がこのような態度に基づいて答弁や説明を行った場合、かりに加憲が実現したとしても、その答弁や

---

[112] 安倍は改憲派団体による2019年5月3日の「公開憲法フォーラム」にビデオ・メッセージを寄せ、以下のように述べた。「2年前のこのフォーラムでのビデオメッセージにおいて、私は『2020年を新しい憲法が施行される年にしたい』と申し上げたが、今もその気持ちに変わりはありません。」（朝日新聞2019年5月4日）「気持ち」という表現には、事実上困難だとするニュアンスも表れている。

[113] 「私の使命として、残された任期の中で当然挑んでいきたいと考えている。」（朝日新聞2019年7月22日）

[114] 現時点における具体的な可能性については、後述する。

説明に相当拘束されることになろう。ただし、そこに含まれている軍事力拡大的要素の展開がなされる可能性は考え得る。その例として、安保条約5条の日米共同防衛の解釈、適用の変更などについて前述した。この可能性は、従来の政府解釈のなかに論理的に含まれていると説明できるからである。そのことによって、政治状況を考慮しつつ、当面の軍事力拡大の要求に応えようと模索することが考えられる。加憲後の軍事力拡大の追求は目標の2項削除改憲論にとってプラスかマイナスか両方の可能性があるのであろうか。軍事力拡大の経験の積み重ねによって、国民は2項削除改憲の必要性論を受容するようになるのであろうか。それとも、一層の軍事力拡大に対する警戒から、2項維持の態度を強化するであろうか。

　加憲論議のなかで与党が行った答弁や説明から免れ、それらを変更する政策を実施するには、相当の時間の経過を要すると思われる。自国防衛論に基づく武力行使の3要件や武力行使との一体化の禁止など、従来の解釈の枠組や「当てはめ」自体を解釈によって変更することが考えられるが、実際上相当の困難をかかえることになるであろう。さらに極限として、「基本的な論理」も変更し、9条1項、2項を空文化し、「戦力」不保持・「交戦権」否認を無内容なものにすることは、実際にはさらに困難であろう。2014-15年の解釈変更はそれまでの自衛力論解釈の部分変更と説明されたが、9条1項、2項の空文化は実質的に自衛戦力論であり加憲解釈の全面変更・解釈改憲だからである。相当の解釈論争を生むであろう。法的論理の可能性について実際の可能性を検討すれば、以上のようになるであろうか。

　そこで与党は加憲段階で軍事力拡大に取り組むより、可能な限り早期に2項削除の改憲論に進もうとすると考えられる。2014-15年の政府解釈の変更によって集団的自衛権の限定容認などを実現して、時間をおかずに2017年に自衛隊加憲論の提起がなされた。同様に、自衛隊加憲を実現すれば、時間をおかずに2項削除改憲に取り組むことが想定されているように思われる[115]。しかし、自衛力論の自衛隊加憲と自衛戦力論の2項削除改憲のあいだには、法的にも実際的にも相当の距離がある。9条改憲派の思惑に反して、2項削除改憲まで長期間を要したり、2項削除改憲が実現し

ない可能性もある[116]。その場合には、自衛隊加憲された憲法のもとで、自衛戦力論の実現を目指す解釈変更・解釈改憲の試みがなされる可能性もあろう。法的可能性として整理したことが、実際に試みられることもあろう。

4 現在における自衛隊加憲論

　以上のように構造を検討してきた自衛隊加憲論は、現在どのような問題に直面しているのであろうか。現在として、2018年9月20日の自民党総裁選以降、とくに2019年7月21日の参議院選挙以降を意識しながら考えたい。

(1) 必要最小限度規定復活の可能性
i 必要最小限度規定の復活と公明党の役割

　本書1章の最後に政治的可能性として、自衛隊加憲案における「必要最小限度」規定の復活論を指摘した。「『自衛隊』明記案」(本案)(2018年3月15日)では「必要最小限度の実力組織」とされていた部分が、「代替案2」=「条文イメージ(たたき台素案)」(2018年3月22-25日)では「必要な自衛の措置をとることを妨げず、そのための実力組織」に変えられている。「必要最小限度」規定のない後者が一応自民党案とされているが、「必要最小限度」規定のある前者が安倍・自民党改憲推進本部執行部本命案である。党大会における合意成立の形式のために後者が作られたが、①必要最小限度規定は後者についても論理的前提とされていること、②必要最小限度規定がなければ公明党を含む与野党の合意による改憲が困難であるからである。そこで、必要最小限度規定の条文の表面への復活の課題が作ら

---

115) 今のところ見られる複数段階改憲構想では、自衛隊加憲から2項削除改憲への早期の移行が想定されているように思われる。移行に10-20年を要する想定では、自民党による自衛隊加憲論の合意はできないであろう。

116) 自衛隊加憲論について石破は矛盾を固定化する(朝日新聞2017年6月7日)、西尾幹二も何もできない自衛隊を永遠化するとして批判していた(産經新聞2017年6月1日)。ただし、これらの論者が本当にそう考えているのか、そのような言いかたをしているのか明らかではない。

れ、その課題の実現は公明党に期待されていると思われる。
  ⅱ 自民党案と安倍案の不一致
 以上のように整理したが、後者の党大会案は安倍の案と異なると、安倍自身が発言した。
 2018年11月２日の衆議院予算委員会において、階猛議員と安倍のあいだで次のような質疑・答弁が行われた。自民党案の「文言を素直に読めば、……フルスペックの集団的自衛権の行使も可能」となり、「自衛隊の任務や権限に変更が生じることはない」とする安倍の説明と矛盾するのではないかと、階が問い質した。それに対して安倍は、まず自分の案を説明した。「昨年の五月の私が一石を投じた考え方でございますが、これは、現行の憲法第九条第一項及び第二項を残した上で自衛隊の存在を憲法に明記することであり、これによって自衛隊の任務や権限に変更が生じるものではないと考えております。」そのうえで自民党案についてコメントしないとした。「自民党のイメージ案については今までコメントしたことはない」。
 そこで階が趣旨確認をした。「今長々と言われましたけれども、私は重要なことをおっしゃっていると思いました。安倍首相の答弁は、自民党案に対する評価ではなくて、御自身の考え方をあくまで言われていると。……しかし、自民党案というのはそれとは違う内容であって、それについてはコメントする立場ではない、こういうふうに受け取りましたけれども、そういう趣旨でよろしいですか。」安倍はそれを認めた。「それはそういう趣旨でございまして、……」。そして最後に階が再確認した。「極めて重要なことだと思いますが、自民党の総裁である安倍首相の考え方、これが自民党案に反映されているわけではないということですね。」[117]
 この日の質疑・答弁についてメディアも、安倍は「自民党の条文イメージ（たたき台）と自身の考え方は一致しないとの認識を示した」と報道した[118]。
 参議院選挙に向けた６党首による討論会が2019年６月30日インターネッ

---

117) 階猛議員・安倍197回2018（平成30）年11月２日衆・予算３号６頁。
118) 毎日新聞2018年11月２日夕刊。

ト動画中継サイト「ニコニコ動画」番組で行われ、そこでも安倍は自身の案と自民党案は一致しない旨の発言を行った。自衛隊加憲の自民党案によって自衛隊の任務や権限が変わるか問われ、安倍は「私は党の議論に参加していない。国会の憲法審査会で議論してほしい」と求めた。さらに、「厳密な解釈をしなければいけない。私が言ったことと全く同じだと言い切ることはできない」とした[119]。

　自民党案と異なる安倍自身の案は、本書1章で行った考察からすれば、必要最小限度規定のある「『自衛隊』明記案」(本案)(2018年3月15日)であろう。自身の考え方として自衛隊の任務や権限は変わらないことを強調してきたのに、自民党案では任務や権限は変わり得ると読める。その点の矛盾をつかれて、自民党案では複数段階改憲構想のもとで実現可能な自衛隊加憲論になっておらず、安倍が自民党案の扱いに苦慮している様子がうかがわれる。自民党総裁が自民党案と自身の案は一致しないと発言することは、通常ないであろう。どうしても、言わざるを得なかった。安倍は自衛隊加憲案には必要最小限度規定がなければならないと考えている。

　ⅲ　自衛隊加憲論に対する公明党の慎重姿勢の強化

　自衛隊加憲案への必要最小限度規定の復活は公明党に期待されていたと思われるが、公明党は自衛隊加憲論に対する慎重姿勢を崩さず、さらに強化したように思われる。その背景に、「代替案2」＝「条文イメージ(たたき台素案)」(2018年3月22-25日)が自民党の一応の案とされたことがあるであろうか。そこには必要最小限度規定がなく、そのため自衛戦力論解釈の可能性がある

　公明党の2019年参議院選挙公約では、8つの重点政策に憲法論は入れられず、重点政策の後に選挙公約の最後として「日本国憲法について」とする項目が立てられた[120]。

　その中の「基本的な考え方」として、まず「日本国憲法を高く評価しています」とされる。そのうえで、「加憲」を考えるとされている。加憲論

---

119) 東京新聞2019年7月1日。
120) 公明党 (2019: 42)。

第3章　自衛隊加憲論の構造——政府解釈を基礎に　　227

の例として、「地球環境保全の責務」と「大災害時」の「国会議員の任期延長の特例」を挙げている。「憲法9条」については、「現行の1項（戦争の放棄）、2項（戦力の不保持）は、今後とも堅持します」と述べられている。2項削除改憲や複数段階改憲構想は拒否されている。自衛隊加憲論について、「多くの国民は現在の自衛隊の活動を理解し、支持しており、違憲の存在とは考えてはいません」とされている。自衛隊加憲不要論である。さらに、「平和安全法制」の「法整備により、……平時から有事に至るまでの隙間のない安全確保が可能」となったと指摘されている[121]。「国民投票」のところで、「できるだけ多くの政党の合意形成が図られるよう努めてまいります」として、選挙公約が締めくくられている。

　自衛隊加憲論に対する警戒姿勢が強く打ち出されている。

　安倍が参議院の選挙結果について改憲論議を進めるべきとの国民の審判が下ったと主張したことに対して、公明党の山口那津男代表は、「憲法改正を議論すべきだと受け取るのは、少し強引だ」と指摘した。「改正する必要は今、どこにあるのかはっきりしません」とも述べ距離を置いた[122]。共同通信社が参議院選挙の立候補者に対して実施したアンケートのうち、当選者分と非改選議員の回答を合わせて、新たな参議院の姿を探ろうとした。公明党の80.0％が改憲の議論は必要だとしつつ、必要だとした回答者に最優先項目を質問すると、自衛隊明記は6.3％であった[123]。公明党の自衛隊加憲論消極姿勢は明らかであろう。

　公明党が自衛隊加憲論に参加し、自衛隊加憲案に必要最小限度規定を復活させ、そのことによって2021年9月までに自衛隊加憲が実現する見通しは、今立っていないであろう。あるいは、必要最小限度規定復活の課題が、

---

121) 安保法制制定に抵抗する創価学会員に対して、安保法制によって9条明文改憲が避けられると説得したことが背景にあろう。
122) 朝日新聞2019年7月23日。
123) 沖縄タイムス2019年7月27日。ただし、最優先項目としてではなく、自衛隊加憲を改憲項目として考えている議員の割合はこの調査では明らかではない。朝日新聞と東京大学谷口研究室が参議院選挙立候補者に対して行った共同調査では、質問のしかたが異なるが、改憲賛成派に改憲すべき項目を聞くと、自衛隊明記は公明党では0であった（朝日新聞2019年7月5日）。

公明党ではなく野党によって担われる可能性はあるのであろうか。根本的には、必要最小限度規定の復活は当面困難になっているように思われる。

(2) 第3の複数段階改憲構想と自衛隊加憲先送り論の可能性
 ⅰ 第3の複数段階改憲構想の可能性と自衛隊加憲の困難性
　複数段階改憲構想のなかに、9条以外の改憲から9条改憲を目指すオーソドックスなものや、9条改憲のなかで自衛隊加憲から2項削除改憲を目指す新しいものがあることを指摘した。本書1章の最後に政治的可能性として、2018年3月の自民党大会から9月の自民党総裁選挙までの状況に基づいて、第3の複数段階改憲構想の可能性にもふれた。2番目の新しい複数段階改憲構想、すなわち9条複数段階改憲構想では2項削除改憲は取り下げではなく、先送りにされている。その構想のもとで実現可能性を重視して、自衛隊加憲論が提起された。同様に実現可能性を重視して、自衛隊加憲論を取り下げるのではなく、先送りにする可能性はあるのであろうか。すなわち、他の条項の改憲→自衛隊加憲→2項削除改憲の複数段階改憲構想が可能であろうか。この問題は現在どのような状況にあるのであろうか。
　まず自衛隊加憲論について多様な可能性があるにしても、全体として2021年9月までに自衛隊加憲を実現することは事実上不可能と断定できないとしても、困難になっていると見てよいであろう。
　もともと国民の改憲に対する関心は高くなく、参議院選挙においてもそうであった。参議院選挙の結果を受けて2019年7月22、23日に共同通信社が行った世論調査では、安倍内閣が優先して取り組むべき課題を二つまで挙げる質問に対して、9項目のうち「憲法改正」は最も低い6.9％であった[124]。関心が低いなかで、自衛隊加憲案については意見が分かれる傾向がある。共同通信社が2019年4月10日に行った世論調査では、自衛隊明記案40％、2項削除改憲案29％、自衛隊明記不要案27％であった[125]。朝日新聞社が2019年3月上旬から4月中旬にかけて行った世論調査では、自衛

---

124) 沖縄タイムス2019年7月24日。なお安倍首相下での改憲については反対56.0％、賛成32.2％であった。安倍改憲に警戒的である。
125) 沖縄タイムス2019年4月11日。

隊明記案について反対48％、賛成42％であった[126]。時事通信の8月の世論調査で、自衛隊明記について賛成35.3％、反対36.1％と拮抗した[127]。参議院選挙後の参議院議員に対する調査でも、自衛隊明記案について賛否がともに35.7％で拮抗した[128]。

政治状況の変化の可能性があるにしても、今のところ自衛隊加憲案で国会発議、国民投票が行える状況ではない。安倍もそう認識している可能性が大きいであろう[129]。

参議院選挙において、自民党、公明党、日本維新の会、与党系無所属を合わせて「改憲勢力」とすれば、改憲勢力は160議席で、3分の2の164議席に4議席足りなかった。しかし安倍は自民党と公明党を合わせた与党で改選定数の過半数を上回ったとして、改憲論議を進め自民党総裁の任期中の改憲に挑みたいと述べた[130]。改憲に取り組む姿勢を崩していない。その理由として、末期の政権の求心力として改憲が必要になっていること、初の改憲を実現した首相として名を残したいという安倍のこだわりがあるのではないかなどが、通常言われている。

ⅱ　改憲案の内容

その改憲案の内容は何であろうか。

(ⅰ)　改憲4項目の変更可能性

　　a　2018年自民党総裁選挙後──「条文イメージ（たたき台素案）」

自衛隊加憲案に関する「代替案2」＝「条文イメージ（たたき台素案）」（2018年3月22-25日）は、もともと各党との議論で修正することを前提とした「たたき台」と位置付けられている[131]。2018年3月25日の党大会で決定されたのは、自衛隊加憲案を含めて改憲4項目に関する「条文イメージ（たたき台素案）」とされている[132]。念入りに未確定性が強調されたの

---

126)　朝日新聞2019年5月3日。
127)　JIJI.COM2019年8月17日8時05分。
128)　沖縄タイムス2019年7月27日。
129)　政治ジャーナリストの野上忠興によれば、「安倍首相本人は"改憲の本丸"9条の攻略は難しいというのが本音だとされています。」（亀井（2019: 5））
130)　朝日新聞2019年7月22日。
131)　讀賣新聞2018年3月23日。

は、9条改憲について実質的に合意が得られていない党内事情と、各党協議の余地を残したい党外事情の両方の要素からなる。両者にまたがる中心的な問題が、必要最小限度規定の扱いである。党大会後は、未確定性の重点が党内事情から党外事情に移されていった。「『条文イメージ（たたき台素案）』は、完成された条文ではなく、この案をもとに衆参の憲法審査会で党の考え方を示し、憲法審査会で活発な議論が行われるよう努める」とされている[133]。

2018年9月20日の自民党総裁選挙において安倍は石破に勝利し、新たに3年間の総裁任期を手にし、自衛隊加憲案を含む改憲4項目の早期実現を目指した。総裁選後の会見で、安倍は改憲が総裁選の最大の争点だったとし、党内論議は終わったとする見方を示した[134]。そのうえで、自衛隊加憲案を含む自民党案について公明党と調整する考えを表明した[135]。2018年10月2日第4次安倍内閣が発足し、安倍は自衛隊加憲案にふれながら、10月下旬召集の臨時国会への改憲案提出に向けて、党として指導力を発揮する考えを強調した。公明党や国民に具体的条文を示さなければ、理解は得られないと述べた[136]。自民党案をとりまとめるまえに、改憲4項目を「たたき台」として憲法審査会に提出し、改憲論議を開始しようとした。

しかしその後、下村博文自民党改憲推進本部長の言動を含め自民党の進めかたが強引だとして、公明党や野党の理解が得られず改憲論議は停滞した。2019年4月23日新憲法制定議員同盟が「新しい憲法を制定する推進大会」を開き、そこに安倍はメッセージを送り、自衛隊加憲は政治家の責任と述べた。しかし、そこで採択された決議は、残念ながら最近の風潮は改憲先送りの雰囲気だと嘆いていた[137]。

---

132) 自由民主党憲法改正推進本部（2018c: 1）。
133) 自由民主党憲法改正推進本部（2018c: 6）。「条文イメージの位置づけ」について、自由民主党憲法改正推進本部（2019: 1）。
134) しんぶん赤旗2018年9月22日。
135) 朝日新聞2018年9月21日。
136) 沖縄タイムス2018年10月3日。
137) しんぶん赤旗2019年4月24日。

b　2019年参議院選挙——「早期の憲法改正」

　2019年6月7日に発表された自民党参議院選挙公約では、公約集の最後に改憲問題が扱われている[138]。2017年10月衆議院選挙の公約が参考にされた[139]。

　3項目に分かれた第1項目で、「『現行憲法の自主的改正』は結党以来の党是であり、国民主権、基本的人権の尊重、平和主義の3つの基本原理はしっかり堅持し、初めての憲法改正への取組みをさらに強化します」とされている。「初めての憲法改正」という文言は2017年公約でも使われているが、改憲内容とは別に改憲への取組みの位置づけや意欲が示されている。

　第2項目では、「わが党は改正の条文イメージとして、①自衛隊の明記、②緊急事態対応、③合区解消・地方公共団体、④教育充実の4項目を提示しています」と記されている。2017年公約でも4項目が挙げられていたが、「など4項目を中心に」とされていた。4項目は例示であり、それに限らないことが示されていた。2017年は4項目に関する2018年の党大会決定前である。2019年公約では「条文イメージ」とされ、2018年の党大会決定を経て「条文イメージ（たたき台素案）」とされていたものを、公約用に省略したものであろう[140]。しかし同時に、「たたき台素案」でもなく、少なくとも結果的に条文の単なる「イメージ」として4項目の扱いの柔軟性が生じているようにも読み得る。

　第3項目では以下のようにされている。「憲法改正に関する国民の幅広い理解を得るため、党内外での議論をさらに活発に行います。衆参の憲法審査会において、国民のための憲法論議を丁寧に深めつつ、憲法改正原案の国会提案・発議を行い、国民投票を実施し、早期の憲法改正を目指します。」

　始めに言われた「国民の幅広い理解」は、2017年公約でも使われたキーワードである。最後に出てくる「早期の憲法改正」は、2017年公約で言わ

---

[138] 自由民主党（2019: 17-18）。
[139] 産經新聞2019年6月2日。自由民主党（2017: 18）。
[140] 一般向けQ&Aの自由民主党憲法改正推進本部（2019: 1）でも、「条文イメージ」とされている。

れなかったキーワードである。下村改憲推進本部長は「（20年を）入れたいのはやまやまだ」と語っていた[141]。しかし、「20年施行」の文言は「いざ公約に書いて実現できなければ大変ことになる」（自民党関係者）として、明記しない方針が採られた[142]。「20年施行」が背景にあったとしても、「早期の憲法改正」は「20年施行」に限定されない柔軟性がある。「イメージ」された「条文」に基づいて、「早期の憲法改正」を目指すとされている。そのことを逆に言えば、「早期の憲法改正」を目指して、「条文」を変更するということである。そこには、「早期の憲法改正を目指します」と言えるような、「憲法改正」を目指す思考・方針があるのではないか。

　公約は、解釈の幅があるように、とくに政策的に構成されたのではないかと思われる。

　2019年6月30日のネット党首討論において、前述のように安倍は自衛隊加憲案について自民党案と自身の案が一致していないことを述べた。その発言に続いて、4項目が自民党の公約なのかが問い質された。それに対して安倍は次のように答えた。「衆議院、参議院で3分の2の多数を得なければ発議できません。そしてそのうえで国民投票になります。私たちは、私たちの案がそのまま国民投票に問う条文になるとは、実はこれ思っていないんです。私たちが考えている条文の案、イメージをお示しした中において、さまざまなご批判、ご議論をいただきながら、最終的に国民投票に付す案を考えたいと思っています。」結論として、「公約として位置づけ」ていることは認めた[143]。

　「イメージ」論の基礎の中核に自衛隊加憲案における自民党案と安倍・自民党多数派の意図の不一致、すなわち必要最小限度規定の必要性がある。単なる「イメージ」ではなく、自民党の確定案とすることができない事情がある。「イメージ」に対する「ご批判、ご意見」を受けて「最終……案」を考えたいとしている。必要最小限度規定の復活を含め、しかしそれに限らない柔軟性を確保するために、「イメージ」論が使われている。

---

[141]　東京新聞2019年6月8日。
[142]　毎日新聞デジタル2019年5月24日22時50分。
[143]　しんぶん赤旗2019年7月2日。

選挙運動のなかで安倍は改憲の具体論を展開しなかった。野党統一候補を批判するなかで9条改憲にふれる程度であって、自民党の自衛隊加憲案にはふれようとしなかった[144]。

安倍は自衛隊加憲の実現を模索しつつ、しかし困難になっていることを自覚していたはずである。それが参議院選挙のまえのどの時点か明らかではない。

　　c　参議院選挙後──「3分の2の賛同が得られる改正案」

参議院選挙を経た翌日の2019年7月22日、安倍は記者会見を行った。改憲内容について、すでに「自衛隊の明記、教育無償化[145]など4項目について、憲法改正のたたき台」を提示しているとした。「イメージ」より具体的な「たたき台」という言葉が使われているが、その対象は「条文」ではなく「憲法改正」とされ、4項目の扱いの柔軟性が拡大されている。4項目自体が改憲の「たたき台」とされ、論理的には改憲項目の例示になり得る。発言は口頭によるものであるが、政治的な思いが表現されている可能性があるのではないか。

そこで「活発な議論」を提起し、次のように言われている。「そうした議論を深める中で、与野党の枠を超えて、3分の2の賛同が得られる改正案を練り上げていきたい。私たちのたたき台は、最善と考えるものを提案させて頂いていますが、この案だけにとらわれることなく、柔軟な議論を行っていく考えです。」[146] 柔軟性の強調のなかで、「3分の2の賛同が得られる改正案」がキーワードになり、それを練り上げていきたいという方針が明示された。4項目の「この案だけにとらわれることなく」、すなわち4項目から落ちるものがあり、4項目以外のものが入る可能性が指摘されたのであろうか。「3分の2の賛同が得られる改正案」は、「条文」だけではなく、「憲法改正」項目についても言われている可能性があるように思

---

144)　朝日新聞2019年7月20日。
145)　「教育」関係の改憲項目について自民党では教育「充実」と表現されてきたが、教育「無償化」と言われている。選挙を経て、「無償化」にこだわる維新の会に配慮した姿勢を見せているのであろうか。
146)　安倍（2019: 4）。朝日新聞2019年7月23日。

われる。

　(ii)　具体的な改憲項目

　　a　改憲発議要件と改憲の可能性

　それでは、当面の改憲項目として何が考えられているのであろうか。それを考える前提として、「各議院の総議員の三分の二以上の賛成」(憲法96条1項)という発議要件は、実際上何を意味するのか見ておく必要がある。

　発議は各議院の3分の2の特別多数が要求されるので、発議された改憲案が国民投票において過半数で否決される可能性は制度上基本的に小さいと考えられている。実際にもし、国会で改憲を発議したが国民投票で否決された場合、そのダメージは改憲派にとって計り知れないほど大きいとよく言われる。したがって、国民投票で絶対に否決されない見通しが改憲派にとって立った場合にのみ、発議がなされる。言い換えれば、国民投票は重要だが、実際には改憲問題は発議段階で基本的に決まると言うこともできる[147]。

　しかし、実際には選挙制度による政党の得票率と議席率の乖離など複数の要因から、発議されたが国民投票で否決される事態は起こり得る[148]。そのリスクを考えると、発議段階で3分の2をはるかに超える多数の賛成が得られる見込みがなければ、発議に踏み込めない。3分の2は、それがなければ発議できないという意味で制度上絶対的な意味を持っているが、実際にはそれで発議できるような意味を持っていない。

　すなわち改憲項目は、発議段階で3分の2をはるかに超える多数の賛成が得られる見込みが立つようなものでなければならない。

　　b　9条改憲先送り論と他の改憲項目の模索

　参議院選挙より前の2019年5月に、下村は次のように述べていた。「自衛隊を明記する案は、……4項目の中の重要条文案として議論していきたい。ただ、国の根幹にもつながる内容なので、20年までに改正を実現させることはかなり難しい。それに比べると、教育の充実の改正案はイデオロ

---

147) 浦田(2012: 216-217)。
148) 浦田(2012: 218)。

ギーの対立がないので、早めに合意を得られるのではないか」[149]。下村が自衛隊加憲の実現は困難だと判断する場合、2020年が想定されているが、2021年でも根本的には変わらないであろう。それに対して教育の充実が挙げられているが、そこから議論を始めようと言っているわけではなく、「合意」・「実現」が言われている。すなわち当面の改憲項目として自衛隊加憲が落され、教育の充実が指摘されている。

　参議院選挙後2019年7月27日、自民党改憲推進本部の木原稔幹事（衆議院議員）はラジオ番組で、改憲勢力が3分の2を割り込んだ点を問われ、「与野党の枠を超えて、改正案を練り上げていかなければいけない」と発言した。そのうえで、自衛隊加憲に時間がかかるなら、「緊急条項からやればいい。合区の解消からでもいい」と述べた[150]。ここでも自衛隊加憲を落し、その代わりに緊急条項や合区解消が挙げられている。2019年8月6日愛知和男元防衛庁長官は当面の改憲項目として自衛隊加憲より環境権を指摘した。「憲法に自衛隊を位置づけたいという安倍首相の気持ちは分かります。しかし国民や他の政党の抵抗感が強いから、百歩、千歩譲って別の項目の改正を目指せばよいと思います。例えば、『環境』は幅広い理解を得やすいのではないでしょうか。」[151]

　なお野党から改憲論議の順番として9条論を先送りする発言が出ている。2019年8月16日玉木雄一郎国民民主党代表は、「9条の議論は野党が警戒する。まず、与野党が合意できる項目で始めるのが一つだ」と述べた[152]。自衛隊加憲論を含む9条論の先送りは、9条の「議論」と言われているように、改憲論議の順番の問題である。したがって論理形式としては、9条論について合意が成立すれば、9条改憲・自衛隊加憲の実現可能性が想定されていることになる。しかし実際には、自衛隊加憲につて論議も当面困

---

149) 讀賣新聞2019年5月3日。
150) しんぶん赤旗2019年7月28日。ただし、政治ジャーナリストの細川珠生によれば、自衛隊加憲より緊急条項・合区解消の木原の発言は、改憲ではなく改憲論議の順番のニュアンスがある（Japan In-depth2019年8月5日）。
151) 産經新聞2019年8月7日。
152) JIJI.COM2019年8月16日7時10分。

難になっているのであれば、改憲項目の先送りを意味することになる。

　さらに、２項削除改憲への取組みを主張するものもある。長谷川三千子は、参議院選挙で改憲勢力が３分の２を下回り、安倍が「自民党案にとらわれず」議論を進めることを提案したことは、大変良いことだとする。自衛隊加憲論では２項が残るが、２項は主権放棄の条文だと言う。「２項削除こそ超党派で取り組むべき課題」だと結論づける[153]。「自民党案にとらわれず」は自衛隊加憲先送りを意味すると理解し、そこに２項削除改憲の可能性を見出す。これは前述した石破による９条改憲先送り論と重なり、自衛隊加憲先送り論を２項削除改憲派から見れば、自衛隊加憲と２項削除改憲の選択を先送りすることになる。すなわち、自衛隊加憲を経ずに、２項削除改憲に取り組むチャンスが生じたことになる。２項削除改憲の実現可能性を別にすれば、自衛隊加憲先送り論に２項削除改憲派も加わることになる。

　以上のように、2020-21年の改憲目標として自衛隊加憲が現実に困難になっているなかで、自衛隊加憲先送り論が参議院選挙のまえから登場し、選挙後はかなり見られるようになっている。

　ⅲ　改憲推進主体としての改憲勢力
（ⅰ）2019年参議院選挙前――いわゆる「改憲勢力」から
　　a　いわゆる「改憲勢力」

　それでは、改憲推進主体としての改憲勢力は何になるのであろうか。発議要件の実際的意味から、改憲勢力は発議段階で３分の２をはるかに超える多数でなければならない。いわゆる「改憲勢力」は、改憲の内容が何であれ、一般的に改憲に前向きな勢力と考えられているようである。そのようなものとして、自民党、公明党、維新の会などが挙げられてきた。いわゆる「改憲勢力」論は改憲や政権に関する基本的な姿勢を示すものとして、一定の意味があるように思われる。しかし、実際を具体的に考えると当然のことながら、改憲内容と改憲勢力は相関的で、動態的な面がある[154]。

153）産經新聞2019年８月７日。

b　自民党と公明党

　参議院選挙のまえに自民党は自衛隊加憲の実現は当面困難であることを認識し、他の項目について改憲の可能性を模索し始めていたと思われる。与党公明党は自衛隊加憲論に対する警戒姿勢を崩さない。自民党は選挙運動の足腰が弱り、公明党の助けなしには選挙を戦えない状態になっている。自衛隊加憲論を先送りにするか、公明党の姿勢を崩す手立てを考えるしかない。

　自民党内で、「自公で3分の2をとるより、いかに野党の中から同調する勢力を得るかを重視する」とするささやきが漏れていた[155]。2019年6月3日のBS番組で、下村は改憲発議に向けて「大連立を組むというのも考え方だ」と述べた[156]。また、「参院選の結果にかわらず、ステージを変える必要がある。大連立を組むとか、思い切ったことをやっていかないと、憲法改正は難しい」とも言う。野党に、あるいは公明党にも揺さぶりをかけているのであろう。

　　c　国民民主党

　2019年7月3日日本記者クラブ主催の党首討論会で安倍は次のように述べた。「国民民主党の中にも憲法改正に前向きな方々もいる。そういう中で合意を形成していきたい」。合意形成を目指す相手として、日本維新の会と国民民主党の名を挙げた。これらの政党を加えて、3分の2の議席を確保したい考えをにじませた[157]。日本維新の会は改憲項目として、教育無償化、統治機構改革、憲法裁判所設置を挙げ、選挙公約でも9条論にふれていない[158]。9条改憲に消極的である。国民民主党は改憲論議の対象として衆議院解散権の制約、新しい人権、地方自治の保障等を挙げつつ、

---

154) 参議院選挙まえの2019年5月の段階であるが、下村は次のように言っている。「3分の2の議席を取れなかったら憲法改正が遠のくかといえば、そうではないと思っている。与野党双方に歩み寄る機運が生まれ、議論が加速する可能性も十分ある。『3分の2』はある意味で幻想的なイメージだ。」(讀賣新聞2019年5月3日)
155) しんぶん赤旗2019年5月5日。
156) 産経ニュース2019年6月4日1時1分。
157) 朝日新聞2019年7月4日。
158) 日本維新の会（2019: 8）。

自衛隊加憲論に慎重である。選挙公約では、「国が自衛権を行使できる限界を曖昧にしたまま、憲法 9 条に自衛隊を明記すべきではありません」とされている[159]。ただし、「国が自衛権を行使できる限界」を明確にすれば、「憲法 9 条に自衛隊を明記」することに応じる余地を残している[160]。

　　d　立憲民主党

　なお、公明党は改憲論議の条件として野党第 1 党の立憲民主党の参加を指摘してきた[161]が、客観的にも野党第 1 党の反対を押し切って改憲することは容易ではないであろう。「憲法に関する当面の考え方」[162]によれば立憲民主党は「立憲的憲法論議」を基本的スタンスとする。そのうえで集団的自衛権限定容認と安保法制は、「内容的にも適切」でなく「立憲主義に反する」と批判する。

　自衛隊加憲論には反対の方針を採り、「現行の憲法 9 条を残し、自衛隊を明記する規定を追加することには、以下の理由により反対する」とする。その理由として、①1 項、2 項の空文化の可能性、②集団的自衛権限定容認の追認、③反立憲主義の事後追認を挙げる。憲法論議の対象として、文民統制、臨時会召集要求、衆議院の解散、国政調査権、知る権利、LGBT の人権を指摘している。高等教育の無償化については、国際人権規約 A 規約13条 2 項(b)号、(c)号、憲法98条 2 項により法的義務と考えられ、憲法

---

159) 国民民主党（2019: 23）。
160) 「平和的改憲の議論」として、「例えば、武力行使の三要件を一つのベースにして、我が国にとっての急迫不正の侵害がある場合であって、これを排除する他の適当な手段がない場合には、必要最小限度の実力行使が可能である旨憲法に明記し、海外派兵はしない、他国の戦争に参画することはないということを条文上明らかにする」（玉木雄一郎議員197回2018（平成30）年10月29日衆・本 2 号14頁）。「急迫不正の侵害」が政府解釈変更前の自衛権発動の 3 要件では「我が国に対する」であったが、この発言では「我が国にとって」である。両者は同趣旨であるのか、後者が存立危機事態を結局含むことになるのか、明らかではない。この発言は、「海外派兵」や「他国の戦争に参画」に関する政府見解を合わせると、政府解釈変更後の「武力行使の三要件」を容認するものになる可能性がある。その場合には、2014-15 年の政府解釈変更の立憲主義的問題を「自衛権を行使できる限界」の加憲によって治癒することになる。玉木（2019: 32）参照。
161) 朝日新聞2018年 2 月 8 日。
162) 立憲民主党（2018）。これは立憲民主党（2017）の改訂版である。

論議の対象とする意義は見出しがたいとする。

　以上のうち、文民統制を憲法論議の対象と[163]し、憲法に規定する場合、文民統制の対象として自衛隊について規定することを論理必然的に含む。すなわち、文民統制規定論は自衛隊加憲論の一種である。それは、安倍・自民党の自衛隊加憲論への対抗となるか橋渡しとなるか、両方の可能性が法的にはある。実際にはどうであろうか。

　2019年の参議院選挙公約では、具体的な改憲公約は書かれず、基本的な理念が示された。「憲法の理念を活かし、国際的な平和構築に貢献します。日米安全保障体制を基軸としつつ、国際協調と専守防衛という基本姿勢を貫きます。」[164]日米安保と専守防衛がセットになっている。前述のように政府見解では、専守防衛の軍事力抑制的性格と、日米安保と専守防衛からなる日本の防衛体制全体の攻撃的性格が組み合わされている。立憲民主党の場合にはどうなのであろうか。

(ⅱ)　参議院選挙後──「3分の2の形成に向けて」

　参議院選挙の翌日の2019年7月22日の記者会見で安倍は、「3分の2の賛同が得られる改正案」の追求という方針を示し、「いわゆる改憲勢力というのは決まったわけではない」と述べた。「3分の2の形成に向けて努力を重ねていく」と、野党を取り込んでいく考えを示した[165]。2019年7月21日のテレビ番組で、「3分の2は、憲法審の議論を通じて形成していきたい」と語った。具体的には、改憲勢力の一角を占める日本維新の会の浮沈も重要であり、安倍は選挙中「どれくらいの議席かね」と終始気にかけていた[166]。22日の記者会見では、国民民主党の名前も挙げた。「新たに登場した政党、無所属の議員もいる。国民民主党の中には憲法改正を議論すべきだと考えている方がたくさんいる。」[167]安倍にとってのベスト・シナリオは、国民民主党と日本維新の会が統一会派を組み、憲法審査会にお

---

163)　立憲民主党（2017）にはなかった。
164)　立憲民主党（2019: 10）。
165)　しんぶん赤旗2019年7月23日。
166)　沖縄タイムス2019年7月23日。
167)　朝日新聞2019年7月23日。

ける議論を自民とともにリードすることだとされる[168]。

　参議院選挙後、馬場伸之日本維新の会幹事長は改憲議論について維新の3項目を前提にして、「教育無償化」は政権交代によって変わらないように憲法に明記すべきで、自民党の「教育充実」では弱すぎるとする。9条改憲については、「9条改正を否定するものではない。ただ、自民党の自衛隊明記案はあまり賛成できるものになっていない」と言う。今の「自民党の自衛隊明記案」に対して積極的でない姿勢をとっているが、「自衛隊明記案」が「賛成できるもの」になる可能性を残している。他の自民党の改憲項目について否定的である。「緊急事態対応での改憲の必要性が分からない。合区解消は論外で国民の理解は得られない。」[169]

　ⅳ　改憲内容・改憲勢力関係と第3の複数段階改憲構想

　改憲内容と改憲勢力の関係をまとめると、必要最小限度規定が復活するのであれば、公明党は法的論理として自衛隊加憲論に対応できるであろう。しかし、支持母体との関係など政治的問題から、当面自衛隊加憲論に参加する可能性は小さい。日本維新の会は、自衛隊加憲論に積極的ではないが、参加する余地を残している。国民民主党も自衛権の限界論のありかたによっては自衛隊加憲論に参加する余地を残している。立憲民主党は文民統制論によって自衛隊加憲論に参加し得る法的論理を出しているが、実際には安保法制批判から自衛隊加憲論に参加する可能性は小さい。自衛隊加憲論を改憲項目にすれば、改憲勢力として可能性のあるのは自民党、日本維新の会、国民民主党になる。このような改憲勢力のありかたは政治的には自民党と公明党の与党関係を困難にするので、自民党が自衛隊加憲論を進める可能性は当面小さいと思われる。

　自民党の他の改憲3項目のうち、緊急事態は日本維新の会が不必要論を出しているが、公明党が大災害時の国会議員の任期延長の特例を挙げており、改憲論議の対象になり得る。合区解消は日本維新の会が強く批判しているが、これも改憲論議の対象になり得るであろうか。教育充実は日本維

---

168)　沖縄タイムス2019年7月23日。
169)　JIJI.COM2019年8月17日8時14分。

新の会の主張と重なり、立憲民主党が不要論を出しているが、これも改憲議論の対象になり得るであろう。自民党の改憲項目にないものについては、公明党の「地球環境保全の責務」論のほか国民民主党や立憲民主党からも新しい人権論が出されている。また日本維新の会、国民民主党、立憲民主党には多様な統治機構改革論がある。これらの改憲項目には、具体的には合意の困難なものも含まれているが、改憲議論の可能性がある。しかし、2020-21年までの限られた期間のなかで、これらの改憲項目について合意を実現し、改憲を行うことは容易ではない[170]。

(3) 自衛隊加憲論と日米関係

なお、自衛隊加憲論と日米関係について、日米接触の報道は今のところないように思われるが、自衛隊加憲論のなかで日米関係に関する考慮、判断はなされているはずである。その結果、直ちに日米関係に大きな変動を生じさせないと判断されるようなものとしても、自衛隊加憲論が選択されているのであろう。2014-15年の解釈変更による集団的自衛権などの行使容認に対する限定は相当に大きいものと考えられる[171]。それでも、解釈変更に当たって多様な日米接触、交渉、合意（2015年4月27日日米防衛協力ガイドライン）が存在した。その軍事力行使の全面解放が行われる場合には、同時に日米関係が大きく変動することになる。それは日米の調整なしには行えない。複数段階改憲構想における一段階である自衛隊加憲論は、直ちにそのような事態を引き起こす問題ではないと考えられているのであろう。今のところアメリカ側は自衛隊加憲論の様子を見ているのであろうか。

---

170) 合意を実現するには、①水面下で公明党と協議、②公式の自民党案の決定、③公式の場における論議の順になろうが、そのための時間的余裕がなくなってきている（中祖（2019: 12））。
171) 限定の論理について浦田（2016a: 50-72、とくに62-72）、答弁や立法などによる限定の具体化について浦田（2016a: 113-123、131-134）。

おわりに

　以上をまとめると、加憲論には多様なものがあり、安倍晋三によって出された自衛隊加憲論は、自衛力論の憲法化を内容とするものである可能性が大きい。そこで、自衛力＝「自衛のための必要最小限度の実力」の定式を忠実に条文化したものとして、「『自衛隊』明記案」（本案）（2018年3月15日）を基礎にして自衛隊加憲論を考察した。

　そこで、自衛隊加憲論の内容になると想定される自衛力論について、その軍事力拡大的要素に焦点を当てて整理した。1954年に成立した自衛力論に、9条の意味を軍事的必要性によって削るなど、その要素が見られる。2014-15年の憲法解釈の変更はそれを利用し、拡大したものである。

　そのような自衛隊加憲論は、2項削除改憲に至る複数段階改憲構想に国民を慣らし、自衛力論に含まれていた軍事力拡大的要素の展開など、多様な効果を発揮すると思われる。さらに、加憲された自衛力論は、自衛戦力論に至るまで解釈変更・解釈改憲される論理的可能性を持っている。しかし、実際にはそうなるまえに、2項削除改憲論が出される可能性が考えられる。以上の展開を法的に整理すれば、①1954年の自衛力論の成立による解釈改憲、②2014-15年の解釈変更、③自衛隊加憲による明文改憲、④自衛隊加憲に関する解釈改憲または⑤2項削除の明文改憲ということになる。

　ただし、安倍が目標とする2021年9月までの自民党総裁任期中の改憲を考えれば、自衛隊加憲論の取り下げではなく先送りの可能性が大きい。他の改憲項目の改憲→自衛隊加憲→2項削除改憲による、第3の複数段階改憲構想が追求されている可能性がある。

終章

結論

1　本論の要約

(1)　「第1章　自衛隊加憲論の展開と自衛隊の任務・活動」

　環境権などの9条以外の改憲項目から9条改憲に向かおうとする動きが以前から見られたが、これはオーソドックスな複数段階改憲構想と言い得る。それに対して2017年5月3日に安倍晋三が提起した自衛隊加憲論は、9条改憲のなかで自衛隊加憲から2項削除改憲を目指す新しい複数段階改憲構想の一部ということになる。

　安倍による自衛隊加憲論の提起のあと、自衛隊加憲案の形成過程は自民党改憲推進本部の審議に表れている。2018年3月15日の本部全体会合において、9条改憲条文案は本部執行部によって3つに分けて整理された。①9条2項維持で武力行使限定の自衛力論による「自衛隊」明記案、②9条2項維持で武力行使全面解放の自衛戦力論による「自衛権」明記案、③自衛戦力論の9条2項削除案である。「必要最小限度の実力組織」とする必要最小限度規定が①にはあり、②にはない。①の「自衛隊」明記案が本部執行部の本命案であり、安倍の案と考えられる。この案を本書では「『自衛隊』明記案」(本案)(2018年3月15日)と表記している。代表的論者は②では青山繁晴、③では石破茂である。

　2018年3月22日の本部全体会合において本部執行部が出した①に対する代替案は、本部執行部の文書によれば論理的には自衛力論や必要最小限度性を当然の前提としているとされる。しかし、②の「自衛権」明記案を取り込むことによって党大会を乗り切り党内合意の形式を作るために、「必要最小限度」規定を条文から削除した。代替案のうち「代替案2」は、必要最小限度規定の代わりに「必要な自衛の措置」のための「実力組織」と規定した。これが2018年3月25日の党大会を経て、自民党の一応の案とされ、修正を予定した「条文イメージ(たたき台素案)」とされている。この案を本書では「代替案2」＝「条文イメージ(たたき台素案)」(2018年3月22-25日)としている。

　加憲論の系譜から全体を内容的に見ると、「2006年の公明党検討項目」

→2017年5月3日の安倍発言→未確認の（2017年6月案）→「『自衛隊』明記案」（本案）（2018年3月15日）→「代替案2」＝「条文イメージ（たたき台素案）」（2018年3月22-25日）の流れがあるように思われる。形式的に自民党案とされているのは「条文イメージ（たたき台素案）」であるが、実質的に重要なのは「『自衛隊』明記案」（本案）のほうである。

　改憲方式の問題は自衛隊加憲論の基礎にある公明党の加憲論に関わっている。公明党の加憲論・自衛隊加憲論はアメリカ憲法のような増補方式を基本的に重視しているが、改憲方式として既存の条文に一切手を付けない増補方式に限定していないと思われる。自民党は改憲方式として既存の条文を修正する溶け込み方式を前提にして、自衛隊加憲論についても溶け込み方式における条項付加を行おうとしている。また実現可能性を重視した9条改憲論としての自衛隊加憲論を追求する自民党改憲推進本部執行部・安倍にとっては、自衛隊加憲案の条文に必要最小限度規定を復活させる課題が出されていることになろう。さらに9条改憲論における自衛隊加憲論と2項削除改憲論の選択を先送りにした、第3の複数段階改憲構想の可能性が生まれているのであろうか。

(2) 「第2章　自衛隊加憲論の展開と自衛隊の指揮監督」

　自衛隊加憲案における組織規定のうち最も重要なのは、指揮監督規定である。それは「『自衛隊』明記案」（本案）（2018年3月15日）でも「代替案2」－「条文イメージ（たたき台素案）」（2018年3月22-25日）でも変わらず、「内閣の首長たる内閣総理大臣を最高の指揮監督者とする自衛隊」である。これは自衛隊法7条を元にして、修正したものと考えられる。自衛隊法7条では、「内閣総理大臣は、内閣を代表して自衛隊の最高の指揮監督権を有する」とされている。

　そこで、この規定の形成過程を検討した。自由党、改進党、日本自由党の3党の協議に基づき、衆議院法制局が1953年12月30日に作成した「保安庁法改正案要綱」のなかに、自衛隊法7条と同文の規定が登場した。自衛隊の指揮権について、警察組織とされた警察予備隊や保安隊と同様に「指揮監督権」とするなど、通常の行政の論理形式を可能な限り採ろうとした。

憲法72条では、「内閣総理大臣は、内閣を代表して……行政各部を指揮監督する」とされている。

しかしその軍事的性格は、このような指揮監督権規定を置くこと自体、とくに「最高」規定に表れているように思われる。指揮監督権規定も「最高の指揮監督権」も、自衛隊法7条以外のどの個別行政組織法にも見られない。「最高の指揮監督権」規定が置かれたのは、軍事において最高指揮権の所在の確定は死活的に重要だからである。行政的論理形式と軍事的実質が矛盾して存在してきた。

自衛隊加憲論において、「自衛隊」明記によって「自衛隊」は憲法上の機関になる。その指揮権について行政的性格を有する「指揮監督」概念が維持されながら、指揮監督を行う内閣総理大臣の地位が、自衛隊法7条の「内閣を代表して」から自衛隊加憲案の「内閣の首長たる」に変えられている。

この規定の変更によって、同じ憲法66条1項の「内閣」の「首長たる内閣総理大臣」の規定のもとで、「内閣を代表」するコースと「内閣の首長たる」コースが分化する可能性が生じているように思われる。前者は憲法72条による「行政各部」に、後者は自衛隊加憲案9条の2による「自衛隊」に関するものである。「内閣の首長たる」が再度規定された後者が、「内閣を代表」しないコースになる可能性がある。その場合には、同じ「指揮監督」の内容も軍事と行政に分化することになる。そこから具体的には自衛隊の「指揮監督」について、その軍事＝部隊行動関係は9条の2、行政＝管理・運営関係は72条に分化し得る。そこから、9条の2の「指揮監督」について内閣総理大臣のリーダーシップを強調して、閣議決定を不要とする解釈が生まれるであろうか。その結果66条3項の議院内閣制の「責任」体制も形式的に維持されながら、実質的に弱化していく可能性がある。

ただし、自衛隊加憲案における「指揮監督」規定が論理的にこのように理解され得たとしても、実際にこのように重大な変更が国民に受容され実現するかどうか疑問がある。

⑶ 「第3章　自衛隊加憲論の構造——政府解釈を基礎に」

　加憲論には多様なものがあるが、安倍によって出された自衛隊加憲論は、実現可能性を重視しているので、自衛力論の憲法化を内容とするものである可能性が大きい。そこで、自衛力＝「自衛のための必要最小限度の実力」の定式を忠実に条文化したものとして、「『自衛隊』明記案」（本案）（2018年3月15日）を基礎にして自衛隊加憲論を考察した。

　そこで、自衛隊加憲論の内容になると想定される自衛力論について、その軍事力拡大的要素に焦点を当てて整理した。1954年に成立した自衛力論に、9条の意味を軍事的必要性によって削るなど、その要素が見られる。2014-15年の政府解釈変更はそれを利用し、拡大したものであり、そのカギになるのは「国の存立」論であろう。抽象的な「国の存立」概念は武力行使の根拠と限界を示す役割を果たすことができない。

　そのような自衛力論による自衛隊加憲は、複数段階改憲構想に国民を慣らし、9条2項削除改憲に誘導することが目指される。自衛隊違憲論の排除が行われるが、2項がある限り自衛隊違憲論は存続する可能性がある。自衛力論に含まれていた軍事力拡大的要素によって、憲法解釈が展開する可能性がある。その点について2014-15年の政府解釈変更における「基本的な論理」・「当てはめ」論に基づいて、①「当てはめ」内の展開、さらに②「当てはめ」の変更、③「基本的な論理」の変更に分けて考察した。①として集団的自衛権の限定容認によって安保条約5条の共同防衛の解釈・運用が変更すること、②として「武力行使の3要件」が変更すること、③として極限的に自衛力論の内容が自衛戦力論になることなどの論理的可能性を指摘した。

　しかし、実際にはそのような展開が行われるまえに、2項削除改憲論が出される可能性が考えられる。以上の展開を法的に整理すれば、①1954年の自衛力論の成立による解釈改憲、②2014-15年の解釈変更、③自衛隊加憲による明文改憲、④自衛隊加憲に関する解釈改憲または⑤2項削除の明文改憲ということになる。

2　自衛隊加憲論の可能性

(1)　自衛隊加憲論と政治状況

　本書の脱稿時期である2019年9月上旬のあと10月から、自衛隊加憲論を含む改憲論に関する論議を本格化させることが安倍によって目指された。安倍が目標とする2021年9月までの自民党総裁任期中の改憲ということであれば、自衛隊加憲論を公明党や野党が受け入れることは困難であり、自衛隊加憲の実現可能性は小さくなっているように思われる。また、教育の充実・無償など他の改憲項目についても調整、合意は容易ではなく、実現可能性は大きくはないであろう。

　そのような状況のなかで解散権行使などの政治的手段や軍事的緊張など政治状況の変動とともに、安倍は改憲の実現を模索するものと思われる。その場合、自衛隊加憲→2項削除改憲による新しい複数段階改憲構想と、他の改憲→自衛隊加憲→2項削除改憲による第3の複数段階改憲構想の両者の可能性を同時に追求するのであろう。後者の第3の複数段階改憲構想の場合、2021年までの改憲としては自衛隊加憲は先送りし、他の改憲にとどめることになる。これは、安倍が「初めての憲法改正」[1]を実現した自民党総裁になることで当面満足することを条件としている。どちらにしても、2014-15年の政府解釈変更や自衛隊加憲論への取組みを見ると、安倍は改憲実現か安倍退陣まで取組みを諦めないであろう。

　2021年9月までに、何も改憲できない可能性も小さくない。その場合、安倍・自民党が受ける政治的ダメージは相当に大きいであろう。他の問題も合わせて、総裁任期途中で安倍政権が倒れる可能性もある。自民党総裁がどうなるか。安倍4選論も出ているが、当然のことながらわからない。どのような場合であっても、自民党政権が続く限り、自衛隊加憲を含む複数段階改憲構想は重要な選択肢として生き続ける可能性が大きいように思われる。市民も研究者も自衛隊加憲論に今後も向き合い続けることが求め

---

1 ）自由民主党（2017: 18）、自由民主党（2019: 18）。

られている。9条護憲の立場では、自衛隊加憲論との対抗は不可避である。

(2) 自衛隊加憲論とその理解

　自衛隊加憲論は複数段階改憲構想によって9条2項削除・自衛戦力論を目指しつつ、それ自体は基本的に自衛力論によって限定されている。2014-15年の政府解釈変更が集団的自衛権を容認しつつ、それが自国防衛論によって限定されているのと同様である。自衛力論によって解釈された9条1項、2項に、同じ自衛力論を内容とする自衛隊加憲が行われると、どのような効果が生ずるか。それを具体的に分析することが自衛隊加憲論分析の中心にあると考え、本書はそれを目指した。

　私は自衛隊加憲論に関する安倍・自民党の粘り強さを考察しながら、逆に改めて9条論の重さを受け止めている。9条論の重さは2014-15年の政府解釈変更でも意識してきた。しかし同じ9条論でも、2014年の解釈変更は閣議決定で、2015年の安保法制は国会の単純多数決（憲法56条、59条1項）でなされた。自衛隊加憲は明文改憲として、国会の3分の2の特別多数決による発議と国民投票によらなければならない（96条1項）。国民投票における否決のリスクを改憲派から考えると、国民投票で絶対に否決されない見通しが発議段階で立たなければならず、実際には3分の2をはるかに超える多数が必要である。言い換えれば、国民的合意がなければ改憲はできない。国民的合意がないまま、上から「国民の幅広い理解」[2]を作り上げて改憲に向かおうとしているのであろうか。96条論の重さも強く受け止めている。9条論と96条論の重さは自衛隊加憲論の推進と対抗の展開によって現実化してきた。

　アメリカ政府がアメリカの世界戦略のため日本の基地だけではなく、自衛隊ももっと積極的に使うことを求め、日本政府がそれに応えようとしている。この問題の一部として自衛隊加憲論がある[3]。したがって与党・自民党としては、軍事力の全面解放を可能とする自衛戦力論を規定する2012年改憲案を下ろすことはできない。そのため、自衛隊加憲論は2012年改憲

2）自由民主党（2017: 18）、自由民主党（2019: 18）。

案の実現手段として複数段階改憲構想のなかに位置づけられたのであり、その代替手段にはならない。すなわち自衛隊加憲論それ自体は軍事力に限定のある自衛力論に基づくことになった。このように自衛隊加憲論は日米の軍事・政治関係という対外的関係を基礎に持っているにもかかわらず、「災害救助」などによる自衛隊の正当化という対内的関係の問題として表向き出された。この実態と説明のあいだにある齟齬は、今なぜ自衛隊加憲をしなければならないのかについて、「国民の幅広い理解」を得にくくしている基本的な要因になっているように思われる。

3）私の解釈論を提示することは、本書の目的ではない。分析の視点と解釈論は別のものであるが、一定の関わりを持っている。そこで私の9条解釈論について結論を簡単に述べれば、私は非軍事平和主義の立場に立っている。浦田（1995）において、解釈論として自然な非軍事平和主義は、人々が可能な限り生き残ろうとするものとして実質的にも妥当ではないかとする考えを示している。

9条の文言と軍事規定の欠如から、解釈論として非軍事平和主義が最も論理的である。この立場では実質的に国際紛争に対して国家による軍事的対応が否定されるので、人々の非暴力運動によって取り組むことになる。それは、敗戦・降伏、武装解除から始まった占領・安保体制のもとで、米軍・自衛隊を中心とする国内外の軍事的脅威・支配に対して市民運動が70年を超えて現実に取り組んできたことである。沖縄が今その焦点にある。軍事的脅威・支配による被害と加害の可能性に対抗するために、今後も他の現実的方法があるとは思えない。防衛計画の大綱（2018: 59）では、抑止力が破れた場合、「対処」し「被害を最小化する」とされている。たとえば対朝鮮の武力行使によって日本で300万人の死者が出る可能性が予想されるときに、死者を200万人にするように努力するのであろうか。そのとき関係地域全体で死者の数はその数倍の数百万人から1千万人に近いものに上るであろう。

参考文献

青井未帆（2018a）「実力の統制と平和主義——2017〜2018年にかけての一断面」宍戸常寿・林知更編『総点検・日本国憲法の70年』（岩波書店）
――――（2018b）「憲法に自衛隊を書き込むことの意味」阪口正二郎・愛敬浩二・青井未帆編『憲法改正をよく考える』（日本評論社）
――――（2019）「グローバルな日米同盟下での明記は憲法の『番外地』の現状を追認」Journalism2019年2月号
青山繁晴（2017）「澄哲録片々・第29回——何のために生きるかを考える、それが日本の改憲だ」Hanada14号
青山繁晴・山本一太対談（2018）（ニコニコニュース ORIGINAL 2018年2月23日18時30分（ORIGINAL（http://originalnews.nico/82311））
朝日新聞政治部取材班（2015）『安倍政権の裏の顔——「攻防　集団的自衛権」ドキュメント』（講談社）
芦部信喜著・高橋和之補訂（2019）『憲法・第七版』（岩波書店）
安倍晋三・岡崎久彦（2004）『この国を守る決意』（扶桑社）
――――内閣総理大臣記者会見（2014）（2014（平成26）年7月1日）（首相官邸ホーム・ページ）（http://www.kantei.go.jp/jp/96_abe/statement/2014/0701kaiken.html））
――――自由民主党総裁（2017）自衛隊加憲論提起のビデオ・メッセージ（朝日新聞2017年5月4日）
――――自由民主党総裁記者会見（2019）「第25回参議院議員選挙の結果を受けて」（2019年7月22日）（自由民主党ホーム・ページ「ニュース」（https://www.jimin.jp/news/press/president/139980.html））
荒邦啓介（2017）『明治憲法における「国務」と「統帥」——統帥権の憲法史的研究』（成文堂）
安保法制懇（第2次）（2014）『『安全保障の法的基盤の再構築に関する懇談会』報告書』（2014（平成26）年5月15日）（首相官邸ホーム・ページ（https://www.kantei.go.jp/jp/singi/anzenhosyou2/dai7/houkoku.pdf））
石川吉右衛門（1949）「憲法改正」法学協会雑誌67巻1号
石破茂（2014）『日本人のための「集団的自衛権」入門』（新潮社）
――――（2017）「アメリカの『核の傘』は今も万全か——『持ち込み』から共同保有まであらゆる議論が必要だ」中央公論2017年11月号
――――（2018a）「日本国憲法第9条の改正について」（2018年2月23日）（石破茂オフィシャルブログ（http://ishiba-shigeru.cocolog-nifty.com/blog/files/doc07293820180226152522.pdf））
――――（2018b）「信頼回復100日プラン」（2018年8月10日）（https://headlines.yahoo.co.jp/hl?a=20180810-00000009-wordleaf-pol）
石森久広（1996）『会計検査院の研究——ドイツ・ボン基本法下の財政コントロール』（有信堂高文社）
伊藤哲夫（2016）「『三分の二』獲得後の改憲戦略」明日への選択2016年9月号
――――（2017）「『9条加憲』で何が変わるのか」明日への選択2017年11月号

伊藤哲夫・岡田邦宏・小坂実（2017）『これがわれらの憲法改正提案だ・護憲派よ、それでも憲法改正に反対か?』（日本政策研究センター）
伊藤博文（1889）『帝國憲法皇室典範義解』（哲學書院）
梅林宏道（2017）『在日米軍——変貌する日米安保体制』（岩波書店）
浦田一郎（1995）『現代の平和主義と立憲主義』（日本評論社）
——（2005）『立憲主義と市民』（信山社）
——（2008）「文民統制」大石眞・石川健治編『憲法の争点』（ジュリスト増刊）
——（2012）『自衛力論の論理と歴史』（日本評論社）
——（2013a）「内閣法制局『憲法関係答弁例集』（戦争の放棄）の内容と意義」清水誠先生追悼論集『日本社会と市民法学』（日本評論社）
——編（2013b）『政府の憲法九条解釈——内閣法制局資料と解説』（信山社）
——（2016a）『集団的自衛権限定容認とは何か——憲法的、批判的分析』（日本評論社）
——（2016b）「巻頭言・集団的自衛権限定容認批判のありかた」法の科学47号
——（2016c）「日本国憲法の解釈史——集団的自衛権論を中心に——」歴史評論2016年10月号
——編（2017a）『政府の憲法九条解釈——内閣法制局資料と解説・第2版』（信山社）
——（2017b）「『武力の行使』と政府解釈——内閣法制局『想定問答』案から」法と民主主義2017年4月号
——（2017c）「平和主義と政府解釈——内閣法制局『憲法関係答弁例集（第9条・憲法解釈関係）』（2016年9月）にふれて」法律時報編集部編『戦後日本憲法学70年の軌跡』（法律時報増刊）
——（2017d）「憲法平和主義の現状と展望——自衛隊加憲論の前提として」法学館憲法研究所報17号
——（2018a）「自衛隊加憲論と政府解釈」法律論叢90巻6号
——（2018b）「自民党九条改憲案の論理——『自衛の措置』と『指揮監督』を中心に」法と民主主義2018年4月号
——（2019a）「自由民主党2018年3月自衛隊加憲案の形成(1)——自衛隊の任務を中心に」法律論叢91巻6号
——（2019b）「自由民主党2018年3月自衛隊加憲案の形成(2)——自衛隊の『指揮監督』を中心に」法律論叢92巻1号
枝野幸男（2013）「改憲私案発表・憲法九条　私ならこう変える」文藝春秋2013年10月号
江橋崇（2005）『市民主権からの憲法理論:増補型改正の提案』（生活社）
——（2007a）「憲法改正には増補型の方式を採用するのがよい」理戦87号
——（2007b）「『加憲』型改正が日本国憲法本来の姿。」潮2007年8月号
大石眞（2014）『憲法講義Ⅰ〔第3版〕』（有斐閣）
大嶽秀夫編・解説（1991）『戦後日本防衛問題資料集・第一巻（非軍事化から再軍備へ）』（三一書房）
——————（1992）『戦後日本防衛問題資料集・第二巻（講和と再軍備の本格化）』（三一書房）

──────────(1993)『戦後日本防衛問題資料集・第三巻（自衛隊の創設）』（三一書房）
太田昭宏・小山内高行対談（2008）「憲法改正は『加憲』方式で前向きに」自由50巻10号
大日向一郎（2003）「岸信介と政治家の裏側」中村隆英・宮崎正康『岸信介政権と高度成長』（東洋経済新報社）
奥平康弘（2004）「想像力」憲法プロジェクト2004編著『日本の憲法国民主権の論点』（講談社）
小沢一郎（1999）「日本国憲法改正試案」文藝春秋1999年9月号
小澤道一（2003）『逐条解説土地収用法《第二次改訂版》[上]』（ぎょうせい）
小沢隆一（2018）「安倍9条改憲のねらいと危険性──自民党憲法改正推進本部『論点整理』から読み解く」月刊憲法運動2018年2月号
甲斐素直（1985）「国民主権原理と会計検査院の憲法上の地位（上）」自治研究61巻11号
──────────(2001)「予算・財政監督の法構造」（信山社）
加藤陽三（1964）『日本の防衛と自衛隊』（朝雲新聞社）
──────────(1966)「自衛隊」田中二郎・原龍之助・柳瀬良幹編『行政法講座 第6巻 行政作用』（有斐閣）
──────────(1979)『私録・自衛隊史』（「月刊政策」政治月報社）
亀井洋志（2019）「安倍首相『改憲』はレガシー作り？『上皇条項』という奇策まで…」週刊朝日デジタル2019年8月15日7時00分
木下智史（2017）「安倍9条『改正』提案の本質的矛盾」法学館憲法研究所報17号
清宮四郎（1979）『憲法Ⅰ〔第3版〕』（有斐閣）
高村正彦・潮匡人対談（2017）「私達だって9条2項は削りたい──しかし、憲法改正は実現しなければ意味がない」正論2017年9月号
公明党（2006）「公明党第六回全国党大会運動方針（案）」（2006年9月30日）公明新聞2006年9月14日、月刊憲法運動2006年9月号
公明党（2014）『Manifesto2014』（https://www.komei.or.jp/campaign/shuin2014/manifesto/manifesto2014.pdf）
公明党（2016）『参院選・重点政策』（https://www.komei.or.jp/policy/policy/pdf/manifesto2016.pdf）
公明党（2017）『Manifesto2017』（https://www.komei.or.jp/campaign/shuin2017/manifesto/manifesto2017.pdf）
公明党（2019）『公明党政策集・Manifesto2019』（https://www.komei.or.jp/campaign/sanin2019/_assets/pdf/manifesto2019.pdf）
公明党憲法調査会（2004）「公明党憲法調査会による『論点整理』」（2004年6月16日）月刊憲法運動2004年7月号
国民民主党（2019）「国民民主・新しい答え2019」（2019年6月）（国民民主党ホーム・ページ「政策」（https://www.dpfp.or.jp/new_answers_2019））
小坂実（2016）「今こそ自衛隊に憲法上の地位と能力を！」明日への選択2016年11月号
小嶋和司（1988）『小嶋和司憲法論集 二 憲法と政治機構』（木鐸社）
古関彰一（2002）『「平和国家」日本の再検討』（岩波書店）
小林武（2005）「公明党の『加憲』論は改憲のかくれみの」人権と部落問題2005年1月

号
小針司（1990）『文民統制の憲法学的研究』（信山社）
蔡柱國（2007）「台湾の憲法改正について――その原型、改正状況と展望」白鷗法学14巻1号
境家史郎（2017）『憲法と世論』（筑摩書房）
阪口正二郎・愛敬浩二・青井未帆編（2018）『憲法改正をよく考える』（日本評論社）
櫻井よしこ（2017）「安倍総理は憲法の本丸に斬り込んだ」Hanada2017年7月号
佐藤功（1979）『行政組織法〔新版〕』（有斐閣）
――（1984）『憲法（下）〔新版〕』（有斐閣）
――（1996）『日本国憲法概説・全訂第五版』（学陽書房）
佐藤幸治（2011）『日本国憲法論』（成文堂）
佐藤達夫（1953-54）国立国会図書館憲政資料室蔵『佐藤達夫関係文書』、「2071　保安庁法改正（昭和28年〜29年）」
自主憲法期成議員同盟（1981）「第一次憲法改正草案〈試案〉」（1981年10月21日）渡辺編著（2015）
自主憲法期成議員同盟・自主憲法制定国民会議（1993）「日本国憲法改正草案」（1993年4月24日）渡辺編著（2015）
柴田秀司（2007）「省移行関連法の概要」田村重信編著『防衛省誕生――その意義と歴史』（内外出版）
清水秋雄（2004）「台湾の『憲法改正』と台湾の『法的地位』」問題と研究:アジア太平洋研究専門誌34巻2号
清水雅彦（2019）『9条改憲［48の論点］』（高文研）
集団的自衛権政府資料（1972）「集団的自衛権と憲法との関係」（参議院決算委員会提出）（1972（昭和47）年10月14日）浦田編（2017a）
自由民主党（2005）『新憲法草案』（2005年10月28日）渡辺編著（2015）
――（2012）「日本国憲法改正草案」（2012年4月27日）（自由民主党ホーム・ページ「憲法改正推進本部」（http://constitution.jimin.jp/document/draft））
――（2013）「日本国憲法改正草案Q&A・増補版」（自由民主党憲法改正推進本部）（自由民主党ホーム・ページ「憲法改正推進本部」（https://jimin.jp-east-2.storage.api.nifcloud.com/pdf/pamphlet/kenpou_qa.pdf））
――（2017）「自由民主党2017政策パンフレット」自由民主党ホーム・ページ「政策パンフレット」（https://www.jimin.jp/election/results/sen_shu48/political_promise））
――（2018）「第85回自由民主党大会」（2018年3月25日）（自由民主党ホーム・ページ「党大会」（https://www.jimin.jp/aboutus/convention））
――（2019）「自由民主党令和元年政策パンフレット」（自由民主党ホーム・ページ「政策パンフレット」（https://jimin.jp-east-2.storage.api.nifcloud.com/pdf/pamphlet/20190607_pamphlet.pdf?_ga＝2.104690688.1436050412.1566369016-224441248.1393896991））
自由民主党憲法改正推進本部（2017）「憲法改正に関する論点取りまとめ」（2017年12月20日）（自由民主党ホーム・ページ「憲法改正推進本部」（https://www.jimin.jp/news/policy/136448.html））

─────（2018a）「『自衛隊の明記』について（イメージ素案）」（2018年3月15日）

─────（2018b）「『自衛隊の明記』についてのイメージ（たたき台素案）」（2018年3月22日）

─────（2018c）「憲法改正に関する議論の状況について」（2018年3月26日）（自由民主党ホーム・ページ「憲法改正推進本部」（https://jimin.jp-east-2.storage.api.nifcloud.com/pdf/constitution/news/20180326_01.pdf））

─────（2019）「日本国憲法改正の考え方〜『条文イメージ（たたき台素案）』Q&A〜」（2019年2月吉日）

自由民主党政務調査会（2017）「弾道ミサイル防衛の迅速かつ抜本的な強化に関する提言」（2017年3月30日）（自由民主党ホーム・ページ）（https://www.jimin.jp/news/policy/134586.html））

杉原泰雄（1989）『憲法Ⅱ・統治の機構』（有斐閣）

杉村敏正（1958）『防衛法』（有斐閣）

鈴木哲夫（2017）「安倍9条改正発言は公明党〝加憲案〟とソックリ！」サンデー毎日2017年6月4日号

政府解釈変更閣議決定（2014）「国の存立を全うし、国民を守るための切れ目のない安全保障法制の整備について」（2014（平成26）年7月1日）（https://www.cas.go.jp/jp/gaiyou/jimu/pdf/anpohosei.pdf）、『防衛白書・平成26年版』（2014）

「政府の『基本的方向性』」（2014）（2014年5月15日）（朝日新聞2014年5月16日）

選択（2018）「自衛隊『災害派遣』——美談の陰に隠された『重い課題』」選択2018年8月号

高瀬忠雄（1954）「防衛庁設置法及び自衛隊法の概要」警察学論集7巻9号

田中英夫（1968）『アメリカ法の歴史（上）』（東京大学出版会）

玉木雄一郎（2019）『令和ニッポン改造論——選挙に不利でも言いたいマニュフェスト』（毎日新聞出版）

田村重信・高橋憲一・島田和久編著（2012）『日本の防衛法制【第2版】』（内外出版）

中期防衛力整備計画（2018）「中期防衛力整備計画（平成31年度〜平成35年度）」（2018（平成30）年12月18日国家安全保障会議決定・閣議決定）『防衛ハンドブック・2019』（朝雲出版社）

角田禮次郎ほか共編（2016）『法令用語辞典・第10次改訂版』（学陽書房）

内閣官房（2015）「存立危機事態における『後方支援』と重要影響事態法案・国際平和協力支援恒久法案における『後方支援』について、その安全の確保の異動に関する統一見解」（2015（平成27）年8月18日）立法と調査2015年12月号

内閣法制局（2018）『憲法関係答弁例集(3)（天皇・基本的人権・統治機構等関係）』（信山社）

中川剛（1992）「制度の構造と動態」手島孝・中川『現代憲法体系10　憲法と行政権』（法律文化社）

中祖寅一（2019）「決着へ　安倍改憲阻止の草の根の大闘争」月刊憲法運動2019年9月号

中野潤（2018）「斜陽の公明党がカギを握る『安倍改憲』」世界2018年3月号

中村明（2009）『戦後政治にゆれた憲法九条——内閣法制局の自信と強さ【第3版】』（西海出版）

西修（1975）『国の防衛と法——防衛法要論』（学陽書房）
西沢哲四郎（1953）国立国会図書館憲政資料室蔵『西沢哲四郎文書』、「685　保安庁改正（昭和28、12）関係書類」
「日米防衛協力のための指針」（2015）（2015（平成27）年4月27日）『防衛白書・平成30年版』（2019）
日本維新の会（2019）「第25回参議院議員通常選挙・日本維新の会マニュフェスト」（https://o-ishin.jp/sangiin2019/common/img/manifest19a.pdf）
日本会議国会議員懇談会（2017）「平成29年度総会　憲法改正の国会発議・国民投票に向けた運動方針（案）」
長谷川彰一（2002）『法令解釈の基礎』（ぎょうせい、第4版）
半田滋（2019）『安保法制下で進む！先制攻撃できる自衛隊』（あけび書房）
樋口陽一ほか（2004）『憲法Ⅳ［第76条～第103条］』（青林書院）
古屋圭司・田久保忠衛対談（2017）「党四役に大物改憲派が迫る！自民党にまかせて本当に大丈夫ですか」正論2017年1月号
保安庁保安局編（1953）『逐条保安庁法解説』（立花書房）
防衛監察本部（2017）『特別防衛監察の結果について』（2017（平成29）年7月27日）（https://www.mod.go.jp/igo/inspection/pdf/special04_report.pdf）
防衛計画の大綱（2018）『平成31年度以降に係る防衛計画の大綱』（2018（平成30）年12月18日国家安全保障会議決定・閣議決定）『防衛ハンドブック・2019』（朝雲出版社）
法學協會（1954）『註解日本國憲法・下巻』（有斐閣）
舛添要一（2014）『憲法改正のオモテとウラ』（講談社）
松浦一夫（1997）「自衛隊の任務・行動・権限」防衛法学会編著『平和・安全保障と法——防衛・安保・国連協力関係法概説《補綴版》』（内外出版）
眞邉正行編著（2000）『防衛用語辞典』（図書刊行会）
美濃部達吉（1927）『逐條憲法精義』（有斐閣）
宮崎弘毅（1977a）「防衛二法制定のいきさつ——防衛法シリーズ(1)」國防1977年3月号
―――（1977b）「防衛二法と自衛隊の指揮監督権——防衛法シリーズ(6)」國防1977年8月号
―――（1986）「防衛二法における問題点について」防衛法研究10号
宮澤俊義著・芦部信喜補訂（1978）『全訂日本国憲法』（日本評論社）
宮本吉夫（1962）『新保守党史』（時事通信社）
百地章（2018）『「憲法9条と自衛隊明記」Q&A』（明成社）
八木秀次（2018）「今、なぜ憲法改正が必要か」日本の国防128号
安田寛（1979）『防衛法概論』（オリエント書房）
―――（2004）「防衛二法制定の経緯」西修ほか『我が国防衛法制の半世紀』（内外出版）
山内敏弘（2019）「安倍九条加憲論のねらいと問題点——九条加憲は市民の生活・人権にどのような影響を及ぼすか」獨協法学108号
山下愛仁（2010）『国家安全保障の公法学』（信山社）
山田邦夫（2007）「文民統制の論点」（国立国会図書館調査及び立法考査局『シリーズ憲法の論点⑬』）（国立国会図書館）
山中倫太郎（2013）「自衛隊の指揮監督権に関する解釈学説の再検討——自衛隊法7条

に関する確認規定説と統帥権創設規定説の間」防衛大学校紀要(社会科学分冊)107輯

「第4次防衛力整備5か年計画の策定に際しての情勢判断及び防衛の構想」(1972)(1972(昭和47)年10月9日、国防会議及び閣議決定)『防衛ハンドブック・2011』(朝雲新聞社)

立憲民主党(2017)「憲法に関する当面の考え方」(2017年12月7日)(https://cdp-japan.jp/files/download/9IP1/DYWy/rh5k/GUhu/...)

────(2018)「憲法に関する当面の考え方」(2018年7月19日)(立憲民主党のホーム・ページ「政策」(https://cdp-japan.jp/policy/constitution))

────(2019)「立憲ビジョン2019」

渡辺治編著(2015)『憲法改正問題資料・上・下』(旬報社)

────(2018)『戦後史のなかの安倍改憲──安倍政権のめざす日本から憲法の生きる日本へ』(新日本出版社)

The Guidelines for Japan-U.S. Defense Cooperation (2015), April 27, 2015(防衛省・自衛隊のホーム・ページ)(https://www.mod.go.jp/e/d_act/anpo/shishin_20150427e.html))

あとがき

　「まえがき」で以下のように書いた。「本書は憲法学の専門書であり、一般書ではない。しかし、平和主義を研究テーマとしていない憲法研究者や、さらにできれば憲法研究者でない方々にも関心を持っていただけるように、相当の加筆・訂正を行った。」ところが書いているうちに方針を超えて、専門的な問題について書ける限り書くことになってしまった。そのため、本書の元になった論文に対して、50頁分ほど加筆することになった。その結果、専門外の方々にとってはとまどうものに、専門の方々にとっても読むのに骨の折れるものになってしまったであろうか。

　政府・与党の見解について解釈論的・実践的対応をすることとは別に、それを分析することが重要であり、また私の役割だと考えてきた。分析が不十分なまま解釈論的・実践的対応をしようとすると、何が事実かわからなくなってしまうおそれがある。また分析重視の立場から、私は賛否の評価の表明をできるだけ控えてきた。それは分析しているのであり、もちろん正当化しているわけではない。その点を明確化するために、本書では本文で政府・与党の見解を分析しつつ、しばしば注でその評価にわたることも書き、ときに私見も付け加えるようにした。しかしその場合でも、政府・与党の見解の問題点について文字通りの賛否を言うより、可能な限り法的論理構造の矛盾を指摘するように努力した。

　一般的に、自国は防衛し他国が侵略するという想定で、議論が行われていることが多い。それぞれの国で同じ議論が行われている。それは仮に想定された思考モデルであろう。それを想定にとどまらず当然の前提にすることには、そうすべき根拠がない。常に立場を置き換えて考える必要がある。そこで本書では、前提論と結びつきやすい「防衛」という用語を自分の言葉としてはできるだけ避け、別の言葉で問題を具体的に分析するようにしてみた。

　本書1章で自衛隊加憲案の「文言を分析しながら、コンメンタール的に検討していきたい」と書いたが、そのことは本書全体に当てはまる。そのため、辛抱強い読者には全部を読んでいただきたいが、普通の読者は関心

のある部分を拾い読みすることもあるのではないかと思われる。そこで、それが可能になるように、適度に項目分けし、細かな目次を作り、目次にある項目にできるだけ内容がわかるように副題をつけるようにしてみた。

このような本書が、自衛隊加憲論に向き合う場合、その具体的な分析のために研究者や市民にとって直接、間接に参考になるところがあれば幸いである。

本書の執筆に当たって多くの方々にお世話になったが、とりわけ自由民主党憲法改正推進本部の全体会合において2018年3月15日に配布された「『自衛隊の明記』について（イメージ素案）」と、2018年3月22日に配布された「『自衛隊の明記』についてのイメージ（たたき台素案）」の二つの資料を入手することができた。それらは、自衛隊加憲論の具体的な分析を目指す本書にとって、特別に貴重なものである。また、自衛隊加憲論における自衛隊の指揮監督の分析の前提として、行政各部や自衛隊の指揮監督の一般的な問題について行政法や防衛法における先行業績を理解するように努めた。しかし、自衛隊加憲論における自衛隊の指揮監督自体については資料、研究がほとんど見られず、私の考察は現時点における整理にとどまっている。

前作の『集団的自衛権限定容認とは何か』（日本評論社、2016年）では、刊行の時期が2015年の安保法制成立のあとになってしまった。そこで今回の自衛隊加憲論については論議の途中で刊行できないかと考え、前作でお世話になった日本評論社の柴田英輔さんに相談した。メールや打ち合わせで相談するなかで、本書を専門書とすること、平和主義研究を専門としていない憲法研究者にまず読んでいただけるものにすることなど、私の構想を固めていくことができた。このような企画の構想から文章表記の技術的な問題まで、柴田さんにすっかりお世話になった。最後になってしまったが、感謝申し上げる。

2019年10月

浦田一郎

《著者紹介》

浦田　一郎（うらた　いちろう）　一橋大学名誉教授（専攻　憲法学）

●──略歴

1946年大阪府生まれ。一橋大学法学部卒業、一橋大学大学院法学研究科博士課程中途退学。山形大学教養部助教授、一橋大学大学院法学研究科教授、明治大学法科大学院・法学部教授を経て、2017年定年退職。現在は一橋大学名誉教授。

●──主要著作

『シエースの憲法思想』（勁草書房、1987年）、『現代の平和主義と立憲主義』（日本評論社、1995年）、『立憲主義と市民』（信山社、2005年）、『自衛力論の論理と歴史──憲法解釈と憲法改正のあいだ』（日本評論社、2012年）、『集団的自衛権限定容認とは何か──憲法的、批判的分析』（日本評論社、2016年）、編集『政府の憲法九条解釈──内閣法制局資料と解説』（信山社、初版・2013年、2版・2017年）。

自衛隊加憲論の展開と構造──その憲法学的分析
（じえいたい か けんろん の てんかい と こうぞう──その けんぽうがくてき ぶんせき）

2019年12月20日　第1版第1刷発行

著　者──浦田一郎
発行所──株式会社　日本評論社
　　　　〒170-8474　東京都豊島区南大塚3-12-4
　　　　電話03 3987-8621（販売・FAX - 8590）
　　　　　　03-3987-8592（編集）
　　　　https://www.nippyo.co.jp/　振替　00100-3-16
印刷所──精文堂印刷株式会社
製本所──牧製本印刷株式会社
装　丁──図工ファイブ

JCOPY　<（社）出版者著作権管理機構　委託出版物>

本書の無断複写は著作権法上での例外を除き禁じられています。複写される場合は、そのつど事前に、（社）出版者著作権管理機構（電話03-5244-5088、FAX03-5244-5089、e-mail: info@jcopy.or.jp）の許諾を得てください。また、本書を代行業者等の第三者に依頼してスキャニング等の行為によりデジタル化することは、個人の家庭内の利用であっても、一切認められておりません。

検印省略　©2019　Ichiro Urata
ISBN978-4-535-52441-5　　　　　　　　　　　　　　　　Printed in Japan